Education on
Mathematical
Understanding

中国教育研究丛书

数学理解教育
——追求理解的单元整体教学

张春莉 张泽庆 陈 薇 等 著

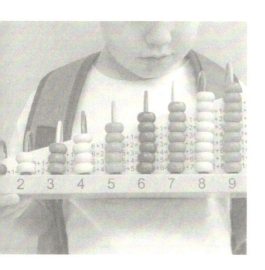

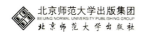

北京师范大学出版集团
BEIJING NORMAL UNIVERSITY PUBLISHING GROUP
北京师范大学出版社

图书在版编目(CIP)数据

数学理解教育 / 张春莉等著 . — 北京 ：北京师范大学
出版社，2025.7

ISBN 978-7-303-29761-0

Ⅰ . ①数… Ⅱ . ①张… Ⅲ . ①数学教学—教学研究
Ⅳ . ①O1-4

中国国家版本馆 CIP 数据核字(2024)第 025722 号

SHUXUE LIJIE JIAOYU

出版发行：北京师范大学出版社 https：//www.bnupg.com
　　　　　北京市西城区新街口外大街 12-3 号
　　　　　邮政编码：100088
印　　刷：北京虎彩文化传播有限公司
经　　销：全国新华书店
开　　本：730 mm×980 mm　1/16
印　　张：21.75
字　　数：367 千字
版　　次：2025 年 7 月第 1 版
印　　次：2025 年 7 月第 1 次印刷
定　　价：76.00 元

策划编辑：鲍红玉　　　　　　　责任编辑：孟　浩
美术编辑：李向昕　　　　　　　装帧设计：李向昕
责任校对：宋　星　　　　　　　责任印制：马　洁

前　言

通过本书，我们希望读者能够对追求理解的单元整体教学设计、单元的大概念、序列化的学习进阶、指向大概念的核心问题与问题串、基于学生经验的锚基任务、直面学生学习困难的诊断式评价等概念有更为清晰的认识，并希望本书能帮助中小学数学教师实现以下目标。

第一，明确理解的内涵与证据，以及大概念、学习历程、驱动问题、锚基任务、诊断式评价的内涵。

第二，形成追求理解的、关注学生学习历程的、具备整体视角的教学理念。

第三，掌握追求理解的单元整体教学设计的原则、关键要素与基本流程，并将其有效运用于日常教学实践。

第四，明确如何基于循证研究的逻辑，在实践中进行教学反思与改进。

为增强本书的易用性和可读性，我们将第一章至第六章的内容设计为四个特色栏目，分别是本章概述、知识导图、知识图谱、教师行动研究。

本章概述是用一段话简要概括每一章的主题，引出本章的主旨，进而引起读者对本章主题的兴趣。

知识导图是用思维导图简洁明了地呈现每一章的大纲与结构，让读者对章节内容有一个整体的把握。

知识图谱是针对每一章的主题，从是什么、为什么、如何做等角度，将教育理论与教学实践相结合，进行深入阐释和解读。

教师行动研究主要是从单元学习主题分析、单元学习目标设计、单元学习历程设计、关键课时教学实录等方面进行行动研究与反思。

为增强本书的实用性，在第七、八、九章，我们分别从数与代数、图形与几何、统计与概率三个领域各选取不同学段的三个案例进行呈现与解读，以期为一线教师提供教学参考。

本书是北京市教育科学"十三五"规划重点课题"促进数学理解层级发展的学习进阶研究"（课题编号：CDAA19069）的研究成果。课题组负责人张春莉设计了本书的研究框架和提纲，提供了每一章各部分的样章，组织了全书的讨论工作。北京师范大学课程与教学研究院的博士生、硕士生作为课题组核心成员，参与了书稿的撰写与校对工作。各章的撰写分工如下：绪论由张春莉、缪佳怡、赵岩（北京市东城区前门小学）撰写；第一章由李思奇撰写、丘霖婕校对；第二章由丘霖婕撰写、李思奇校对；第三章由段源缘撰写、李莎校对；第四章由李莎撰写、段源缘校对；第五章由李莉撰写、张赢云校对；第六章由张赢云撰写、李莉校对；第七、八、九章由唐宝睿、邹雨诗桐、姚晔负责对案例进行收集整理与解读。本书包含大量教学设计案例，案例的点评与剖析由张春莉、陈薇（南京晓庄学院）、张泽庆（重庆市北碚区教师进修学院）指导。感谢提供案例的一线教师，他们的名字会在各章节中体现，此处不再赘述。另外，北京师范大学博士生余瑶负责绪论部分的统稿；吴加奇（北京市朝阳区教育科学研究院）负责第一章至第六章的统稿；宗序连（苏州市实验小学教育集团）负责第七章至第九章的统稿；张春莉负责全书统稿。

本书适合的读者是基础教育的一线数学教师，以及从事教育研究的教研员与学者，希望能给大家带来思考与启发。我们深知，新一轮基础教育课程改革给教学实践带来了诸多挑战。本书只是抛砖引玉，是对当前众多热点问题的思考，而不是标准答案。研究永远在路上，所以本书的观点和做法肯定有不足之处。我们将勇于实践，并在不断反思中进行更深层次的理性思考，恳请广大读者批评指正。

编者
2025 年 1 月

目 录

绪 论 核心素养导向下的单元整体教学设计 ……………………… 1

一、核心概念与理论基础 ……………………………………… 1

二、核心素养导向下的单元整体教学设计路径开发 …………… 3

三、案例:"多边形的面积"单元整体教学设计 ……………… 16

四、给教师的建议 …………………………………………… 32

第一章 追求理解:理解的内涵与证据 ……………………… 36

一、什么是理解 ……………………………………………… 37

二、理解的层级模型 ………………………………………… 47

三、寻找理解的证据 ………………………………………… 51

第二章 大概念统摄:从整体设计中受益 …………………… 70

一、什么是大概念 …………………………………………… 71

二、如何划分和表述大概念 ………………………………… 79

三、大概念对整体设计的意义 ……………………………… 82

四、提炼大概念的建议 ……………………………………… 85

第三章 学习历程:设计序列化的学习进阶 ……………… 106

一、什么是学习历程 ……………………………………… 107

二、为什么要关注学习历程 ……………………………… 116

三、如何设计学习历程 …………………………………… 120

第四章 驱动问题:指向大概念的核心问题与问题串 …… 135

一、核心问题 ……………………………………………… 136

二、问题串的设计 ………………………………………… 141

三、用好的问题实现数学对话 …………………………… 145

第五章 锚基任务:充分利用学生的经验 ………………… 163

一、什么是锚基任务 ……………………………………… 164

二、学习轨迹:实现学与教的对接 ……………………… 169

三、如何利用学生的经验 …………………………………… 174

第六章 诊断式评价：让学习真正发生 …………………………… 192

一、诊断式评价 ……………………………………………… 193

二、直面学生的学习困难，让学习真正发生 ……………… 197

三、教、学、评的一致性 …………………………………… 202

第七章 "数与代数"案例解读 …………………………………… 218

案例一：表内除法 ………………………………………… 219

案例二：数的运算 ………………………………………… 231

案例三：分数的意义和基本性质 ………………………… 244

第八章 "图形与几何"案例解读 ………………………………… 261

案例一：测量 ……………………………………………… 262

案例二：面积 ……………………………………………… 274

案例三：多边形的内角和 ………………………………… 289

第九章 "统计与概率"案例解读 ………………………………… 303

案例一：收集数据 ………………………………………… 304

案例二：条形统计图 ……………………………………… 315

案例三：数据的表示和分析 ……………………………… 331

绪　论　核心素养导向下的单元整体教学设计

一、核心概念与理论基础

（一）核心概念界定

1. 核心素养的概念界定

核心素养是在社会快速发展的时代背景下提出的，被称为"21世纪素养"。2014年颁布的《教育部关于全面深化课程改革　落实立德树人根本任务的意见》强调，各级各类学校要加强核心素养的培养，把核心素养渗透到各科教学中去，帮助学生树立崇高的理想，形成正确的人生观、价值观。本书所指的核心素养为学生应具备的适应终身发展和社会发展需要的必备品格和关键能力，是关于学生知识、技能、情感、态度、价值观等多方面要求的结合体，具有稳定性、开放性和发展性等特征。[1]

2. 单元整体教学设计的概念界定

（1）单元教学

通常单元教学是以单元为教学的基本单位，引导学生从整体上把握单元内容，重视单元内知识点的内在联系，在头脑中将相关知识联结成网格状；使学生对单元进行整体理解，再以单元为切入点来探求学科本质。单元教学主要以两种课程组织的逻辑，即学科逻辑和心理逻辑来组织教学。单元目标是单元教学的首要问题，也是整体的核心所在。整体

---

① 辛涛、姜宇、林崇德等：《论学生发展核心素养的内涵特征及框架定位》，载《中国教育学刊》，2016（6）。

是一种思维方式，意味着教师在教学活动中必须从教学目标出发统揽全局。① 本书讨论的是以教学目标来统整单元，主要以学科逻辑和心理逻辑来组织单元教学。

（2）单元整体教学设计

本书讨论的单元整体教学参考了吕世虎等人所提出的概念，即以一个教材单元为基本单位，用系统论的方法对教材中某些具有内在关系的内容进行梳理、分析、整合来形成完整的教学单元，在教学整体观的指导下将教学各要素进行有序规划，以优化教学效果的教学设计。②

（二）理论基础

1. 布鲁纳的结构主义教学理论

布鲁纳认为，每一门学科都有其基本知识结构。一旦学习者掌握了一门学科的基本知识结构，也就真正理解了这门学科，能够自主进行知识迁移和解决新情境下的问题。所以掌握学科的基本知识结构是学生学习的首要任务。教学并不是要将各种基础知识一字不落地教给学生，关键的是使学生获得一整套概括性的学科基本概念、思想和方法。这些概念、思想和方法是构成学科认知结构的基石；教学的任务就在于组织内在结构紧密的学科知识，让学生以对学科知识的整体把握为载体形成学科基本概念，进而在头脑中构建指向学科本质的认知结构。为此，布鲁纳把学生的学科态度及基本方法作为掌握学科基本知识结构的组成部分，强调无论教材编写还是教学活动的开展都应侧重学生对学科基本概念、思想和方法的理解，将学习活动引向深入。③

2. 建构主义理论

建构主义认为，世界是客观存在的，每个人对世界的认识和理解是利用自身的经验和文化背景来建构的，这种建构无法由他人替代。

在知识观上，建构主义认为知识本身并不绝对准确，它只能代表某种解释或假设，并非问题的最终真理，并随着人们认识程度的加深而不

---

① 马兰：《整体化有序设计单元教学探讨》，载《课程·教材·教法》，2012（2）。

② 李洋：《浅谈在高中课堂教学中落实数学核心素养的策略》，载《牡丹江教育学院学报》，2020（12）。

③ 武霞：《浅谈布鲁纳的认知结构学习理论》，载《文学教育（中）》，2011（3）。

断升华。所有知识在个体接受前均无意义，因此学生对知识的建构只能由自己完成。在学习观上，建构主义认为学习是个人积极的建构过程而非师生之间简单的知识传递，学习的过程应同时包括对新知识的建构和旧知识的重组或改造。在学生观上，建构主义强调学生学习的主体性，强调学生应成为自主的思考者和学习者。在教学观上，建构主义强调学生的自主性、社会性和情境性，强调学生之间的合作学习；并且重视学生的已有知识经验，将其作为新知识的生长点，有序、系统地推进学习活动。在教师观上，建构主义认为教师是学生在意义建构上的协助者和推进者，以及学生学习中的高级合作者。

3. 整体性原理

整体性原理是系统理论的重要组成部分，强调系统是由若干要素构成的并具有一定新的、独特功能的有机整体；强调作为系统子单元的要素一旦构成整个系统，它们就具有独立要素所不具备的性质和功能，从而形成新系统的质的规定性。[①] 作为系统理论的一部分，整体性原理要求我们在处理问题时以整体结构为基础，动态把握部分之间、整体与部分之间、系统与环境之间的关系，及时调整以实现系统价值的最大化。在教学实践中，我们要着眼于对教学中的内容及结构进行整体分析和梳理，在教学设计中能够根据学科内容及教材编排确定统领性的、整体的教学目标，使学生能够在学习的过程中发展整体的、灵活的思维。整体性原理不仅为整体把握教学设计中的各种教学要素提供了理论依据，也为统整单元教学目标和系统优化教学策略指明了方向。[②]

二、核心素养导向下的单元整体教学设计路径开发

教学设计是教师对课堂教学活动的预先筹划。核心素养导向下的单元整体教学设计要求教师遵循总—分—总的设计思路，即首先从整体的视角分析单元学习内容，之后确定单元学习思路，划分课时并设计每节课的学习活动，最后再次回归整体视角，评价、反思与改进单元学习的整体水平。[③]

[①] 魏宏森、曾国屏：《试论系统的整体性原理》，载《清华大学学报（哲学社会科学版）》，1994（3）。

[②] 李晓琴：《学习迁移理论在中学数学教学中的应用》，载《教育理论与实践》，2017（2）。

[③] 朱先东：《指向深度学习的数学整体性教学设计》，载《数学教育学报》，2019（5）。

依据核心素养、单元整体教学设计的相关理论，我们从分析单元学习基础、明确单元学习目标、确定单元学习思路及评价单元学习效果四个环节开发核心素养导向下的单元整体教学设计路径。① 每个环节又包含若干操作步骤（见图1）。本部分将围绕"为什么做""怎样做"两个主要问题，进一步阐释路径中每步的意义、操作方式、注意点，力求构建一个完整、清晰、操作性强的单元整体教学设计路径。

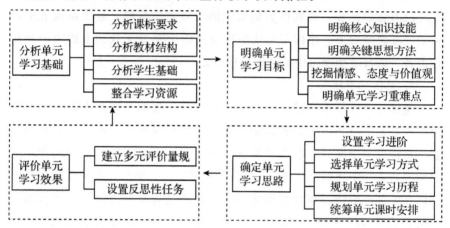

图1 核心素养导向下的单元整体教学设计路径

（一）分析单元学习基础

分析单元学习基础是单元整体教学设计的起始环节，包括分析课标要求、分析教材结构、分析学生基础、整合学习资源四个步骤。

1. 分析课标要求

各科课程标准对学科课程提出了规范和要求，规定了学生通过学习应达到的关键、基本的目标。对于学科课程而言，课程标准具有科学性、系统性、发展性等特征。②③ 这与深度学习、单元整体教学设计的理念不谋而合。对于中小学数学教师来说，对《义务教育数学课程标准（2022

---

① 杜鹃、李兆君、郭丽文：《促进深度学习的信息化教学设计的策略研究》，载《电化教育研究》，2013（10）。

② 何玉海：《基于核心素养培养的基础教育课程标准建设》，载《课程·教材·教法》，2016（9）。

③ 邵朝友、周文叶、崔允漷：《基于核心素养的课程标准研制：国际经验与启示》，载《全球教育展望》，2015（8）。

年版）》的深入解读是顺利开展单元整体教学设计的前提和基础。熟悉《义务教育数学课程标准（2022 年版）》对于加深教师对课程本质、教与学关系的理解具有重要意义。

《义务教育数学课程标准（2022 年版）》不仅规定了义务教育数学课程的性质、理念、设计思路、总目标以及各学段、各领域、各层级的目标，还对课程实施提出了建议，是沟通教育理论与实践的工具性文本。在分析课程标准时，教师应避免"教哪个年级看哪个年级、教哪个单元看哪个单元"的错误观念，除关注特定学段与单元的具体目标外，还应对《义务教育数学课程标准（2022 年版）》中"四基""四能"等数学教育理念进行研读与内化，并在后续的分析设计中有意识地渗透在学生的学习目标、学习活动、作业任务、评价量规中。① 若教师对课程标准有细致、深入的了解，且在每次进行单元整体教学设计时都能联想到课程标准中的理念，久而久之便会形成科学、系统、整体的数学教学观。这样学生的数学学习也会成为促进自身发展的连贯的、持久的过程。

相比于特定单元的教材分析、学生分析，课标分析的站位更高，也是后续分析设计的重要基础。因此，本书将分析课标要求置于整个设计路径的第一步。

2. 分析教材结构

教材囊括学科体系中的基础知识与基本方法，蕴含着学科内在的逻辑与思想，承载了一定的学科育人价值，是学生学习的主要材料。当前我国数学教材主要采用螺旋式的编排方式，即在不同学段中相同的主题可能会多次出现，但知识的广度与深度会逐渐增大，以求逐步提高学生数学学习的广度与深度。② 同时，义务教育数学四大领域的学习内容在每册教材中混合出现，使学生各方面的数学能力与数学思维得到均衡发展。根据深度学习的整合性、迁移性等特征以及整体性教学的理念，分析教材结构包括如下两个步骤。

第一，分析单元教材的外在结构，即分析该单元在整套数学教材中的

---

① 郑毓信：《〈数学课程标准（2011）〉的"另类解读"》，载《数学教育学报》，2013（1）。

② 宋运明、邝孔秀：《数学教材内容的螺旋式编写方式研究——以"平行四边形"为例》，载《数学教育学报》，2018（6）。

地位。数学教材中的单元不是孤立存在的，不同学期中相同主题的单元知识往往存在上下位的关系，或是从简单到复杂、从一般到特殊的关系。比如，小学阶段几何图形的认识经历了"线—面—体"的过程。这实际上是一个从一维到二维再到三维的过程，对学生空间思维的要求越来越高。

基于此，教师设计单元教学活动前既要考虑先前教材为本单元打下的学习基础，也要考虑本单元对后续知识学习的奠基作用，将单元作为整体中的一部分，使其充分发挥在数学学习中的意义与价值。分析单元的外在结构要求教师充分了解数学教材，摸清单元之间的顺序与关系，构建数学知识图谱，做到胸有成竹。

第二，分析单元教材的内在结构，即分析该单元内部的教材编排结构。比如，小学数学教材中的单元知识一般按照"链条状"编排，即在一个单元内，知识点之间环环相扣，呈现纵深发展。这种设计符合学生的认知规律，使教学活动的开展更加顺畅。除知识技能的传授外，教师还要抓住数学思想方法的渗透，引导学生感受、理解隐含的数学思想方法，随着知识学习达到熟练运用的程度。

总之，分析教材结构是教学设计的必要环节。教师应以整体的视角把握教材内容，杜绝"教一页看一页"的现象。在分析单元教材的外在结构与内在结构时，教师可以借助结构图、流程图等工具，直观呈现教材的结构体系，感受教材的编排逻辑。[1]

3. 分析学生基础

学生基础主要指学生的已有经验、最近发展区、可能遇到的困难，以及个体之间的差异，在一线教学中通常被称为学情分析。学情分析是保障教学设计针对性、适切性的重要手段。[2] 因此，在详细设计单元教学活动前，教师需要通过观察、测试、提问等方式了解学生已经知道哪些内容、想要知道哪些内容、思维在何种水平，确定学生的学习基础与可能的发展点。[3]

对于教师而言，学情前测是一种比较直观、细致的调查方式。学情

① 温建红、汪飞飞：《从整体视角研读数学教科书：理据与方法——以"视图"为例》，载《数学教育学报》，2017（6）。

② 张春莉、吴正宪：《读懂中小学生数学学习：学情分析》，33页，北京，北京师范大学出版社，2015。

③ 马兰：《整体化有序设计单元教学探讨》，载《课程·教材·教法》，2012（2）。

前测不仅要考查本单元的知识点与学生对相关旧知识的回忆情况，还要创设情境对学生的思维路径进行测试，引导学生尝试解决新问题，由此推测多数学生的思维水平与可能存在的难点。最后，教师应重视学情分析结果的运用，真正从学生基础出发设置学习水平、选择学习方式、设计学习活动、规划课时安排，防止"真测试，假分析"。

4. 整合学习资源

数学教材是学生的主要学习资源。除此之外，教师还应有意识地开发、整合各种辅助性的学习资源，变被动、机械的学习为主动、理解的学习。① 总体来说，基础教育阶段的数学学习资源不够丰富，能够直接在课堂上利用的更是有限；多数教师倾向于借助图片、视频、课件等素材类资源。在单元整体教学设计中，教师可以将目光投向主题类学习资源，充分利用信息平台，围绕特定主题对学生的学习过程进行记录和评价，及时进行学习指导和教学改进。

值得注意的是，对学习资源的开发和整合既要开拓和创新，又要回归和继承。各类学习资源的运用应"恰到好处"。教师要警惕过于繁杂的资源对学习的负面作用，不能"为了设计而设计，为了丰富而丰富"，警惕"华而不实"。在进行单元整体教学设计时，一方面，要慎重选择新兴的学习资源，始终以促进学生的学习与发展为出发点和归宿；另一方面，要尊重和熟悉传统的学习资源，汲取其中的智慧，获得新的灵感，做到"翻陈出新"。我们常对学生说生活中处处有数学。教师也应成为生活的有心人，用敏锐的数学眼光捕捉生活中的学习资源，在丰富学习内容、学习方式的同时，增强知识的迁移应用。

总之，教师要有资源整合的意识，注重资源的质量而非数量，有选择、有计划、有智慧地运用各类学习资源。

（二）明确单元学习目标

在充分分析单元学习基础后，教师应"量体裁衣"，设置兼具科学性、适切性、整体性与协调性的单元学习目标。当前，教师基本上都依据三维目标进行教学设计。这更加便于理解和操作，但考虑到数学学习中数学思想的重要性，本书将过程与方法维度表述为思想方法，贴合数

---

① 陈晨：《新课程中辅助性教学资源的开发研究》，载《课程·教材·教法》，2006（10）。

学学科的特殊性，强调确定学习目标时抓住三维目标的三个方面，并在此基础上明晰单元学习的重点与难点。

1. 明确核心知识技能

知识技能目标中的知识主要指数学教材中的数学概念、数学公式、数学性质等；技能主要指运算与估算技能、作图技能、数据处理技能等。[①] 一般来说，知识目标可以在较短时间内达成，技能目标也可以通过相关练习、任务逐步达成，且知识技能目标的达成程度比较容易通过外显的行为被观测与评估。因此，知识技能目标是三维目标中的基础部分，也是教师在设计目标时首先应该明确的部分。后续的思想方法以及情感、态度与价值观都应从知识技能目标中生发出来，并最终反哺知识技能目标。

2. 明确关键思想方法

思想方法指数学课程中蕴含的转化、数形结合、有序思考等数学思维与基本方法。由于思想方法维度的目标注重学习活动过程中的感受与收获，因此在设计时教师需要以相应的学习活动为依托，运用"经历……活动""体验……过程"等行为动词进行描述。对于本维度目标的评价也应更加注重过程性评价。比如，考虑到小学阶段学生认知水平的特殊性，在设计思想方法目标时不可太过抽象，应以知识技能层面的具体内容为载体，化隐为显、循序渐进，使学生对相关思想方法的认识经历一个感受、理解、运用的过程。[②]

3. 挖掘情感、态度与价值观

情感、态度与价值观主要指学生在数学学习中培养的信心、恒心、好奇心等特质与独立思考、勇于质疑等态度，以及对数学作为一门科学所蕴含的逻辑之美、人文之美的感悟。挖掘中小学数学教学中的情感、态度与价值观元素是教育性教学的体现，也是实现我国立德树人教育任务的重要途径。

相比前两个维度，本维度目标的设计与实现更加困难。其一，情感、态度与价值观通常具有主观性与内隐性，难以表述清晰，容易变成放之四

---

① 马云鹏：《深度学习的理解与实践模式——以小学数学学科为例》，载《课程·教材·教法》，2017（4）。

② 参见李士锜：《数学教育研究方法论》，北京，科学出版社，2015。

海皆准的"泛泛而谈"。其二，有些教师在设置本维度目标时存在贴标签现象，即为了灌输而灌输，不考虑所添加的内容是否适合教学。[①] 为保证本维度目标的适切性、有效性，教师应从知识技能、思想方法目标出发，基于学生的认识水平进行设计，不能凭空想象、张口即来。本维度目标的达成也要"润物细无声"地渗透在活动设计、课堂反馈语言运用、学习效果评价等方面。教师通过带领学生了解美好的数学故事，启发学生思考，培养学生的人文精神，提高学生的内在学习动机与学习效能感。

4. 明确单元学习重难点

单元学习重点是指学习内容中关键的知识点，如数学基本概念、公式、定理等。[②] 单元学习难点是指学生比较难以理解、运用的数学知识与方法。学习重点与学习难点是两个不同的概念，但有时候会有部分重合。比如，单元学习重点恰巧也是单元学习难点，但一般情况下不是所有单元学习难点都是单元学习重点。

教师不仅要区分学习的重点和难点，还要从学生的视角出发，区分学习中的难点和教学中的难点，基于学习目标确定重难点，不可使两者脱离。

（三）确定单元学习思路

在分析单元学习基础、明确单元学习目标后，教师对单元内容已有充分了解，可以着手确定单元学习思路，筹划具体的学习活动并分配到每个课时。本环节是单元整体教学设计的主体部分，具体包括设置学习进阶、选择单元学习方式、规划单元学习历程、统筹单元课时安排四个步骤。

1. 设置学习进阶

依据 SOLO（Structure of the Observed Learning Outcome，可观察的学习结果的结构）分类理论，学生会在学习过程中实现思维水平的提升。[③][④] 前面的明确单元学习目标环节对单元学习目标进行了横向解构，阐

---

① 李润洲：《"情感态度与价值观"教育的目标设定与实现路径》，载《教育发展研究》，2015（Z2）。

② 李诚忠：《教育词典》，67 页，哈尔滨，黑龙江科学技术出版社，1989。

③ Biggs J. B. & Collis K. F. , *Evaluating the Quality of Learning：the SOLO Taxonomy*, New York，Academic Press，1982.

④ 蔡永红：《SOLO 分类理论及其在教学中的应用》，载《教师教育研究》，2006（1）。

释了单元学习目标的三个方面，但在具体规划单元每节课的学习思路前，还应对已确立的单元学习目标进行纵向分层，并结合单元学习基础，设计学生在本单元应达到的学习水平，预测学生的学习方向，为学生提供适切的学习路径。

参考赛琳娜与美国国家研究委员会对学习进阶内涵的描述，中小学数学中的学习进阶是指学生围绕某一主题，在教师的指导下，对核心数学知识及数学思想方法的理解遵循的逐步深入的思维路径[1][2]，具有连续性、代表性、个体差异性和假设性。[3] 为促进学生的深度学习，教师必须首先知道"哪里深""怎样深"，即通过某个单元的学习，学生应达到的最高水平是怎样的，以及着重在哪几个方面进行描述与体现。这就需要教师在单元整体教学设计中预先规划好学生的学习进阶，为学生的学习搭好"楼梯"。

在具体操作时，教师需围绕单元学习目标，明确学生所处的学习水平，结合核心学习内容在数学学科体系中的发展历程，设置从一维逐渐扩展至多维，或者在某几个特定维度逐渐深化的进阶目标。维度的选择可以参考课程标准中的数学学科核心素养，帮助学生达到深入理解、迁移应用、解决问题的水平。[4]

学习进阶为学习任务的设计提供了启示，教师需要通过学习任务的设计与发布引导学生从低水平向高水平迈进。此外，学习进阶对后续学习方式的选择、学习效果的评价也有指导作用。[5] 将学习进阶引入学生评价有助于追踪学生的学习过程，了解学生的当前水平处于从学习起点到最终目标的哪个位置。因此将其设置在确定单元学习思路的第一步来完成。

2. 选择单元学习方式

笼统地说，中小学数学学习方式主要分为接受式和探索式两种。随

---

① Salinas I., "Learning Progressions in Science Education: Two Approaches for Development," Learning Progressions in Science Conference, Iowa City, I. A., 2009.

② National Research Council, *Taking Science to School: Learning and Teaching Science in Grades* K-8, Washington, D. C., National Academies Press, 2007.

③ 郭立军、刘凤伟、李美娟：《小学数学概念的学习进阶：以小数概念为例》，载《课程·教材·教法》，2021（10）。

④ 顿继安、何彩霞：《大概念统摄下的单元教学设计》，载《基础教育课程》，2019（18）。

⑤ 王静、胡典顺：《学习进阶在数学教学中的应用》，载《教学与管理》，2016（24）。

着课程改革的推进，学生的主体性越来越受到重视，探索式的学习方式也被更多运用于课堂。① 有学者依据学生学习过程中接受指导的程度将学习方式分为样例学习、发现学习和观察学习。② 实验发现，不同的学习方式会对学习效果产生影响。例如，样例学习更加适用于数学原理、方法的学习；发现学习更加适用于数学概念的学习。以往研究表明，发现学习对学生能力、素养的提升具有显著作用③，采用探究式的学习方式可以增进学生的数学理解。④ 因此，在单元整体教学设计中，我们倡导教师选择探索式的学习方式，但也不能搞"一刀切"，要根据学习内容选择适合学生的学习方式。

考虑到数学学科的应用性与学校全面、个性发展的培养目标，本书提倡中小学数学教师在单元整体教学中引入项目式学习的方式。项目式学习是一种基于真实的问题情境，制订方案、设计作品、实施任务并进行评价的学习方式。⑤ 它既可以运用于短期教学、单独的学科单元，又可以运用于长期、跨学科的大主题教学。作为一种"知行合一"的学习方式，项目式学习不仅便于统整单元知识，提升学生解决复杂问题的能力，还有助于培养学生的反思意识与创新能力，是落实深度学习的有效途径。在设计项目式学习时，教师要选择适合单元主题与学生研究水平的任务，以深度学习为指向制定评价标准，规划整个活动的进程、阶段性目标与预期结果。

3. 规划单元学习历程

为减少传统课堂中教学内容烦琐、细碎和学生学习效率低下的现象，单元整体教学强调从学生自身的学习路径出发，设计能真正吸引学生并

① 谭劲、李光树：《小学数学学习特点对教学的影响》，载《课程·教材·教法》，2014 (8)。
② 张春莉、宗序连、邓惠平等：《不同学习方式对小学生数学知识建构的影响》，载《教育研究与实验》，2021 (4)。
③ Schauble L. , "The Development of Scientific Reasoning in Knowledge-Rich Contexts," *Developmental Psychology*, 1996 (1), pp. 102-119.
④ DeCaro M. S. & Rittle-Johnson B. , "Exploring Mathematics Problems Prepares Children to Learn from Instruction," *Journal of Experimental Child Psychology*, 2012 (4), pp. 552-568.
⑤ 宋华明：《"项目学习"在初中数学教学中的实施与探索》，载《教育理论与实践》，2015 (20)。

引发学生深度学习的活动。2016 年，温雪和崔允漷提出"学历案"的概念，即围绕某一单元设计学习过程的专业方案，为学生的深度学习提供脚手架。[①] 他们提出的学历案具有六个要素，对于小学生而言内容较多，步骤较复杂。张春莉等人将其调整为三个要素——驱动问题、锚基任务、诊断性评价，并要求教师在设计教学时从问题出发，在关键节点为学生提供思维支架，递进式地揭示知识本质。[②]

其中，驱动问题的设置要基于单元的学习目标，具有引导性、探索性、情境性、挑战性，能够引发学生的主动思考。锚基任务的设置要基于单元的学习基础，立足需要解决的驱动问题，注重关联性和层次性，体现学习水平的进阶。诊断性评价可以是一道题的检测，也可以是教师的提问和追问。教师可针对学生的完成情况，以及学生的神态、动作、语言、作品做出判断。

在本步骤中，教师需要基于单元的学习基础、学习目标对主要新授课的学习历程进行规划，以表格形式梳理每节课的学习历程三要素，形成单元新知识、新方法的基本学习思路，做到胸有成竹。值得注意的是，预先规划好的单元学习历程并不是不可更改的。教师要对学生可能生成的各种情况进行充分预设，并根据课堂中出现的新情况及时调整方案，彰显教学智慧。

4. 统筹单元课时安排

课时是学校教学的基本时间单位。在对单元关键课时的学习历程进行规划后，教师需要进一步结合单元学习内容、单元学习方式统筹课时安排。[③]

第一，规划课时的顺序与类型，形成教学序列。比如，小学数学单元中的关键课时通常为新授课，而且设置练习课、复习课等。教师需要在厘清新授课顺序的基础上，将练习课、复习课等安排在单元教学计划内。在多数情况下，单元的中间和结尾环节都应安排练习课，以便学生及时巩固、深入理解新知识。此外，如果单元内容适合采用项目式学习的方式，教师

---

① 温雪、崔允漷：《基于学历案的课堂互动研究——弗兰德斯互动分析系统的改进与应用》，载《教育发展研究》，2016（Z2）。

② 张春莉、陈薇、张泽庆：《学习者视角下的学习历程分析》，58～62 页，北京，北京师范大学出版社，2020。

③ 朱德江：《促进深度学习发生的小学数学教学设计》，载《教育理论与实践》，2020（29）。

还应考虑利用单元中的哪个课时布置项目式学习的任务，以及汇报最终的成果。通过规划课时的顺序与类型，教师可以为学生的学习过程制订详细的计划，将新知探究、练习巩固、实践运用、总结反思组成一个整体。

　　第二，规划课时的数目与长度，确定种子课。鉴于知识难度的差异和学生学习的基础，单元教学序列中的每部分需要的学习时间不尽相同，教师应整体把握、区别对待，明确每部分的具体课时。比如，在小学阶段，一节课的时长通常为 40 分钟，但固定化的课时容易变成一把"剪刀"，阻碍学生学习的自主性与个性发展。① 近年来，在国家政策的支持下，许多学校都在探索更加灵活、自主的课时安排方式，如北京市海淀区中关村第三小学、清华大学附属小学②、上海市江宁学校③等。在进行单元整体教学设计时，我们鼓励条件允许的教师积极探索大小课、长短课等更具弹性的课时安排。

　　在进行单元整体教学设计时，我们常常会发现，多数单元中都有一节或几节处于知识网络节点的课时，这就是种子课。单元的种子课具有起始性与发生性，它启发学生探索新方法、新策略，对后续知识的学习具有关键作用。④ 因此，在统筹课时安排时，教师应思考单元中"是否有种子课"以及"种子课在哪里"，利用种子课将关键的数学知识、思想方法、策略等根植在学生的心中，使深度学习真正发生。

（四）评价单元学习效果

　　深度学习重视学生的能力提升和素养培育，要求学生主动建构对知识的理解。依据整体性教学理念，我们需要设计整体、多元、持续的评价量规，帮助学生反思学习过程与结果，帮助其改进学习策略。

1. 建立多元评价量规

　　在现状调查中我们发现，部分学生对纸笔测验存在一定程度的抵触

----

　　① 曹培杰：《STEM 教育的关键：跨学科、灵活课时与深度学习》，载《中小学管理》，2018（10）。

　　② 窦桂梅：《新课改背景下课程整合的实践探索——清华大学附属小学"1＋X 课程"育人体系建构的案例研究》，载《教育研究》，2014（2）。

　　③ 吴庆琳：《"课时改革"来了?! ——上海市江宁学校教学组织形式变革实践》，载《人民教育》，2017（10）。

　　④ 郭华：《深度学习：让种子课成为种子课——兼评俞正强的〈用字母表示数〉》，载《人民教育》，2021（Z3）。

心理，且学习积极性、学习效能感容易受到考试成绩的影响。部分一线教师在日常教学中较少对评价环节进行预先设计，只通过课堂表现、课后作业对学生进行过程性评价。这种评价方式往往依据教师的整体印象，主观性较强，且很难留存学习的过程性材料。本书提出的教学设计路径中的纸笔测验仍然是评价学生数学学习情况的一个量规，但绝不是唯一的量规。评价学生的方式应该是开放、多元的。①

第一，评价应是多维度的。比如，从知识技能维度评价学生对小学阶段数与代数、图形与几何、统计与概率三大领域基础知识的掌握程度；从认知能力维度运用了解、理解、应用等行为动词评价学生的认知水平；从实践与综合应用维度评价学生在分析问题、制定方案、收集信息、解决问题时的表现；从情感与态度维度评价学生数学学习的动机、兴趣、品质；从学生日常学习行为维度评价学生的课堂表现与课后作业。②

第二，评价应是多主体的。比如，小学阶段学生的学习评价以他评为主，但他评限制了学生自我反思能力的提升，也不利于发挥评价的发展功能。③ 除他评之外，学生之间的互评、学生的自评也有助于增强评价的客观性、合理性。研究表明，小学三年级的学生已具备一定的自评能力，但自评的模式在实际教学中未被广泛运用，学生的评价能力也未被充分挖掘。④ 教师可在设计评价时采用多主体评价的方式，丰富评价的工具，发展学生的元认知能力。

第三，评价应是多方法的。为准确评价学生在不同维度的发展水平，教师应采用不同的评价方法，设计多样的评价工具，帮助学生通过语言、文字、图画等媒介记录学习中的收获。⑤ 例如，在评价学生的数学知识与技能时，采用纸笔测试的方法；在评价学生的实践与应用能力时，采用汇报展示的方法；在评价学生的日常学习行为时，采用课堂观察法和作业分析法等方法。

① 李磊、安桂清：《以单元为单位进行整体教学设计》，载《人民教育》，2019（1）。
② 张华、卢江：《小学数学学业评价标准的研究与开发》，载《课程·教材·教法》，2011（10）。
③ 吴钢：《我国教育评价发展的回顾与展望》，载《教育研究》，2000（8）。
④ 沈柯亮：《培养小学生数学自我评价能力的探索》，载《教学月刊（小学版）》，2007（3）。
⑤ 朱俊华、刘晋扬：《大观念视角下的小学数学单元整体教学》，载《基础教育课程》，2020（14）。

此外，单元教学的过程中可能会产生教师预期之外的学习结果。因此，评价应具有开放性，即教师不能局限于预先的设计，而应时刻关注学生在课堂中的生成。

2. 设置反思性任务

根据纳尔逊·莱尔德等人对深度学习的定义，上述单元整体教学设计可满足高阶学习与整合性学习的要求。反思性学习需要教师预先设计反思性任务，并在每单元的教学中坚持要求学生完成，借此逐步提升学生监控和调节自身学习行为的元认知水平。

反思性任务可以是课堂中的小环节、每日课后的小作业，也可以是单元后的总任务。我们在此介绍两种使用广泛、效果显著、易于操作的反思性任务。

第一，课后自评表。课后自评表适用于日常数学课堂学习结束后。课后自评表的内容既包括对本节课学习结果的整理与总结，又包括对课堂学习过程的回顾与评价。课后自评表的内容不于在多而在于精。教师可借助课后自评表帮助学生养成每日反思的学习习惯，由量变促质变。此外，当单元整体教学设计中有完整的项目式学习任务时，课后自评表还可演变为作品设计自评表，即从小组合作、设计构思、作品呈现、展示表现等方面评价学生在活动中的表现，并记录活动过程中遇到的问题及解决的方案。[1]

第二，思维导图。思维导图由托尼·巴赞发明，融合了左右脑中的文字、数字、图像、颜色等概念。由于其便捷性、科学性、可视化，思维导图已被推广到世界各国。国内外诸多研究表明，将思维导图用于学校教学对发展学生的高阶思维、提升学生的反思能力与创新水平具有重要作用。[2]在现状调查中我们了解到，部分一线教师从三年级开始要求学生运用思维导图总结单元内容。但事实上教师可以从更早时候要求学生运用思维导图。此外，目前学生大多被要求独立完成思维导图绘制，但教师可根据实际情况尝试多种方法，如独自完成、小组合作完成、师生合作完成等。

---

[1]　吴秀娟、张浩、倪厂清：《基于反思的深度学习：内涵与过程》，载《电化教育研究》，2014（12）。

[2]　李玉、柴阳丽、闫寒冰：《思维导图对学生学业成就的影响效应——近十年国际思维导图教育应用的元分析》，载《中国远程教育》，2018（1）。

对于反思性任务的评价，各学段应有不同的侧重点。[①] 低学段学生的书写能力、元认知水平都较低，教师应更多从态度、形式上评价。比如，自评表的填写是否完整，每部分内容是否恰当，思维导图的核心知识点是否齐全和绘制是否美观等。在该阶段，学生尚处于摸索中，展示优秀的作品以供学生模仿十分重要。对于中学段学生，教师应更加注重任务的内容与逻辑性。比如，思维导图的结构是否合理，逻辑是否通畅等。对于高学段学生，教师应更注重学生创造性思维的发挥。比如，自评表与思维导图是否能体现学生的独特见解，是否能使学生提出新问题、产生新创意等。

三、案例："多边形的面积"单元整体教学设计

前面我们构建了核心素养导向下的单元整体教学设计路径，并对路径中的步骤逐一解释说明。遵循该路径中的设计步骤与原则，我们对北师版数学教材中的"多边形的面积"单元进行了设计，形成了详细、直观的教学案例，并在教学实践中检验路径的可行性，总结经验，反思不足，为进一步的研究提供启示。

（一）分析单元学习基础

1. 分析课标要求

依据《义务教育数学课程标准（2022年版）》，本单元承载的核心素养主要有空间观念、推理能力与应用意识。数学认知方面的内容主要包括三点：一是平行与垂直，这是分析二维平面图形的构成和分类特征的重要条件；二是三角形和四边形，这是本源概念；三是周长与面积，这是平面图形部分的基础概念。其中，转化的思想是本单元学习的核心思想方法。本单元的面积公式探索都是在转化思想的指导下进行的。

2. 分析教材结构

（1）单元教材的外在结构

多边形的面积属于小学数学图形与几何领域中的内容，北师版数学教材将该部分编排在五年级上册。有关图形认识与图形计算的学习几乎

---

① 赵国庆：《概念图、思维导图教学应用若干重要问题的探讨》，载《电化教育研究》，2012（5）。

贯穿小学阶段的所有年级。在二年级，学生认识了几种基础的四边形。在三年级，学生认识了面积、面积单位，学习了长方形、正方形的面积计算方法。在四年级，学生认识了三角形、平行四边形、梯形。在五年级，学生将进一步学习几种规则图形及组合图形面积的计算方法。在本单元后，学生要继续认识长方体、正方体、圆柱、圆锥等立体图形。相关计算也由二维的面积计算上升到三维的体积计算（见图2）。

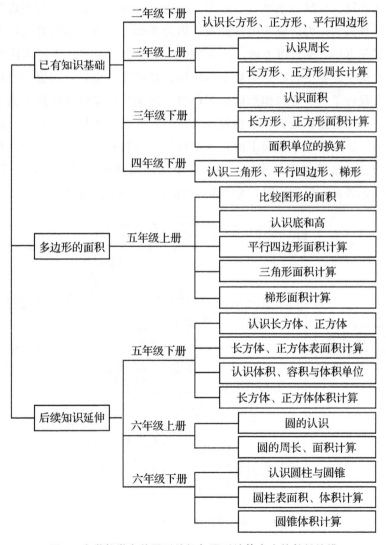

图2　小学数学有关图形认识与图形计算内容的教材编排

（2）单元教材的内在结构

本单元的教材内容编排遵循两个逻辑：一是学生的认知逻辑，二是平面图形的内在逻辑。从数学学科角度看，任何平面直边图形都可转化为几个三角形，即利用三角形面积公式可以求解平面直边图形的面积。那么，教材中为何调整学习的顺序，在其中加入了平行四边形的面积一课呢？教材中推导三角形面积公式使用了倍拼法，即利用两个完全一样的三角形可以拼成一个平行四边形。因此，必须首先掌握平行四边形面积的计算方法。为适应学生在直观认识的基础上进行推理的特点，教材构建了长方形、平行四边形、三角形、梯形的学习顺序。平行四边形的面积在这一链条中起着承上启下的作用。教材在安排平行四边形的面积内容后设计了三角形和梯形的面积内容。由学生自主探究倍拼法推导公式后，教师有意识地引导学生发现长方形、平行四边形、梯形与三角形的关系，让学生发现任何平面直边图形都可以转化为几个三角形。教材重视对公式推导过程的探究，引导学生运用策略解决问题、学会反思、学会联系新旧知识等。图3为"多边形的面积"单元教材结构。

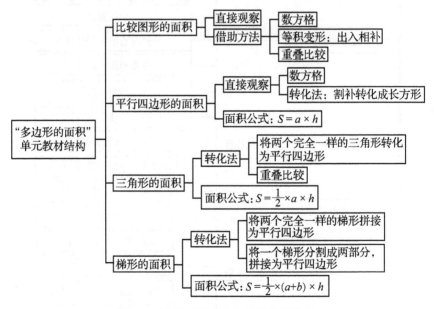

图3 "多边形的面积"单元教材结构

3. 分析学生基础

(1) 单元前测试题设计

基于上述对课标、教材的分析，我们设计了单元前测试题，并对北京市某小学五年级某班学生开展单元前测，充分了解学生对旧知识的记忆程度与对新知识的学习基础，明确学生的发展点，提升单元整体教学设计的针对性。单元前测试题主要分为两部分：第一部分是旧知摸底，包括长方形和正方形的周长与面积公式、长方形的面积计算与面积单位换算；第二部分是新知测验，包括不同水平的面积计算、不同图形的面积计算，以及不同图形面积的关联与比较（见图 4）。

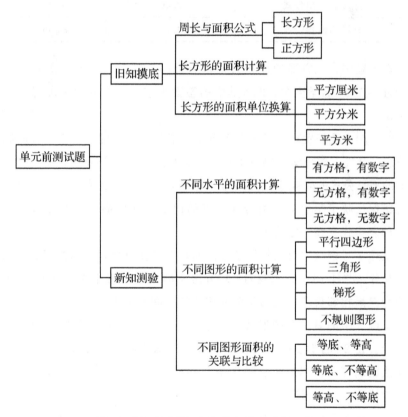

图 4　"多边形的面积"单元前测试题设计

(2) 单元前测情况分析

本次测试对象为北京市某小学五年级一个班中的 25 名学生。本次测试回收有效测试卷 25 份，对测试卷进行分析，了解学生存在的主要问题，明确学生的发展点，为教学设计提供启示。

试题 1 考查学生对三年级学过的长方形、正方形的周长与面积公式的记忆情况，每个公式 5 分，共计 20 分，得分情况见表 1。

表 1 "多边形的面积"试题 1 的得分情况

题目考查内容	平均分	正确率
正方形的周长公式	3.40	68.00%
长方形的周长公式	3.60	72.00%
正方形的面积公式	3.40	68.00%
长方形的面积公式	4.20	84.00%

在本题中，长方形的面积公式得分最高，其余三个公式得分情况比较接近。在 25 名学生中，3 名学生的答案为空白，部分学生出现了不同的错误。

在本题中我们发现，部分学生对正方形与长方形的周长公式有所混淆或遗忘。此外，部分学生仍然采用文字的形式表示周长公式，或在表示长方形的周长公式的时候忘记加括号，写成 $C = a + b \times 2$ 或 $C = 长 + 宽 \times 2$。上述错误反映了学生对这部分知识点的记忆出现模糊；学生写出符号化的字母表达式存在一定难度。

试题 2 考查学生对三年级学过的面积单位换算知识的掌握情况，每个空格 5 分，共计 15 分。本题的平均分为 8.64 分，正确率为 57.60%。多数错误为混淆相邻长度单位与相邻面积单位之间的进率。

试题 3 中的第一个图形考查学生能否正确计算长方形的面积。本题共 6 分。在 25 名学生中，21 名学生能够正确列式并得出结果；仅 1 名学生无法正确列式；其余 3 名学生虽然列式与答案均正确，但未写单位或将单位错写成"厘米"。

旧知摸底部分的总分为 41 分，学生的平均分为 28.76 分，正确率为 70.15%。大部分学生对旧知识有基本印象，少部分学生遗忘严重。

试题 3 中的后四个图形考查学生能否借助小方格求出未知公式的新图形的面积，每个图形 6 分，共计 24 分。本题的得分情况见表 2。

表2　"多边形的面积"试题3中的后四个图形的得分情况

题目考查内容	平均分	正确率
平行四边形的面积	5.28	88.00%
箭头的面积	4.16	69.33%
三角形的面积	1.44	24.00%
梯形的面积	0.48	8.00%

在本题呈现的四个图形中，较多学生能够得出平行四边形和箭头图形的面积，很少学生能得出三角形与梯形的面积。分析学生的解题情况发现，前两个图形比较容易利用数格子、割补平移的方法计算出面积；但绝大多数学生难以准确数出题目中三角形与梯形的占格数，也无法找到合适的等积变形方法计算面积。

试题4考查学生能否正确判断等高、不等底的三角形、平行四边形、梯形的面积关系。本题7分，学生的平均分为2.8分，正确率为40%。在作答错误的学生中，学生因为观察造成错觉，他们认为三角形或梯形看上去面积更大。在作答正确的学生中，大部分学生并不清楚图形的面积公式。有的学生将平行四边形的两条底相加，将梯形的上底、下底相加，与三角形的底相比较得出了相等的结论。部分学生有猜测的因素，并不真正理解为什么三个图形的面积相等。

试题5考查将一个平行四边形的框架拉成长方形后，学生是否能明确其周长与面积的变化。本题7分，学生的平均分为1.68分，正确率为24%。少部分学生能够明确平行四边形的框架拉动前后变与不变的关系。可见在未掌握平行四边形的面积公式时，学生凭借空间想象能力很难准确把握其中变与不变的关系，会把周长不变等同于面积不变。

试题6考查学生能否发现等底、等高的三角形与平行四边形之间的面积关系。本题7分，学生的平均分为3.08分，正确率为44%。分析作答正确学生的解题情况发现，部分学生仍然是一知半解的状态，得出的答案有猜测的成分，尚不能明确平行四边形与三角形的面积关系。但也有学生能够直接列式得出结果。

试题7考查学生在没有方格图与数字的辅助下，能否根据提示得出平行四边形的面积公式。本题 7 分，学生的平均分为 2.24 分，正确率为 32％。作答正确的学生多数将平行四边形转化为长方形，利用旧知识解决问题。即使题目中只给出了字母，部分学生依然用文字形式表示成"底×高"。出现次数较多的错误答案为"$a \times b$"。这是因为学生受到长方形面积公式的影响，直接将邻边相乘。破除这种旧知识的负向迁移，正是平行四边形面积教学中的重难点。

试题 8 考查学生化繁为简、解决问题的能力与几何推理水平，考查学生能否将不规则图形转化为规则图形，将复杂的问题简单化。本题 7 分，学生的平均分为 5.84 分，正确率为 83.43％。由数据可知，多数学生能够想到解决问题的办法。作答正确的学生多数是利用平移的方法，将左侧的阴影部分平移至右侧，拼凑成一个完整的正方形，再用正方形面积公式进行计算。

新知测验部分的总分为 59 分，学生的平均分为 27 分，正确率为 45.76％。学生基本能在题目要求下对未知图形的面积进行初步探索，但多数学生未找到正确的方法。

（3）结论与启示

我们通过对一个班 25 名学生的前测调研，得出以下结论，并为本单元的教学设计提供启示。

①学生对旧知识的整体掌握程度为 70％，存在一定程度的遗忘情况。在校外提前学习的学生较少。多数学生未经历完整的探究过程，也没有理解各图形之间的面积关系。

②大部分学生具备了初步的图形转化经验，但是经验不足、方法单一，对于转化的目的以及转化前后图形之间的关系不是很清楚。此外，学生的旧知识对新知识具有一定程度的负向迁移，会对学生在推导新图形面积公式时造成阻碍。

③学生的符号化水平较低。他们在书写公式时较多采用文字的形式，较少使用字母的形式。即使题目中只给出字母（底用 a 表示，高用 h 表示），多数学生仍然以文字的形式书写公式。

4. 整合学习资源

基于对课标、教材、学生的分析，本单元的教学计划运用以下几种学习资源。

第一是多媒体课件。例如，展示项目式学习素材中的实景照片，以及借助动态课件展示求图形面积时割补转化的方法、平行四边形框架的拉动过程，帮助学生更加直观地感受其中变与不变的关系。第二是实体学具。例如，利用各种形状的纸片、平行四边形框架等，引导学生动手操作，在探究活动中理解知识本质，提升自主学习能力。第三是生活中的物品。例如，利用红领巾、不规则彩旗、树叶等的图形，借助生活中常见的物品深化学生对面积求解方法的理解，促进知识的迁移应用。

（二）明确单元学习目标

1. 明确核心知识技能

本单元的核心知识技能主要有以下几点。

第一，通过亲身操作，探索并掌握平行四边形、三角形和梯形的面积公式，正确计算图形的面积。

第二，借助相关数据，运用面积公式解决生活中简单的实际问题。

第三，能够把组合图形分解成已学过的平面图形，进而计算出组合图形的面积；能估算生活中常见的不规则图形的面积。

第四，经历走访、设计作品、展示作品等过程，提升数据分析能力、空间想象能力、推理能力和实践创新能力。

2. 明确关键思想方法

本单元的关键思想方法包括转化、符号化等。转化思想是其中重要的思想方法，能帮助学生实现从旧知识到新知识的过渡。符号化思想体现在面积公式的字母表达式中。在引导学生探究出面积公式后，教师还要帮助学生体会用字母表示的简洁性，为后续学习奠定基础。转化思想在"多边形的面积"单元中的体现如图5所示。

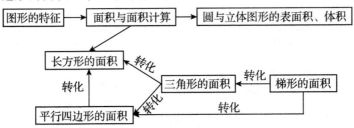

图 5　转化思想在"多边形的面积"单元中的体现

3. 挖掘情感、态度与价值观

本单元蕴含的情感、态度与价值观包括以下三点。

第一，培养制订计划、带着问题学习等习惯和反思、质疑、创新等学习品质。

第二，在以小组为单位解决课堂问题、参与实践活动的过程中学会分工合作，充分交流互动，共享研究成果。

第三，感受数学的逻辑之美，了解与图形面积计算相关的数学故事，感受数学的人文之美，培养积极的学习情感。

4. 明确单元学习重难点

本单元的学习重点包括以下三点。

第一，掌握平行四边形、三角形、梯形的面积公式，理解图形面积之间的关系，解决相关的数学问题。

第二，掌握组合图形面积的计算方法（割补、平移等），并能用方格纸估算不规则图形的面积。

第三，经历规划、计算、调整、检验的基本过程。

本单元的学习难点包括以下两点。

第一，明确决定平行四边形、三角形、梯形面积的因素，将转化思想内化，理解不同平面图形的面积计算方法之间的联系。

第二，选择合适的方法计算组合图形的面积，掌握面积估算的策略。

（三）确定单元学习思路

1. 设置学习进阶

基于单元教材基础、学生实际情况、单元学习目标以及学习进阶理论，本单元主要从"空间观念""推理""应用"三个维度出发，设置学生的学习进阶（见表3）。

表3 "多边形的面积"单元的学习进阶

等级	空间观念	推理	应用
水平一	正确判断基本图形的形状及适用的面积公式	经历猜想、验证的探究过程，推导出图形的面积公式，并简要说明理由	用合适的面积公式解决有关平行四边形、三角形、梯形面积的数学问题

续表

等级	空间观念	推理	应用
水平二	准确把握图形之间的关系，能发现不是配对的高和底不能求解图形面积并分析错误原因	结合推导过程和旧知识，对生活中的相关问题做出简单解释	能对数据进行筛选，利用面积公式解决生活场景中的实际问题
水平三	能发现组合图形、不规则图形与学过的图形的组合与分解	能清晰地解释、分析，并准确表达自己的思考过程，有理有据，值得推广	能综合运用平面图形的相关知识，融会贯通，用反思的态度发现问题、分析问题、解决问题

2. 选择单元学习方式

本单元的学习沿着两条主线并行：一条线是数学知识学习，体现为本单元中知识性的探究活动；另一条线是问题解决，体现为走入社区的项目式学习。这两条线相互影响、相互促进，随时调整，鼓励学生发现"真问题"、实现"真探究"、收获"真结论"。

数学学习的核心就是"用"。由于大部分学生缺乏经历完整实践探究过程的体验，因此创设真实的学习环境尤为重要。根据数学项目式学习的相关理论，基于"多边形的面积"这一单元主题，我们设计了"社区招募令"的项目式学习主题，利用某学校所在社区的空地，要求学生组建小组，自行测量、计算出不规则空地的面积。这个实践活动对于学生来说是真实且有价值的。大部分学生都住在空地的周边，对环境等比较熟悉，便于开展调查研究。

在设计本活动时，考虑到计算图形面积是本单元的新内容，知识的匮乏会影响学生方案设计的进程，因此计划在单元的第一节课（单元开启课）中为学生布置任务，使学生产生学习的需要，激发学生的学习主动性，并通过本单元后续知识的学习为学生逐步扫清障碍。在单元的最后，组织学生交流展示，开展多主体评价；使活动成为单元学习的一条"暗线"，使学生将数学知识迁移应用到实际生活场景中，学以致用，促进深度学习的发生。

基于此，为确保本单元设计的项目式学习顺利推进，对单元开启课进行了规划（见表4）。

表4 "多边形的面积"单元开启课的学习活动设计

主要环节	教师活动	学生活动	活动意图
环节一：创设情境	出示社区招募令：某学校南面的空地最早是早市，环境嘈杂，影响了居民的生活、学习，已做了整治；现社区向居民招募空地设计方案问题：现在如果需要你提出设计方案，你会怎么做；写一写解决问题的主要步骤和内容	仔细阅读社区招募令，并根据教师的提问积极思考	通过展示社区招募令，以学生熟悉的真实情境激发学生的学习兴趣；通过提问引起学生思考，为项目式学习的推进奠定基础
环节二：分析和解决问题	组织学生分享各自的方案，确定小组任务：在小组内交流形成共识，做出设计方案要求：认真倾听，分析他人的汇报与你们的有哪些不同，哪里值得你们学习和借鉴	分享独立思考的结果；组内交流，分享各自的设想	对问题进行加工，帮助学生在解决问题的过程中形成关键数学能力
环节三：总结方法	汇总设计方案，厘清调研脉络问题：调研表怎样设计；好处是什么	设计、汇报调研表，并说明理由	对学生的操作给予指导和规划，为学生的实践探究提供脚手架，帮助学生提高解决问题的效率

在本节课后，布置活动任务：以小组为单位，去空地周围实地考察，收集数据，制作调查问卷，了解周围居民的实际需求，为设计方案做准备。例如，遇到问题时，可以在知识学习的过程中尝试解决，也可以多和小组成员共同商讨解决。在本单元的最后两节课中，安排学生分组展示活动成果，并开展多主体、多方式的评价。

3. 规划单元学习历程

基于单元学习基础的分析与单元目标的确定，计划在"多边形的面积"这个大主题下以三个分主题引领学生展开学习（见图6），并对主要学习内容、课时做出基本规划；利用单元学习，使学生经历从简单到复杂、由探索数学思想方法到灵活运用以解决新问题、由理论学习到实践应用的过程，主动在头脑中建构本单元的知识结构，提升学科素养，实现深度学习，发展综合能力。

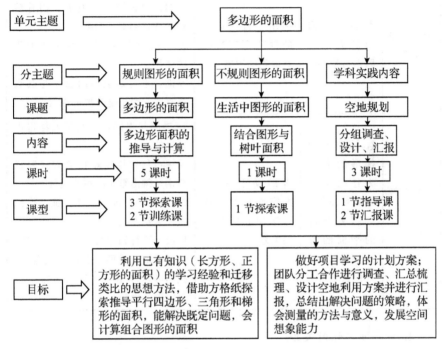

图 6　"多边形的面积"单元学习的整体建构图

在完成单元学习任务的整体建构后，为进一步分解单元学习目标，对单元的前三个课时（也是本单元的关键课时）进行初步规划，明确每节课的驱动问题、锚基任务、诊断性评价（见表 5）。

表 5　"平行四边形的面积"单元的学习历程

课题	驱动问题	锚基任务	诊断性评价
项目式学习指导	要进行社区空地使用规划，如果你是设计者，你有什么想法	以小组为单位，分析社区规划的设计方案与设想，在交流中形成共识，提出设计方案	提问与追问：在社区规划时，你们需要考虑哪些方面 反馈：场地面积、居民需求、场地布局等

续表

课题	驱动问题	锚基任务	诊断性评价
平行四边形的面积	影响平行四边形面积的因素有哪些	利用平行四边形的框架探究影响其面积的因素	1. 提问与追问：认为不变是为什么 反馈：周长影响了判断；割补转化的方式影响了判断 2. 提问与追问：什么影响了面积的变化 反馈：平行四边形的面积与底和高有关，角也是重要的因素
三角形与梯形的面积	1. 三角形和梯形的面积为什么与底和高有关 2. 已经学过的平面图形的面积之间有什么联系	借助动手操作，探究面积的计算方法与它们之间的关系	1. 提问与追问：你们是怎样得出结论的 反馈：利用添补转化的方式验证结论，得出影响面积的因素 2. 提问与追问：通过验证，你们有什么新发现 反馈：平行四边形和长方形一样，都可以被分成两个相同的三角形；我们可以利用三角形求出很多其他图形的面积

4. 统筹单元课时安排

由单元学习目标可知，本单元学习的知识点是三种多边形的面积公式。其中，平行四边形的面积公式被编排在教材的前面部分。考虑到以下两个原因，我们将平行四边形的面积确定为本单元的种子课。

第一，从知识本身的逻辑出发，本节课是学生第一次运用转化思想推导新图形的面积公式。同时，把三角形与梯形转化成平行四边形比将其转化成长方形推导面积公式更加简单。六年级进行圆面积公式推导时也需要对圆进行一定的切割、拼补，将其转化为平行四边形或长方形。第二，从学生的实际认识出发，在单元前测中我们发现，平行四边形面积的计算比较容易，转化成长方形的方法也比较容易捕捉到。因此，本节课适合作为本单元的种子课传授关键思想方法——转化思想。

在确定种子课后，对单元课时做出安排（见表6）。鉴于教师在种子课中让学生充分探索、理解转化法，且三角形与梯形面积的转化有一定的相似之处，因此将这两个图形面积的探究安排在一课时内完成。在学完三个图形的面积公式后，安排两节综合练习的课，将三个图形的面积练习组织在一起，而不是在一节课中只练习单个图形的相关题目。综合练习的设计有助于学生进一步探究图形面积计算方法的异同，感受面积计算方法之间的关联。

表6　"多边形的面积"单元课时安排

教学建议（11 课时）		单元整体教学设计（9 课时）	
课题	课时	课题	课时
平行四边形的面积	2	布置实践活动	1
三角形的面积	2	平行四边形的面积	1
梯形的面积	2	三角形、梯形的面积	1
组合图形的面积	1	综合练习	2
不规则图形的面积	1	生活中平面图形的面积	2
整理与复习	3	实践汇报	2

在完成三个规则图形面积的学习后，将组合图形和不规则图形的面积进行整合，安排两课时的"生活中平面图形的面积"，进一步强化转化思想的运用，同时培养学生的估算意识。最后，针对单元开启课中布置的实践活动安排两课时的实践汇报，引导学生总结解决问题的策略，体会测量的方法与意义，发展空间想象能力。

在课时安排结束后，详细设计种子课中的学习活动，使其发挥单元学习的枢纽作用，最大限度地帮助学生实现深度学习。

根据单元前测试题 5 的学生作答结果与一线教师的教学经验，混淆图形的周长和面积是小学阶段的"顽疾"。因此种子课除使学生掌握转化思想外，还要帮助学生理解影响平行四边形面积的关键因素。种子课将"把一个平行四边形的框架拉成长方形，拉动前后面积的变化情况是怎样的"作为核心问题，让学生初步感悟变与不变的函数思想；通过想象"拉动"的变化培养学生的空间观念，帮助学生积累几何直观经验。

基于以上分析，对"平行四边形的面积"中的学习环节进行设计，并在此简要呈现课堂的几个主要环节。

环节一：探究平行四边形面积的计算方法。

①师生谈话，明确学习内容。

本环节在回顾上节课学习内容的同时，明确学生的学习需要——要想制订计划就需要先知道空地的面积；顺势引出新的学习内容，打开学生探索的大门。

②探究平行四边形的面积公式，体会转化思想。

本环节借助前测了解到大部分学生已经探索出简单的割补转化方法。因此本环节以学生汇报的形式展开，在交流中强化转化思想的重要性，让学生意识到数方格是展现度量思想的重要载体，并逐渐脱离方格直接进行探究。

环节二：明确影响平行四边形面积的因素。

本环节借助平行四边形的框架，引导学生探究拉动框架后图形面积变与不变的规律，澄清图形面积、周长的概念和平行四边形与长方形面积的关系，帮助学生获得数学理解。

环节三：对比思考，在思辨中体会面积关系。

学生在经历操作、思考与交流探讨等活动后，深刻认识了影响平行四边形面积的因素，形成了空间观念，积累了几何直观经验，并在反思长方形与平行四边形面积之间的关系时加深了对面积本质的理解。

（四）评价单元学习效果

1. 建立多元评价量规

本单元的评价贯穿单元教学的全过程，如通过随堂的纸笔测试与单元测试评价学生的数学知识技能、数学认知能力水平；通过单元项目式学习的方案成果与汇报展示情况评价学生的实践与综合应用水平；通过与学生的课后交流，以及学生在课堂上、课后反映出的学习积极性、学习兴趣等因素评价学生的情感与态度等。

此外，除由教师对学生进行评价外，还应组织学生对课堂表现、项目式学习与反思性任务的成果进行互评，并要求学生在每节课后完成课后自评表，在项目式学习汇报后完成小组活动评价表（见表7、表8）。

表 7　课后自评表

评价内容	评价等级		
	优	良	中
积极投入课堂学习，主动回答老师提出的问题			
课堂上积极参与小组活动，合作完成任务			
能听懂课上讲解的内容，学到了新知识			
独立、认真地完成家庭作业			
今天的数学课上哪位同学留给你的印象最深刻，为什么			
今天你有什么问题想问老师			
日期：	总体评价：		

表 8　小组活动评价表

评价组：		被评价组：	
小组成员	主操手	主辩者	协作者
标准	不合格	合格	优秀（合格的基础上）
最终作品	□不能制作出最终作品	□能够根据测绘数据，展示设计的平面图	□能够正确测绘，利用科学知识讲解道理和想法
展示	□不能说清楚小组分工、活动过程，无法顺利完成对作品的介绍	□能够说清楚小组分工、活动过程，简单介绍作品	□能够说清楚小组分工、活动过程，清晰、有特色地介绍作品

2. 设置反思性任务

依据单元学习目标与学习活动安排，本单元的反思性任务主要包括完成课后自评表、小组活动评价表与绘制思维导图。

第一，完成课后自评表。在单元教学过程中，要求学生每天完成课后自评表。自评表共设置四道等级评定题与两道问答题。评价维度包括课堂投入程度、小组合作情况、知识掌握程度、作业完成态度等，并鼓励学生提出问题。

第二，完成小组活动评价表。在本单元的最后两节课（项目式学习汇报课）上，要求学生根据各小组的展示情况完成小组活动评价表。小组活动评价表包括作品与展示两方面，要求以小组为单位来填写。每小组既要对自身的汇报情况进行评价，又要对其他小组进行评价（若班级中一共有 8 个小组，每个小组需要填写 8 份小组活动评价表）。

第三，绘制思维导图。在本单元的学习全部结束后，为加强学生对单元知识的整体建构及对单元学习历程的总结反思，要求学生绘制一份"多边形的面积"单元思维导图。在布置任务时，给予学生充分的自由，鼓励学生选择自己喜欢的方式，发挥自己的创造性，尽可能将思维导图绘制得美观。

此外，为增强学生之间的交流，要求学生完成任务后在全班面前展示、讲解并进行互评；表彰优秀作品，在评价活动中培养学生绘制思维导图的能力，提升其思维品质，促进其深度学习。

四、给教师的建议

（一）单元整体教学设计的实践原则

1. 以大概念引领教学，体现整体性

在数学单元整体教学设计中，大概念是指对单元核心数学概念、核心数量关系、核心思想方法的阐释，体现了数学知识的本质属性和基本原理。以大概念引领教学要求教师把握单元的核心观念，提炼出启发性、迁移性强的知识，并以此为中心设计大问题、大任务，辐射出相关联的小主题。

大观念并不是越抽象、越广泛越好，而是一个相对具象、高度聚合的数学概念。在确定大观念后，还应对本单元蕴含的数学学科核心素养与数学认知结构进行分析。例如，"角的度量"这一单元属于图形与几何领域中测量部分的内容，"度量"正是本单元的大观念。度量的学习有助于发展学生的量化思想、推理能力、直观想象力、解决问题的能力以及创新意识。因此本单元蕴含的主要数学核心素养有量感、空间观念、推理能力与应用意识。数学认知方面主要包括五点内容。一是线段、直线、射线。这样的安排是为了认识角，通过射线来定义角的概念。二是角。这是本源概念——一个顶点、两条射线。三是角的度量。这是在明确度

量对象的基础上对其大小进行研究。四是角的分类。这是对角进行详细划分，明确钝角、直角、锐角的度数范围。五是画角。这是为了对角的度量形成深刻认识，感受角的大小。

2. 关注学生的学习体验，体现序列性

学生的学习有一个"爬坡"的过程。教师应在整个单元的教学中为学生创设序列化的学习体验，设计有条理、有层次的学习活动。此外，在进行单元整体教学设计时，教师通常应至少安排两条主线——一条线围绕知识的学习与探究，另一条线围绕实际问题的解决，将这两条线有机整合，构建一个螺旋上升的学习体系。

例如，在进行"圆"这一单元的整体教学设计时，教师可以依据学生的认知特点对原本零散、割裂的单元内容进行整合，将其分为"圆的认识：欣赏与设计""圆的测量：探索与应用""圆之美：数学与艺术"三个大主题，构建一个从概念认识到数据测量再到实际应用的学习序列。单元的学习活动设计应包含两条主线。一条主线是以实践活动引领学习。其体现为单元中的一系列探究活动，使学生在动手操作、自主探究、合作交流中积累数学活动经验，促进学生的数学理解。另一条主线是紧密结合生活实际。其体现为由生活中的现象引入学习，并将学到的数学知识和技能应用于生活实际。这两条主线并行且适时调整，使学生的数学知识和方法成为"数学现实"，并将其作为进一步学习数学的素材；使学生理解概念本质，感受知识之间的内在联系，促进学生数学理解的层级发展。

3. 发挥教师的调控作用，体现系统性

学生的知识学习与能力提升并不是一个绝对匀速的过程。教师应充分发挥教学主导者的作用，对整个单元的学习速度进行调控。若学生对某个知识点的学习速度较慢，教师可以适时等待，帮助学生克服学习困难、学习障碍。在本轮教学中，学生的代表性、共性困难是教师进行下一轮单元整体教学设计的重要基础。此外，教师可以根据学生的学习基础和兴趣点对教材中的课时顺序进行调整，按照学生的学习逻辑设计教学逻辑，增强系统性。

例如，在"三角形"单元中，从前测中发现，学生的认识水平参差不齐。有的学生对三角形的认识是全面的，但有的学生只会画三角形；多数学生对于三角形的认识比较单一，仅停留在边和角上。因此如何帮助学生明确三角形的概念，将新旧知识建立联系是单元整体教学设计的基础。由于大部分学生对三角形的分类很感兴趣，也有基本的认识，因此可以将这部分内容的教学提前，在第一阶段让学生认识各类三角形的特征，总结共性。学生在学习本单元之前已经学习直角、锐角、钝角以及测量的相关知识，所以制定标准进行分类并不困难。在第二阶段，带领学生探究单个三角形元素间的关系和特征，即三边关系、底和高、内角和。学生可以从任意一个三角形入手，这样得到的结论具有普遍性，即任意三角形都有这些性质。

（二）单元整体教学设计的关键要素

1. 开放情境与真实体验是学习的基础

在小学数学教学中我们发现，绝大部分学生可以解决简单的、模式化的数学问题，但在面对开放性、应用性较强的问题情境时部分学生往往存在思路混乱、表述模糊的问题。在数学学习中，学生探究的过程是由浅入深、层层递进的。教师需要在课堂教学中创设开放情境，挖掘与提炼开放性问题，激发学生参与研讨的热情。

此外，由于学科课时量与自身水平的限制，部分教师未从学生发展的角度出发，而是将"掌握知识"等同于"具备能力"，常常忽略学生的真实体验。因此教师应考虑经验、实践与环境三个要素，根据教学目标设计有展示性、生活性、启发性的学习活动，让学生通过亲身体验实现深度学习。

2. 充分交流与及时强化是学习的关键

通过现状调查与课堂观察我们发现，在小学数学教学中，有些教师不敢放手让学生说，也未有效地引导学生说。看似顺利的教学过程实则限制了学生的思维发展和学生创造的空间。因此教师应尽可能捕捉学生在课堂中的生成，并及时呈现出来，为接下来的交流、分析、比较、抽象提供支撑。

此外，单元整体教学设计应注重经历探究过程与感受思想方法的运用。教师需要注重及时的练习强化，通过丰富的题型与变式培养学生敏捷的数学思维，提升学生的解题速度与解题能力，使学生在遇到问题时能够迅速抓住本质，在遇到复杂的情境时能够找到突破口，顺利完成步骤复杂的分析推理过程。

3. 持续评价与有效反思是学习的保障

在小学数学教学中我们发现，部分教师对评价、反思环节的关注不够，存在重设计、轻评价的倾向，并且只在教学后对学生的知识掌握水平进行评价，反思意识也比较薄弱。事实上，学生的学习评价应贯穿教学的全过程。在单元教学开始之前，教师可通过前测与访谈评价学生已有的知识基础，并牢牢抓住前测结果，真施测、真分析、真运用，从学生的实际情况出发展开教学。在实际教学中，教师应关注学生的心理活动，评价学生的学习动机、表达能力、小组合作表现、应用数学知识解决实际生活问题的能力等。在教学后，教师应及时进行教学效果检测，为后续的教学改进奠定基础，真正落实以评定教、以评促学。

此外，课程标准所倡导的教、学、评的一致性，就是在学生完成任务时教师需要对他们的掌握水平进行评估。这时就用到了形成性评价。形成性评价一方面可以及时反馈学生的学习效果，另一方面可以增强学生的自主学习能力。需要注意的是，无论采用何种学习评价，都要注意边学边评。每完成一个学习活动都要及时进行学习评价，以了解学生的学习情况。在评价过程中，教师可以选择那些对学生发展重要的知识和技能作为评价对象，来考查学生的学习进展情况，判断学生达到哪一层次的理解水平。评价方式可以是一道题的检测，也可以是教师的提问和追问。教师针对学生的完成情况，包括神态、动作、语言、作品来做出判断。

总之，数学的学习水平涉及许多方面，学生的数学学习水平的提升无法通过单独的一节课或一个单元实现。教师应将学生的学习视作一个连贯的、持久的过程，在每单元的教学后进行有效反思，并在之后的教学中寻求改进。

第一章 追求理解：理解的内涵与证据

本章概述

　　理解是教育永恒的追求，数学理解是国际数学教育的重要研究内容，有效的数学教学需要致力于发展学生的数学理解。国内外对数学理解的研究已经持续了大半个世纪，从思辨研究转向教学实践研究，促使数学理解相关理论得到不断修正和完善。从数学理解的研究历程来看，研究视角从理论延伸到实践，从纵向延伸到横向；研究内容从理论层面关注知识本位到实践层面关注认识本位。通过不断探索，研究者对数学理解内涵的解读由单一视角到多重视角，对数学理解模型的认识更深刻。尽管国内外对数学理解有了很多研究，但是对于什么是数学理解，数学理解有何意义，如何实现数学理解等问题，不同研究者有不同的观点。本章将深入解读国内外数学理解研究的理论模型以及如何确认学生达到了数学理解。

知识导图

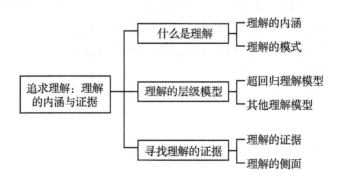

知识图谱

一、什么是理解

《辞海》第七版对理解的定义是明白、了解。《现代汉语词典》第 7 版对理解的解释是懂、了解。学者很难对理解下一个满足各种用途的定义。理解是一个多维度的复杂的概念，理解具有不同的类型，理解也有很多层次。下面从不同的理论视角来解释理解一词。

（一）理解的内涵

1. 行为主义视角下的理解

理解的一个重要特征是使用多种不同的方式阐述同一个问题，并能够从不同的角度解决。单一地、刻板而不变地阐述同一个问题是远远不够的。理解就是对某个主体产生深刻的认识和思考，如恰当的解释，在实例中寻找证据、综合、应用、类比以及用多种方式来表述。理解是一种运用所学知识灵活地思考与行动的能力，也是一种与机械背诵固定答案相反的实践能力。理解指的是能够在给定的信息以外有所超越，并且能够创造性地运用自己的知识。如果一个人能够证明自己可以把知识正确地、恰当地应用到新的情境中，又是在未得到任何特别指导的情况下自发地完成这项行动，那么我们就可以认为这个人已经达到了真正的理解。理解需要对所学内容进行深入思考，提出自己的观点并能通过在全新的情境中应用所学知识技能解决各种实际问题。理解指的是学生拥有超越教科书知识与技能的某些东西，那才是学生真正"得到"的。同时，理解也指在不同背景下表现出的非凡的洞察力与其他能力。

2. 认知主义视角下的理解

认知学派的结构同化说认为，任何知识都是对按照一定关系和模式构成的事物结构的认识。个体在认知中形成一定的认知结构后，在对新事物进行认识时，就把新事物同化到已有的认知结构中或者改组原有的认知结构，把新事物包括进去。这个过程就是理解。以皮亚杰为代表的日内瓦学派认为，个体对新事物的理解就是新刺激被个体已有的知识结构同化或顺应的过程。认知心理学家奥苏伯尔认为，理解就是将新信息纳入原有认知结构，新旧知识发生意义同化的过程。① 理解并不是主体认识客体的主观意识的活动，理解意味着内在的认知增长。这种认知又作为一种新经验被纳入我们的知识经验结构。

3. 解释主义视角下的理解

理解产生、伴随、联结着解释，也包容着解释；解释又反过来以分析展开的方式推进着理解。理解是意义生成的探究过程，是学习者自身发现意义、建构意义的过程。学习者依据自己已有的知识或者经验对建构的对象做出解释，在新的学习材料与主体已有的知识或经验之间建立实质性的联系，从而获得真正的意义。对于学习者来说，关键在于体验具有重要意义的真实建构过程。

解释主义还认为，理解也是一个"视界融合"的过程。视界主要指的是前人的判断或某个个体的前判断。在实践的过程中，理解者的视野在理解的基础上不断拓展，达到与不同视界的融合。这是理解的本质。理解总是以不同的方式呈现，它始终是一种创造性的行为。理解者的视野处于开放状态，它不断地变化着、扩展着、运动着，都是通过理解实现的。

对于理解的研究，不同学派的心理学家持有不同的观点。现代认知心理学家认为，理解实质上是学习者以信息的传输、编码为基础，根据已有经验及认知结构主动建构内部的心理表征，进而获得心理意义的过程。②

（二）理解的模式

在以往的日常教学设计中，人们关注的是学生理解没理解知识，是部分理解还是全部理解，但是较少考虑学生对知识的理解类型。1976年，英国数学心理学家斯根普将理解划分为工具性理解和关系性理解。这是对理解认识的一次重大突破。在斯根普提出工具性理解和关系性理解后，许多学者又根据自己对数学理解内涵的阐释以及不同学派对理解水平的划分，增加了创新性理解和文化性理解两个水平。

---

① 陈琼、翁凯庆：《试论数学学习中的理解学习》，载《数学教育学报》，2003（1）。
② 熊丙章、刘丽颖：《数学理解研究综述》，载《渤海大学学报（自然科学版）》，2005（1）。

1. 工具性理解

斯根普指出，工具性理解是一种语义性理解，如符号 A 所指代的事物是什么；或者是一种程序性理解，如一个规则 R 所指定的每一个步骤是什么，如何操作等。简言之，工具性理解强调按照语词的本意和计算程序进行操作，即只知是什么，不知为什么。

很多研究者认为知其然而不知其所以然是一种机械记忆，不能归为理解的范围。工具性理解有很多分类。①识记性理解。学生能够认识并记忆，如记住正弦的定义和对应的符号。②描述性理解。学生可以描述知识的意义，便于识记。比如，学生知道负负得正，并可以做一些合理性的解释。③确认性理解。学生能够举例说明知识的正确性，并获得确认。比如，对于分数的颠倒相乘，能够举一些具体数字的实例，加以确认。④功能性理解。学生可以说明知识的作用，便于使用。比如，对于直角坐标系，关注原点，理解其表示数学对象。⑤平台式理解。学生可以接受知识并投入使用，如数轴上的点和实数是一一对应关系。

工具性理解在教学中涉及很多常见的内容。①

第一种是前人使用的语言。教学过程中出现的很多专有名词、符号、表述格式等内容是前人形成的习惯，学生只需要记忆和模仿就行。例如，三角函数的表示为什么是 sin、cos，为什么"椭圆"不叫"扁圆"，等等。这些都是前人在使用过程中不断总结选择、不断继承修订的结果，学生并不需要知道这些符号的来源。

第二种是约定俗成的规则。为什么自然数是从 0 开始的？负负得正的理由何在？复数的乘法为何这样定义？数学为什么要用逻辑来论证？这些问题都是前人根据经验加以概括形成的运算法则和思想体系，只能理解其价值而无法说明其所以然。例如，对于负负得正，可以举出一些实例来进行一些合理化的说明，但是要确切地呈现负负得正的所以然，就需要从有理数公理化体系上进行诠释。这就超出了基础教育的范畴。

第三种是无法严格处理的内容。中小学中有许多概念学生只能先记住而无法知道其所以然。例如，圆周率 π 是无理数，其证明过程十分复

---

① 任伟芳、偶伟国、龚辉等：《"工具性理解""关系性理解"和"创新性理解"》，载《数学教育学报》，2014（4）。

杂。学生不知道无理数但是并不影响学生使用 π 计算圆的面积、球的体积等。现在的教材中对面积的定义是"物体的表面大小叫作面积"。但是在没有面积时如何谈论大小？这是对面积的一个不严谨的描述。如要对面积下一个严谨的定义，需要用到大学中测度论的知识。面积是一个有限可加、运动不变和单位正方形取值为 1 的平面点集类上的函数。

第四种是一些基本技能的训练。中小学课程中有大量基本技能训练的要求，在一开始无法说清楚为什么要这样做，在后续学到其他知识时才能明白这样做的意图。例如，为什么要将多项式分解为几个单项式的乘积？当学生学到解一元二次方程时才明白它的作用，然而这也只是因式分解功能的一小部分。对因式分解的教学只能从"和差化积""积化和差"这种哲学中的互逆机制上加以解释。

学生达到工具性理解时会有以下表现。

第一，能够理解事实性知识是什么。学生知道数学研究对象的定义和规律，但仍是一种机械记忆。例如，学生知道两个正数的算术平均值、几何平均值的概念，知道均值不等式的文字表征，即两个正实数的算术平均值大于等于它们的几何平均值，但不知道为什么是这样。

第二，能够理解知识属性是什么。学生在已有认知的基础上，基于数学活动经验，能梳理、归纳、概括事物的某些特征与规律，知道一些属性，能够描述其意义，具有鲜明的个性化特征。例如，学生知道均值不等式是一个绝对不等式。

第三，能够理解知识表象是什么。学生能够识别若干对象之间的差异，将数学理念用具体的数学案例表示出来，举出若干典型实例说明其正确性。例如，学生能够举例说明均值不等式等号成立的条件。

第四，能够理解数学符号是什么。学生能利用简单的符号语言表达比较复杂的数学思维过程。数学知识是以符号系统为媒介，以能够被公开理解的方式来表达的。数学符号得到了数学共同体的认可，表征方式相对固化，呈现出稳定性和必然性。例如，学生可以使用双向箭头表示"当且仅当"。

第五，能够理解知识的功能是什么。学生能够说明知识的作用，初步使用该对象的某些性质，解决一些封闭性的数学问题。例如，学生可以回答均值不等式可应用于比较大小、求函数的最值以及值域、求解参数的取值范围等。

第六，能够理解操作性程序是什么。学生能将问题解决算法化，能够按照规则运算，依照固定的模式获得正确答案。精确计算和对各种题型的熟练把握似乎成为数学学习的主旋律，学生对问题的反应常常停留在死记硬背的操作步骤上，但是不明白为什么要采取这样的顺序。例如，学生知道均值不等式求最值的程序为"一正、二定、三相等"，但是不确定调整顺序会出现哪些问题。

2. 关系性理解

斯根普指出，如果学生使用常规的思考方式或者法则就能够解决所面临的问题，那么他们通常不会去尝试理解超越这些规则的东西，尤其是那些认为知识学习的目的就在于获得一种在类似情境中解决问题的技能的学生。但是对数学知识的学习而言，更多的理解应当定位于关系性理解。

马复将关系性理解的含义分成四个层面：知道、应用、联结和新题解决。① 知道指的是知道学习对象的定义，知道本质属性，并能够给出若干典型实例和若干其他对象之间的差异。应用指的是能够归纳、概括事物的特性和规律，可以在最初接触该对象的相似情境中应用该对象的某些性质，通过模仿范例去解决问题，并知道求解过程的合理性。联结指的是可以在该对象与自我认知结构中已有的相关数学概念之间构成本质上的联系，扩展知识网。新题解决指的是能够在全新的问题情境中，把所学的对象作为一种解决问题的手段、方法甚至思路，用于新问题的解决并产生新的思想和观念。以上对于关系性理解的不同层次似乎与工具性理解有重叠的地方。在一般情况下，学者认为关系性理解有以下四种特征。①能够揭示知识发生过程，包括情境创设、抽象概括、去粗存精、形式化表示等。②能够进行演绎逻辑分析，包括对数学定理、原理、规则进行逻辑证明，与周围的知识进行逻辑联结等。③能够将数学知识的形成和论证提升为数学方法。④能够形成自身的认知结构。学习者对数

① 马复：《试论数学理解的两种类型——从 R. 斯根普的工作谈起》，载《数学教育学报》，2001（3）。

学知识经过以上的认识之后，形成个人的数学图式网络并能运用于变式状态下的数学情境。

关系性理解也有不同的分类。①证明性理解，即运用逻辑演绎方法展示知识的生成过程，证明其正确性，说明结论为什么成立。②论说性理解，如形成函数概念、实例操作、过程展示、明确对象整体。③反思性理解，即将本原的理解提升为数学思想方法的运用。④结构性理解，即用公理化方法揭示概念的内部结构。例如，利用有理数公理化体系说明负负得正的合理性，揭示其内在结构的特质。

达到关系性理解的学生具有以下表现。

第一，能够理解证明过程。学生知道一个数学陈述为什么是正确的或者知道某个数学规则从何而来，能够运用逻辑证明数学结论的严密性、正确性。例如，学生能够给出均值不等式的综合法、比较法、反证法等证明方法，这是理解不等式成立的根据。

第二，能够理解反例证伪的效用。学生知道一个定理更改或者删除一个或一些条件后结论不正确，往往需要提出反例来说明。这需要思维的缜密性、批判性。例如，学生能够举出反例证明均值等式最值问题。

第三，能够理解数学思想方法的运用策略。学生能够将数学知识的形成和论证提升到数学思想方法的高度。数学思想是比数学知识处于更高层次的观念，数学方法是数学操作活动过程中所采用的具体方式、手段和途径等。例如，学生能够在均值不等式中用凑配方法求函数最值，用解方程思想求得最值成立的条件。

第四，能够理解数学结构的深化与发展。学生知道新观念能够与哪些已有结构融合，将事物按照最简洁、最规则、最协调的方式进行组织。从宏观来看，结构是各要素之间协调与综合关系的组成模式；从发展观来看，学生的思维结构和心理结构是不断深化的。例如，学生知道化归思想、解方程思想、等价转化思想、数形结合思想对于均值不等式的研究至关重要。

第五，工具性理解和关系性理解两种理解模式有着各自的实施条件和优劣之处。工具性理解的内容有时会更加简单，理解起来也更加容易。借助工具性理解，学生能够更快地找到正确答案。这样能够更快地帮助学生建立信心。但是工具性理解只在短期内有效，长期内的作用有限。

过多的工具性理解会加重学生的记忆负担。关系性理解适应新任务的能力更强，学生知道这种方法是如何起作用以后就可以将其应用在新的问题解决中。学生在理解为什么以后，记忆会变得更容易，也更加持久。关系性理解涉及的目标更少，减少了外部的刺激和奖励，使学生的内在动机增强，更有利于激发学生的认知动机。形成关系性理解需要较重的认知负担，会给学生和教师造成较大的压力。

表 1-1 为工具性理解和关系性理解的优点和不足或实施困境。①

表 1-1　工具性理解和关系性理解的优点和不足或实施困境

理解的模式	优点	不足或实施困境
工具性理解	1. 内容有时更简单，更容易理解；可以更快、更容易地找出正确答案 2. 奖励更快，更明显；相比关系性理解，学生能够更快、更简单地实现目标，需要借助成功重建自信心 3. 涉及的知识较少；相比关系性理解，学生可以更快地找出正确答案；学生更依赖工具性思维方式	1. 短期内它存在，但长期内它的作用有限 2. 学生需要记一种数学方法对哪些问题起作用，对哪些问题不起作用，加重了记忆负担
关系性理解	1. 适应新任务的能力更强 关系性理解不仅需要知道什么方法起作用，也需要知道为何起作用；学生因此能够在解决每一类新问题时运用相关方法 2. 更容易记忆 虽然刚开始学时理解为什么比理解是什么要难一些，但一旦理解后这种学习就会更加持久；关系性理解反映相关规则间的联系，可以使学习更持久，而且涉及更多的知识	1. 考试回流的影响 由于考试对学生将来就业有重要的影响，学生会将成功作为学习的主要目标，教师不能因此指责学生 2. 过于关注数学具体信息，数学知识被压缩成了单个信息；数学家通常需要运用多种信息去解决问题，而这经常被学校忽视

① 余瑶、张春莉：《国外数学理解研究的进展与展望》，载《教育学报》，2018（1）。

续表

理解的模式	优点	不足或实施困境
关系性理解	3. 更有利于目标的实现 它大大减少了外在奖励和惩罚，更有利于激发学生的认知动机 4. 关系图式是一种高质量的关系组织形式 如果人们倾向于关系性理解，会在相关素材给出前理解它们的相关性，而且会积极寻找新素材、探索新领域，如同树扩展其根系和动物在寻找食物过程中探索新领域一样	3. 很难评估某人的理解是工具性理解还是关系性理解 4. 最大的困难是重构教师已有的认知图式

3. 创新性理解

关系性理解再深入一步，就会进入创新性理解。所谓创新性理解就是在认识知识结构的基础上，对已有知识进行推广和拓展，或者对某种操作的更新或改变，或者进行文化、美学的欣赏，具有创新的特征。简言之，知其然并且知其"新"的"然"和"所以然"。创新性理解的起点是要能够清晰而准确地把握数学对象的本质。当一个概念或一个问题在经过各种变式后，学习者仍能剥离那些非本质因素，透彻地看清其本质所在，就可能产生创新的冲动。数学的发展总是在推陈出新，没有"陈"，怎能知道"新"？学习过程中也要推陈出新。只有站在前人的肩膀上才能看到更远的地方。华罗庚的读书法告诉大家，先把书从薄读到厚，那是在努力获得关系性理解；然后从厚读到薄，就是能够提纲挈领，掌握其本质，形成个人的知识网络。一旦知道问题的关键，达到熟能生巧的境界，就会出现创新的契机。创新性理解是在提出新问题、进行新猜想、拓展新内容的过程中完成的。学习者在新的层次或者更宽的领域里进行观察，多角度地思考原有的概念和问题，达到一种新的思维水平。创新性理解的结果是将原有的学习内容置于新的认知图景之中，通过比较和分辨形成新的认知结构。

达到创新性理解的学生能够将数学观念运用于变式状态下的数学情境，发现数学对象之间的远距离关联，提出新问题，进行新猜想，在新的情境中举一反三，解决一些复杂的问题，对数学知识提出改革建议。创新性理解是超越关系性理解的更高级的理解。

达到创新性理解的学生具有以下表现。

第一，能够理解数学变式的本质。学生不仅能够清晰而准确地把握数学对象的本质，在一个概念或一个问题经过各种变式后辨识其实质，而且能够自己生成新的变式。例如，学生可以通过均值不等式推演出其他的变形。

第二，能够理解知识之间的关联。学生能够将数学概念或关系与已有知识进行远距离关联，将看似毫无关系的数学个体分析构成逻辑联结并融汇为一个整体，揭示知识之间复杂的、深层的内在联系，形成对数学事物意义的多元理解。例如，学生能够将均值不等式与函数知识相关联，利用几何图形表征均值不等式。

第三，能够理解新情境下的数学本原知识。学生能够在未经历的全新的问题情境中进行概括，把所学的知识作为一种解决问题的手段、方法甚至思路，通过应用原本的理解获得新的理解。例如，对于新运算法则，学生可以找到新运算规则中核心的运算部分，使用已知的知识解决问题。

第四，能够理解数学拓展抽象的意义。学生能够以已有知识、经验或者体验为基础，获取新的知识、经验和体验，以形成自我认识、自我反思、自我完善、自我超越、自我创造，成为思考者、发现者、发明者、创新者。学生数学学习的结果除获得知识和技能外，还有长时间积累后形成的创新思维模式。例如，学生可以通过类比两个数的均值不等式推测出 3 个及以上更多数的均值不等式。

第五，能够理解数学在实践中的应用。学生能够将现实中的问题转化成数学模型，在数学与现实的循环中不断生成和重构知识。数学源于现实、寓于现实并应用于现实。应用化的精神是数学的生命，根植于现实中的数学充满着生机活力。例如，学生可以使用均值不等式解决实际生活中使用材料最小值的问题。这种问题来源于生活，解决生活中的实际问题激发了学生的创新热情。

第六，能够使学科之间整合与融通。学生能够打破学科壁垒，在数学与其他学科知识之间实现融会贯通。跨学科整合问题往往是综合型、创新型的题目。例如，数学中的均值不等式与物理中的不等臂天平相结合，不仅融合了数学与物理之间的学科边界，也体现了均值不等式在解决实际问题中的巨大魅力。

4. 文化性理解

达到文化性理解的学生能够理解数学史对观念、精神、思维方式等产生的影响，受到数学家优秀品格的熏陶，进行数学文化的欣赏，在追求数学美的过程中加深对数学的理解。阿恩海姆指出，一旦达到了对某一事物最简单的理解，它就会显得更稳定，有更多意义、更容易被掌握；具有秩序、统一的事物更符合知觉简化性倾向，更容易使人产生审美体验。[①] 狄德罗指出，数学中所谓美的问题是指一个难以解决的问题；所谓美的解答是指对于困难、复杂问题的简易解答。[②]

达到文化性理解的学生具有以下表现。

第一，能够理解数学历史发展的脉络。学生知道数学概念、定理与历史上的哪些大事件、关键人物相关，能够说出数学故事，提炼出数学故事中蕴含的数学思想方法，挖掘数学故事中孕育的数学精神，注入数学文化意义。例如，学生能够知道第 24 届国际数学家大会是在北京举行的，会标是以汉末三国时期的数学家赵爽的弦图为基础设计的。赵爽的弦图不仅能够用于证明勾股定理，还能够用于探究均值不等式问题。

第二，能够理解数学的美学意蕴。学生痴迷于数学美所反映的简洁性、统一性、对称性、奇异性、秩序性等，知道数学概念、定理所蕴藏的美，能够对数学公式的见解、数学结构的和谐、数学方法的奇妙赞叹不已，并能够进行恰当的评价。例如，学生能够将均值不等式 $\frac{a+b}{2} \geqslant \sqrt{a \times b}$ 化简为 $(a+b) \times \frac{1}{2} \geqslant (a \times b)^{\frac{1}{2}}$，会发现后者左右两边的形式更加完美，代数结构更加相似，体现了数学结构的和谐、统一之美。

第三，能够理解数学的人文价值。学生知道数学概念、定理蕴含的

---

① 朱黎生、宋乃庆：《格式塔美学对数学教学的启示》，载《数学教育学报》，2012（6）。

② 陈焕斌、张雄：《略论数学美的本质属性》，载《数学教育学报》，2008（5）。

德育价值、人文关怀。例如，关于均值不等式中的等号何时取，学生能用自己父母的年龄做实例加以说明。当父母的年龄相同时取等号，不同时取不等号。学生不仅能够学到知识，还能够关注父母的年龄和生日，具有很好的教育意义。

对学生数学理解的水平划分还可以进一步讨论。本章采用了工具性理解、关系性理解、创新性理解和文化性理解四个水平的划分。工具性理解、关系性理解和创新性理解主要体现在学生认知领域的递进关系上。文化性理解水平主要体现在情感、态度、审美、意志、价值观领域，是不可或缺的一种理解水平。今后的研究可以将学生的数学理解水平划分为认知维度的数学理解水平和情感维度的数学理解水平，进行更加深入的研究。学生的数学理解水平是发展变化的，是有差异的。数学概念的形成和关系的建立具有层次性。因而数学理解不是一蹴而就的，具有动态性、阶段性、渐进性等特征。教师要接受学生数学理解的差异性，让学生在突破自我中努力达到自己潜在的最高理解水平，在力所能及的范围内鼓励学生进行更深层次的学习，达到关系性理解；鼓励学生对知识进行自我建构，达到创新性理解；鼓励学生在数学的历史文化中接受熏陶，达到文化性理解。

二、理解的层级模型

(一) 超回归理解模型

1. 超回归理解模型的定义

皮瑞和基伦提出了超回归理解模型，如图 1-1 所示。该模型以认知结构的观点提出数学理解是一个进行中的、动态的、分水平的、非线性的发展过程。他们使用嵌套的圆表示数学理解的八个水平，认为理解的增长并不是单向的过程，每一层都包含以前的层，并被下一层嵌套。随着理解水平的提高，圆的半径越来越大。当学习者的思维在某一水平的发展过程中遇到阻碍时，可以返回前面的理解水平完善已有的理解。

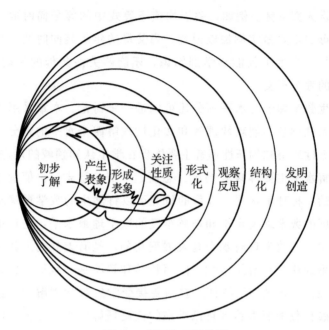

图 1-1 超回归理解模型

2. 超回归理解模型的分类

超回归理解模型的八个水平如下。

第一，初步了解。它是数学理解的第一个水平。这里的"初步"并不是指水平低，而是指任何一个特定的数学理解形成的起点。大多数的教育工作者都认为这是一个人达到理解性学习的前提条件。初步了解指的是通过一些具体的数学探究活动，或从原有的知识结构和生活体验出发，对所学的内容有了初步的了解。

第二，产生表象。在这个水平，学习者需要凭借第一个水平对数学对象形成的认识，归结它的特征，构造崭新的表象。但是当前的表象存在片面性、具体性、不准确性。

第三，形成表象。在这个水平，学习者将之前具体活动中产生的特殊表象组织起来，形成一般的表象。

第四，关注性质。在这个水平，学习者可以运用并组合数学对象的一系列表象，构造出与之相关的性质。具体表现为：学习者通过观察表象，发现表象间的不同点和相似点，从而建立表象间的关系，猜想、验证所学知识存在的特性或规律。教师通过提出思考性问题，引导学生关注性质。

第五，形式化。当学习者能通过认识前面的概念表象、概括和归纳得到有关的性质，进而构建形式化的数学对象时，那么学习者就实现了形式化的理解。

第六，观察反思。在这个水平，对数学概念、性质的理解达到形式化的学习者能够反思并调控理解过程，包括对内层水平的思维过程进行反思，对概括的知识进行思考和检验，并用自己的语言描述、掌握数学思想和方法，最后进行整理、归纳和应用。

第七，结构化。当学习者试图将前一水平整理与组织的结果作为一种结论或者与自己已有的知识建立联系，通过新旧知识的相互作用将新知识纳入原有的数学认知结构时，结构化的理解就产生了。学习者需要反思所学的新知识与已有数学知识之间是否存在联系并相互依赖，利用逻辑或演绎推理的方法进行证明。

第八，发明创造。在这个水平，学习者对数学内容有了整体性、结构性的理解，可以相互迁移、举一反三、灵活应用，还可能在此基础上提出新的思考和新的理论。

3. 超回归理解模型的特征

超回归理解模型具有以下特征。[1]

第一，活动与表达的互补性。皮瑞和基伦认为除初步了解和发明创造外，每个水平的理解都是由实际活动和语言表达两种活动共同组成的。实际活动是指外部操作所体现的内部思维活动，它与语言表达的互补是理解向外发展不可或缺的前提。在一般情况下，学生理解的发展是先通过操作活动，再利用语言表述。但当学生用语言表述不清时，可以折回重新做活动体验。实际活动包含脑力活动和体力活动，语言表达与公开自己或者他人脑力活动和体力活动的本质有关。

第二，回归。回归是该模型的核心特质，它体现了数学理解的非线性

---

[1]　Susan Pirie & Thomas Kieren, "Growth in Mathematical Understanding: How Can We Characterise It and How Can We Represent It?", *Educational Studies in Mathematics*, 1994 (2), pp. 165-190.

特征，说明理解的发展不是单向进行的，也不是徘徊在某处；它的发展是动态的，往返于两个水平之间的。当学生在某一水平遇到了不能解决的问题时，他可以返回更内层的理解采取补救性的措施，弥补缺陷，为外层的理解打下坚实的基础。回归是数学理解过程中必不可少的环节，来回往复、波浪式地推进可以帮助学生建立深层的理解。

第三，不必要的边界。数学学习具有不需要联系基本概念就能在符号水平上进行操作和思考的特点。不必要的边界依次出现在初步了解与产生表象、关注性质与形式化、观察反思与结构化之间。第一个不必要的边界表示当学习者头脑中的数学概念的表象完善之后，学习者可以直接使用表象，不需要重复进行产生表象的活动或者回顾实际的例子。第二个不必要的边界意味着当学习者掌握了形式化的数学对象后，可以摆脱先前形成的表象，关注性质水平所进行的活动，利用形式化的定义发展理解。第三个不必要的边界表示当学习者已经能够将新学习的知识内容整理组织成理论并将其和已有的数学认知结构联系起来后，学习者可以形成新的认知结构。这些不必要的边界表示当学习者的理解超过这个边界时，就可以利用现有的理解来思考问题，进行下一阶段的活动。它表明学习者的理解在该阶段有了突破性的发展，不再依赖前一水平形成理解的具体活动和过程；学习者已经将前一水平的理解内化并嵌入新的理解。

超回归理解模型阐述了理解的不同水平，也比较了不同理解水平之间的相互关系。通过学习和借鉴皮瑞和基伦提出的超回归理解模型，教师可以有方向地、更全面地观察、评价学生理解的发展，重新树立对数学理解的看法，拓宽教学视野，与课程标准的要求相呼应，打破传统教学模式，改进教学，优化教学质量，推动学生理解的发展和完善。

（二）其他理解模型

除超回归理解模型外，还有很多学者提出了其他理解模型。巴克斯顿根据知识的掌握程度，将理解划分为死记硬背、观察、深刻理解和逻辑理解四个水平。格里诺和赖利认为，数学原理存在三个逐渐复杂的理解水平：遵从、显性理解和隐性理解。遵从指的是可以准确地依据原则来解决问题，但是缺乏对原则的认识。显性理解指的是可以建立原则与程序间最强的联系，能够口头陈述知识的原则和程序的结果。这类知识通常也被称为概念性知识。隐性理解是一种比显性理解水平低但是比遵从水平高的理解。隐性理解包括性能评估和结构类推两种类型。性能评估是指具有区分正例和反例原则的能力。结构类推包括程序的映射、转换和解决应用问题三类。显性理解和隐性理解并非完全独立，而是相互联系的。隐性理解是显性理解的前提和基础。

上文提到的几种模型都深化了数学理解理论。研究者在数学教学实践中不断地建构、完善数学理解模型，为数学教育者和教师深入探究数学教学打下了坚实的理论基础。

对数学理解的研究能够促进数学教育目标的顺利实现，具有以下重要的教育价值。①有助于走入数学知识的内核。超回归理解模型启示人们数学理解是不断发展的过程，需要不断地返回起点，重新学习知识。在每一次的返回过程中，学生头脑中的知识会增加，他们能够以新的视角去认识原有知识，创造更为丰富的认知网络。②影响课程实施的效果。数学理解对教师认识课程具有重要作用。为了使数学教学有意义，教师要对知识有深刻的理解。教师对课程的理解是课程实施的关键，应重视对基本概念的理解。③提升学生的数学学习能力。数学理解有助于学生在头脑中形成完整的图式。当学生在数学学习中获得成就时，学生的数学学习动机就会得到强化，从而影响学生数学学习的信念和系统思维能力，有助于学生顺利地解决数学问题。

三、寻找理解的证据

（一）理解的证据

在明确什么是理解以及理解的证据之前，我们先了解一个关于约翰·杜威的故事。通过这个故事，我们可以对"理解"和"证据"进行区分。

每个人都有这样的经历。当问题以一种方式被提出时，我们不知如何回答；而当问题以另一种方式被提出时，我们会感到回答起来相当容易。这种情况在关于杜威的故事里得到了说明与验证。在这个故事里，杜威问全班学生："如果在地球上挖一个洞，你们会发现什么?"没有人回答，他又问了一遍，教室里还是一片沉默。教师打断杜威："你的问法不对。"她转向全班学生，问道："地心的状态是什么？"全班学生一致回答："岩浆。"

这个故事充分说明了有必要对内容目标和证据加以区分，同样需要强调迁移的重要性。学生仅能够正确地回答直接提问的问题，并不能说明他们理解了。在考试或者应用中换一种情境，他们就不能够灵活使用了。这说明学生并没有理解。那么什么才是理解呢？什么可以作为理解的证据呢？为了回答这些问题，我们需要考虑以下方面。

第一，我们应该从哪里寻找证据？根据内容标准，我们需要学生能够出色完成的任务类型是什么？

第二，不考虑特定的方式，我们应该用什么来判断学生理解的程度？

第一个方面涉及对任务评估的设计标准，如有效的任务、测试、观察。第二个方面涉及通过量规或其他指标相关的指南对任务完成情况的实际评价。如果不清楚怎样才算是理解的证据，那么无论我们如何清晰地界定"理解"这个术语，我们依旧无法达到理解的目标。评估问得越细，我们就越会意识到没有充分认识"理解"本身。

通过杜威的故事，我们发现如果不能确定哪些是构成理解的合理证据，那些显而易见的表现就会误导我们。当学生给出了正确的回应，我们就很容易将这种回应与理解混为一谈。

获得理解的证据意味着需要开发能够激发迁移的评估，以此来判断学生能否明智地、灵活地、创造性地利用所学的知识。戴维·珀金斯将"理解"定义为能够灵活利用所学知识进行思考和行动的能力，认为其不同于机械记忆与固守答案的方式。真正理解所学知识的人比那些一知半解的人能更好地应对其在真实世界中遇到的挑战，而这些挑战不能靠打包知识来回应。

可迁移理解的证据用于评估学生在不同情境中审慎且有效运用知识的能力，也就是说要评估学生在学科中"做"的能力。《人是如何学习的——大脑、心理、经验及学校》一书提到，学生将自己所学知识迁移到新情境中的能力为适应性和灵活性学习提供了一个重要标志；当将记忆作为测量学习的唯一方式时，许多教学方法看起来都是一样的；当从是否可以很好地将所学知识迁移到问题情境中这一角度进行评价时，教学差异就变得非常明显了。当学生学会如何从他们的练习中提取内在的原则和主题时，他们就能够形成对何时、何地、为什么，以及如何运用所学知识来解决新问题的灵活理解。

早在 1956 年，布卢姆就和他的同事针对"应用"提出了相同的观点。对"应用"的评估需要包含一个要求迁移的新任务，而且在理想状态下应包含对观点的情境性与实践性运用：如果情境包含我们在这里所定义的应用，那么它们对学生而言要么是全新的，要么是包含新要素的。理想情况是，我们能够找到让学生通过实践方式应用抽象知识的问题，以此来测试学生的理解程度。

理解的证据需要我们以不同的方式进行评估。我们要看到学生提取理解，并将其在问题情境中加以运用的证据。这与仅仅观察他们能否回忆知识或引用教师或教材所教的基本原则在表现上是有很大差异的。

这就需要我们将评估中的参照样例对应到每一个领域的典型表现中，说明表现可以成功表明理解。例如，有能力设计一个科学实验，对其进行调试并反过来分析构成物质的化学元素；有能力运用在历史课上学到的事实和技能，写篇真实描述本地某时期历史的记叙文。我们需要观察理解能力有限的学生能否实现迁移。也就是说，在全新情境下，学生能识别起作用的知识储备，并进行有效应用。因此，我们很少使用描述性材料来引导学生对相似问题做出"正确"回答。

只要懂得"知道"和"理解"的真正区别，那么如何从术语上界定两者就不那么重要了。所谓理解并非文字层面的事情，而是借这个清晰的概念来区分转述的专家观点和内化的灵活观点之间的差异。如果我们的评估过于肤浅和以事实为中心，我们就会错过对所收集证据的差异性判断。我们如何描述与理解相关的目标已无关紧要。重要的是我们要懂得"理解"和"当给出提示时知道正确答案"之间的区别，重要的是应对对迁移进行评估所带来的挑战。

当判断一个学生是否真正理解时，我们必须明确指出需要哪些学生任务和评估证据。《科学素养的基准》的作者指出，他们决定不使用特定的行为动词或利用可以观察的行为来阐述可以表明理解的证据，因为它们之间的选择是随意的，而使用特定的动词可能会产生限制或暗示一个非预期的特定表现。尽管我们承认对于理解目标并没有唯一的或本身就是完美的评估方式，但与其他评估方式相比，某些特定类型的挑战更合适。许多教师需要知道哪些类型的评估能够使标准具体化，这也是布卢姆提出目标分类学的初衷。如果不特别考虑哪些评估类型可以作为满足标准的恰当证据，教师可能会认为知识性测试就够了。然而，只有通过复杂的探究，保障正确的方法和结果，才能真正发挥标准的公正性。

(二) 理解的侧面

"理解"这个词具有多种含义。根据经验，我们认为理解不是单方面的成就，而是多方面的成就，并能够通过不同类型的证据表现出来。有时距离产生理解；有时理解需要真诚地聆听他人的想法；有时理解是高度理论化的东西；有时理解是有效的；有时理解是不带感情色彩的批判性分析；有时理解是认同的表现；有时理解依赖直接经验；有时理解是独立思考的产物。界定"理解"要更为慎重。理解是多维的和复杂的，有不同的类型、不同的方法，同时和其他知识目标也有概念上的重叠。这个问题的复杂性使区分理解的不同侧面很有意义。获得成熟的理解，我们参考了《追求理解的教学设计》第二版一书，形成了一个多侧面的视角，即理解六侧面。当我们真正理解时，我们能解释、能阐明、能应用、能洞察、能神入、能自知。这六个侧面为理解提供了多元化的指标，能够引导评估的选择和设计以达到理解的目的。①

1. 解释

解释是通过归纳或推理，系统合理地解释现象、事实和数据；洞察事物间的联系并提供例证；能够恰如其分地运用理论和图示，合理地说明时间、行为和观点。解释这一侧面所涉及的理解是指以一个合理的理论揭示事物的内涵，弄清楚那些令人困惑的、孤立的或含糊的现象数据、情感或者观点的含义。这些通过行为和产品表现出的理解，清晰、深入地解释了以下问题：事物是如何发展的？它们反映了什么？它们在什么地方相互联系？它们为什么会出现？理解不仅包括了解事情本身，还包括运用具体证据和逻辑来推断原因和过程。例如，学生可能知道不同的

---

① [美] 格兰特·威金斯、[美] 杰伊·麦克泰格：《追求理解的教学设计》第二版，闫寒冰、宋雪莲、赖平译，92～114 页，上海，华东师范大学出版社，2017。

物体都是匀加速落地的，但是为什么不同物体的加速度没有差别？学生可能知道如何演奏一门乐器，但是并不知道乐器发生的原理和其中蕴含的物理知识。解释侧面要求给学生分配任务，对学生进行评估，让他们解释所学的内容并给出合理的理由来支持他们的解释。之后我们才能得出结论：他们是否理解了我们所教的内容。

因此，仅仅对教材或教师所传授的官方理论进行评估还不能作为理解的依据。我们需要解释为什么我们的回答是正确的，为什么存在这种事实，为什么这个公式适用；我们需要为自己的观点提供支持。进行评估时，我们从学生的表现中寻找较合理的解释，要求他们使用如支持、辩护、概括、预测、验证、证明和具体化等动词显示他们的理解程度。从这个意义上讲，获得深入理解的学生对数据和稳定联系的控制力比那些理解不足的学生更好。前者理解当前工作中不易察觉的例子、含义和假设。教师无一例外地认为这种理解是深刻的、全面的、注意细微差别的和深思熟虑的。没能达到这种理解的解释或理论往往没有大错，但会是不完整的或者缺乏经验的。例如，"天气取决于风""所有的三角形都是相同的""不吃糖会减肥"等这些说法没有错。确切地说，这些说法是经验过少或者过于简单的观点，而不是合理的、有数据支持的观点。

2. 阐明

阐明是能叙述有深度的故事；提供合适的转化，从历史角度或个人角度解释观点和事件的含义；通过图片、趣闻、类比和模型等方式达到理解的目的。阐明的对象是意义，而不仅仅是合理的解释。阐明通过强有力的故事传递间接而非抽象的理论。当一个人能够有趣地阐明当前和过去的经历并且这种阐明的意义重大时，他就达到了这样的理解。通过讲故事达到理解不只是为了丰富精神生活。一个好的故事不仅能吸引人，还能给人启示，有助于记忆和沟通。一个逻辑清晰、引人入胜的故事可以帮助我们找到先前看似抽象或无关的事物的意义所在。

在课堂中，阐明这一侧面通常的表现是对课本、艺术作品或对过去和现在的经历本身所包含的意义的讨论。教学面临的挑战是如何通过研究与讨论，将文字带入生活，看看这些文字是如何回应我们对生活的关切的。例如，我们有时会挣扎于与父母的关系中，但是如果我们能读懂《李尔王》中富有挑战性的语言，就能领悟莎士比亚对该问题的深刻见解。理解不仅是关于一个在逻辑上站得住脚的理论，也是关于结果的意义。在阐明时，学生在文本和自己的经验之间不断对接，以便找到合理但不同的阐明内容。阐明不同于科学解释，不仅是可接受的，也有可能会对同一文本（课本、事件、经验）有不同的理解。事实上，现代文学批评受以下观点的影响而活跃起来，即不管作者的意图是什么，文本都可能产生意想不到的含义和意义，即使是作者本人的观点也在所难免。所谓一千个读者就有一千个哈姆雷特，每个人的诠释都受到各自社会、文化和历史背景的影响。

解释和阐明相互联系又有所不同。理论是普遍适用的，而阐明要依托具体情境。阐明行为与建构和检测理论的行为相比，本身允许有多种解释：我们可能找不到大家一致认可的正确理论解释，但是我们期望最后只会有一种理论存在。然而，由于阐明者思考问题的角度不同，就会存在多种意义。一种理论要起作用，它必须是正确的；而一个故事只需要具有真实性，提供启发。人们在理智上不能接受同一物理现象包含三种互相矛盾的理论。但是对于相同类型的人类活动，人们不仅能接受许多不同的、看似合理的、深刻的阐明，还认为这种情况丰富了事件的意义。

3. 应用

应用是能够在不同的真实情境中有效地使用和调整我们所学的知识。"纸上得来终觉浅，绝知此事要躬行。"理解需要将我们的想法、知识和行动同具体情境相匹配。我们通过应用、改变某个事物来表明我们对它的理解。当面对不同的约束条件、社会背景、工作意图和群体时，如果我们理解了，就会表现为知道怎么做，能够在压力下从容机智地完成任务。因此，对理解的应用是一种依托环境的技能，需要评估新问题和多样化的情境。教师为学生设计的问题应该尽可能地接近真实的问题情境。皮亚杰认为学生的应用创新本身就展示了其理解程度；许多应用问题特别是数学领域的应用题并不是真正的新问题，因此并不能表明其理解程度。

应用涉及的教学和评估需要强调绩效的学习，关注并完成更实际的任务，同时辅以更多的常规测试。如果理解是为了发展，学生就需要有一个明确的绩效目标，并在学习过程中持续向这个目标努力。法律学习中的案例法和医学中的问题学习法均是典型例子。通过这类学习，学生会认识到仅凭努力、听话并上交作品，是不能完成项目任务或课程学习的。针对核心挑战和绩效任务的教学设计必须要求学生根据标准对自己的绩效和成果进行持续性评估。

4. 洞察

洞察是具有批判性、富有洞见的观点。理解就是以冷静而淡然的心态来看待事物。这种理解不掺杂学生个人的独特观点，是一种成熟的认识，即对一个复杂问题的认识只是代表了一种观点而已。因此，这种理解常常是众多合理理解中的一角。有洞察力的学生对调查或理论中想当然的、假定的、容易被忽略和曲解的内容更警惕。洞察是将隐性的假设和含义外显化。它往往会追问"它究竟是什么"，并将答案（即使是教师或课本上的答案）看作一种观点。这种理解体现了一种极具力度的深刻见识。因为通过转换视角及用全新角度审视熟悉的想法，人们能够创建新的理论，构造新的故事，创造新的应用。从批判性思考的角度看，有洞察力的学生有能力揭示各种似是而非的、未经检验的假设或结论。当学生具备或能够获得洞察力时，他们就会站在一定的距离之外，批判地审视那些习惯性的或本能的信念、感觉、理论和诉求。

洞察意味着善于提出以下问题：这件事情从另一个角度看会怎样？

洞察作为理解的一个侧面，是一种成熟的思考，要求具有从不同角度看待事物的能力。那些刚刚开始踏上理解之路的初学者，即使缺少对事物的全面了解，他们也有可能揭示真相的看法。但是，对于初学者来说，他们仍然缺少从多角度看问题的能力。更深刻的洞察包括把握教师和课本背后的观点。美国历史教材或物理教材的编写者对"什么是真实的，什么是已证实的，什么是重要的"这三个问题有什么看法？其他作者的观点和他们的观点一致吗？不同的专家、教师和作者是不是有不同的倾向性？如果有的话，根据什么判断以上观点的合理性与局限性？这一连串的问题似乎过于深奥，也显示出我们培养学生洞察力的路程是漫长的。

5. 神入

神入是能够感受到别人的情感和世界观的能力。神入即设身处地为别人着想的能力，摆脱个人反应转而去获取别人反应的能力。这正是平常所说的"理解"的普通含义。当我们试图理解一个人、一个民族、一种文化的时候，我们要努力做到神入。这不是单纯地对我们难以控制的事情的一种情感反应和共鸣，而是有意识地尝试感他人之所感、看他人之所看。

神入不同于以批判的眼光看待事物，不是为了更客观地看待事物而脱离情境。神入就是我们从当事人的立场看待事物的发展，将自己代入当事人的处境。我们完全认同通过自身参与而得出的见解。换位让人感到温暖；洞察是以旁观者的角度解析事物。

神入也是一种洞察，因为它包含一种能力。这种能力使我们超越了那些不同的、看起来不可思议的观点或人，认识到其中有意义的东西。正如托马斯·库恩所言，如果我们想理解那些由于我们自己的臆想而拒绝理解的观点，理智的神入思考是必不可少的。所有的学者都需要神入思考。正如人类学家斯蒂芬·杰伊·库德所说，如果我们嘲笑前人的理论，那么我们就不能理解他们所处的世界。同样，如果学生要理解那些看似奇怪的、令人不快的或难以理解的观点、经验和文字，他们就要以开放的心态看待它们，看待它们的价值，看待它们与我们熟悉的事物之间的关系。他们必须了解一旦克服自己的习惯性思维，那些不寻常的观点很可能就变得意义重大，他们还必须明白自己的思维习惯会如何阻碍他们理解别人的观点。

6. 自知

自知是知道自己无知的智慧，知道自己的思维模式与行为方式如何促进或妨碍了认知。深度理解最终和我们所说的智慧有关。要理解这个世界，我们必须首先理解自己。通过自知，我们理解了哪些是自己不理解的。正如希腊哲学家常说的那样，"认识你自己"是那些能获得真正理解的人的座右铭。在某种意义上，苏格拉底是理解的守护神：他知道自己的无知。然而，对于大多数人来说，他们并没有认识到这一点。在日常生活中，一个人准确自我评估、自我调节的能力反映了他的理解力。元认知指的是我们如何思考及为什么思考的问题，也涉及我们青睐的学习方式与我们的理解之间的关联。不成熟的思维不仅表现为无知无能，还表现为不知反思。一个幼稚的学生无论多么聪明博学，都会在如下方面缺乏自知能力：知道一个想法何时会"冒"出来；知道一种观念在什么时候似乎是一种客观存在，但实质上似乎是一种客观存在，是知识与学生的信念一致而已；知道用于感知的模板或框架如何形成了理解的方式和内容。

自知是理解的一个关键侧面。如果我们想要更深入理解，能够超越自己看待其他事物，那么自知要求我们自觉地质疑自己看待世界的方式。这就要求我们自律，寻找思维中不可避免的盲点或疏忽，也要求我们勇敢面对潜藏在有效的习惯、天真的自信、强大的信念与看似完整的世界观中的不确定性和不一致性。这里所说的"自律"指的是其根本含义：自律需要勇气和坚持，因为理性的理解使我们质疑，甚至有时会解除我们强大的信念。

从实践层面讲，对自知加以更多关注，意味着在最广泛的意义上更好地进行教学和评估自省。在学校教育的一些领域，我们确实做得还不错。有许多程序和策略可用于帮助学生发展元认知，使他们了解自己的学习风格。优秀的写作课和艺术表演课也强调不断的反思。但是，还要更加关注对智力表现的持续的自我评估，也要更加注重提升属于认识论范畴的哲学思维能力。认识论是哲学的一个分支，阐述了知道、了解知识与理解意味着什么，以及如何区别知识与信念、观点。

教师行动研究

"解决问题"单元整体教学设计

设计者：北京小学通州分校　李晶晶、吴亚松

一、单元学习主题分析

（一）核心概念分析

"解决问题"这一单元属于第三学段数与代数领域中数与运算和数量关系部分的内容。本单元重在利用分数、百分数之间的基本数量关系解决生活中的实际问题，包含一般实际问题、工程问题和利率问题，让学生充分感受数学与生活息息相关。

《义务教育数学课程标准（2022年版）》在第三学段目标中指出，尝试在真实的情境中发现和提出问题，探索运用基本的数量关系，以及几何直观、逻辑推理和其他学科的知识、方法分析与解决问题，形成模型意识和初步的应用意识、创新意识。由此可以看出，培养学生发现问题、提出问题、解决问题的能力是本单元要达成的目标之一。除此之外，本单元涉及的数学核心素养主要有三个：一是数感，二是运算能力，三是模型意识。本单元中的一般实际问题、工程问题和利率问题都可以归结为倍数关系的拓展。《义务教育数学课程标准（2022年版）》指出，要设计体现结构化特征的课程内容。建立"1倍数×倍数＝几倍数"这一数量关系模型，用这一模型解决系列问题是本单元学习的一个大观念。解决问题的方法都是在模型思想的指导下应用的。

（二）教学内容分析

为了促进学生的全面发展，培养上述的关键能力，教授本单元时重点引导学生运用学习策略进行知识性的探究活动，在圈画关键句、画数量关系图、小组合作交流、课堂展示的四个学习环节经历"做数学"的过程，积累自主探究的活动经验，渗透数学模型思想。在自主探究的过程中，我们鼓励学生发现"真问题"、实现"真探究"、收获"真结论"，在此过程中还要不断培养学生的反思意识和创新意识。

1. 数学理解层面

本单元是在学生已经理解分数和百分数的基本意义以及性质、分数和百分数的乘除法的计算方法、分数和百分数以及小数之间的互化基础上进行教学的，要求学生具有一定的知识储备。"解决问题"单元的知识结构图如图1-2所示。

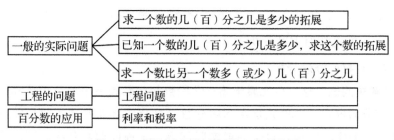

图1-2 "解决问题"单元的知识结构图

一方面，教材内容的编排应遵循学生的认知逻辑。教材按照从易到难、从一般问题到拓展问题的顺序，将学习内容分为三部分，即简单的分数乘法应用题、简单的分数除法应用题、稍复杂的分数应用题。前两部分分别放在第一单元、第二单元中学习，第三部分放在第四单元中学习。前两部分是基础。建立解决基本问题的数学模型之后，学生具备了一定的知识储备，在基本类型的基础上继续拓展稍复杂的实际问题；学生借助已有知识可以将复杂问题转化为一般问题。这符合学生的学习规律与认知规律。

另一方面，教材内容的编排应关注方法与策略的培养。从例题呈现方式来看，教材主要突出表现在以下两个方面：一是重视利用线段图引导学生进行数量关系分析，将抽象的数量关系转化为几何直观，突出解题方法的运用；二是关注解题方法的多样性，对同一问题用不同的数量关系分析得到不同的解决方法，灵活选择方法来进行解答。以上两点都关注学生的学习与思考过程，强调问题解决中的数学表达方法和分析方法，有助于发展学生的核心素养。

2. 问题解决层面

问题解决的核心就是数量关系。在分数、百分数实际问题的解决过程中，大部分出错的学生都是因为无法对数学信息建立正确的数量关系。因此引导和帮助学生发现数量关系是本单元问题解决教学的重点。本单元的设计就是利用情境的创设，在解决实际问题的真实情境中寻找数学信息、发现数量关系，最终把已知的信息和数量关系建立联系，从而实现问题解决。

（三）学生情况分析

在复习本课之前，学生已经全面学习并掌握教材中出现的分数和百分数实际问题的几种类型，能借助线段图对数量关系进行分析，同时能按照一定类型的要求自主编写实际问题。为了佐证这一判断，学习前对本校六年级 40 名学生进行了前置性作业布置。内容如下。

①我们都学过哪些类型的分数、百分数的实际问题？小组内互相说一说。

②你能编写一道分数或百分数的实际问题吗？编好后把它写出来。

③小组内互相交流拟编写的实际问题，将重复的类型共同商议修改为没有出现过的类型。

④组内交换编好的题目，画图并解决。

⑤解答后，说一说你为什么这样列式。

从前置性作业前四道题的结果分析上看，分数、百分数几种类型的实际问题的解决对于大多数学生来说没有太大困难。而当被问到为什么列乘法算式时，将近三分之一的学生提到了求一个数的几（百）分之几是多少而用乘法计算这样的程式化答案。用除法列式的学生中更有将近一半的人回答对应量除以对应率就是单位"1"。不难看出，有一部分学生虽然能够正确列出算式，但对于为什么这样做，更多是依赖公式化的记忆，并非从数量关系的理解层面去深入思考问题的。还有就是既然学生能顺利编写题目并正确解答，那么为什么解决分数、百分数这类的实际问题却在平时作业和检测中频繁出错呢？由于分数、百分数的特殊性，学生缺乏对这部分知识的"归属感"。也就是说，学生没有找到与之相关联的已有知识储备作为撬动点，而是把这类实际问题"单独化"，造成对这类问题只能进行碎片化的理解与思考，无法将知识系统化。因此，找出分数、百分数实际问题与前面所学实际问题的数量关系之间的前后联系，打通"隔断墙"，挖掘知识本质，建立"承重墙"，是本节课复习的重点内容。即用一倍数、倍数和几倍数深度挖掘知识的本质，利用这一相同点将整数、分数、百分数中所涉及的同类实际问题进行联系，从而帮助学生形成知识网络。表 1-2 为"解决问题"单元的学习进阶。

表 1-2 "解决问题"单元的学习进阶

等级	数量关系	模型建立	问题解决
水平一	能从简单的实际问题中获取有用信息，并抽象成数学问题	利用解题经验能将题目进行简单归类	能判断实际问题的类型及适用的解决方法

续表

等级	数量关系	模型建立	问题解决
水平二	根据已有数学信息，能进行合理分析，并在信息间建立起正向或逆向的数量关系，能借助这种关系解决问题	结合推导过程和原有的旧知识进行简单的解释与分析；能对生活中的一些简单问题说明简要道理	能根据问题寻找相关信息，并根据信息利用画图等方法发现一定的数量关系，从而解决问题
水平三	能从比较复杂的实际问题中抽象出有用的数学信息，并能将信息灵活加工，借助核心知识找到信息间的数量关系	结合单元知识梳理，将分数、百分数的实际问题归属为一倍数、倍数和几倍数的实际问题，根据这一模型灵活解决这类实际问题	能综合运用数量关系模型发现问题、提出问题、分析问题，并能正确解答生活中的分数和百分数实际问题

　　基于以上分析对"解决问题"单元的教学内容进行整体建构，并调整课时安排，如图 1-3 和表 1-3 所示。

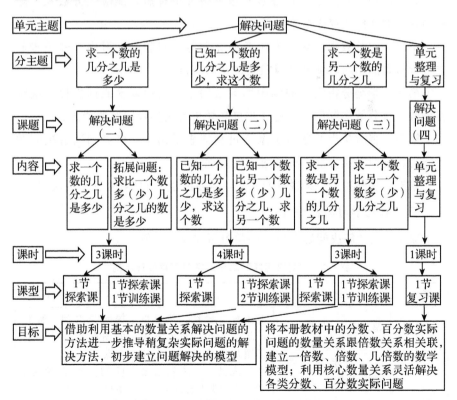

图 1-3　"解决问题"单元的教学内容整体建构

表 1-3 "解决问题"单元的课时安排

教学建议（10 课时）	单元学习设计（11 课时）
1. 求一个数的几分之几是多少（1 课时）	已知一倍数、倍数，求几倍数（3 课时）
2. 求比一个数多（少）几分之几的数是多少（2 课时）	
3. 已知一个数的几分之几是多少，求这个数（1 课时）	已知几倍数、倍数，求一倍数（4 课时）
4. 已知一个数比另一个数多（少）几分之几，求另一个数（2 课时）	
5. 求一个数是另一个数的几分之几（1 课时）	已知几倍数和一倍数，求倍数（3 课时）
6. 求一个数比另一个数多（少）几分之几（2 课时）	
7. 单元整理与复习（1 课时）	单元整理（1 课时）

二、单元学习目标设计

第一，加深对分数、百分数和运算意义的理解，能应用分数乘、除法的计算方法解决简单的实际问题。

第二，在分数乘、除法的计算及解决实际问题的学习中，进一步养成自觉检验的学习习惯和认真负责的学习态度。

第三，学会分析实际问题中的数量关系，能用算术或列方程方法解答分数、百分数实际问题，进一步提高学生解决实际问题的能力。

第四，将分析出的数量关系通过画图表示出来，培养画图解决问题的能力，规范画图方法，促进思维的发展。

第五，理解税率、纳税等的含义，体会百分数在实际生活中的应用。

三、单元学习历程设计

表 1-4 是"解决问题"单元的学习历程设计示例。

表 1-4 "解决问题"单元的学习历程设计示例

课时	驱动问题	锚基任务	诊断性评价
第 1 课时	超市物品的进出规划：根据数学信息绘制数量关系图，你能完成吗	学生独立画图，然后以小组为单位，对数量关系图展开交流，在交流中形成共识，展示数量关系图的类型有几种	提问与追问：所有的图有什么共同的特点 反馈：对应关系，单位"1"等

续表

课时	驱动问题	锚基任务	诊断性评价
第2课时	班级男生、女生人数之间的数量关系：根据数学信息绘制数量关系图，你能完成吗	学生先独立完成，再小组讨论，分组汇报：有几种画法，错误的图错在哪里	提问与追问：图画错了，是什么找错了 反馈：单位"1"判断错误
第3课时	三种不同类型的数量关系的相同点和不同点分别是什么；它们可以归到一种数量关系来形容吗	学生自主编写不同类型的数学题；交流汇报	提问与追问：通过前面的整数、小数和分数基本问题的分析，你有什么想法吗；它们有相同的地方吗 反馈：过多强调单位"1"

四、关键课时教学实录

教学片段一：对比一个数的整数倍、小数倍和分数倍，发现共性，建立数学模型。

图1-4为教学片段一的三道实际问题。

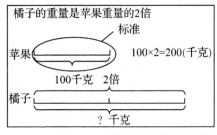

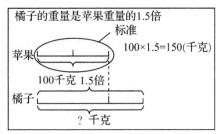

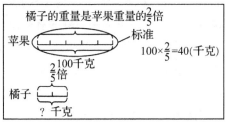

图1-4　教学片段一的三道实际问题

开课伊始，教师借助上述三道实际问题，分别让学生说一说如何解决，并追问为什么要这样解决。

师：求橘子有多少千克，为什么用 100×2 呢？

生 1：通过看图我们可以知道橘子的重量是苹果的重量的 2 倍，求橘子的重量也就是求苹果的重量的 2 倍。以 100 千克苹果的重量为标准，橘子有这样的两份，所以橘子的重量就是 100×2 千克。

师：那第二道题呢？能说说 100×1.5 这个算式表示什么意思吗？

生 2：表示求 100 千克的 1.5 倍是多少。

师：看来不光是求一个数的整数倍能用乘法解决，小数倍也可以用乘法解决。

师：再来看看第三道题，$100 \times \dfrac{2}{5}$ 又是什么意思呢？

生 3：橘子的重量是苹果的重量的 $\dfrac{2}{5}$，这里的 $\dfrac{2}{5}$ 就是 $\dfrac{2}{5}$ 倍的意思。我们要算 100 千克的 $\dfrac{2}{5}$ 倍是多少，还是应该用乘法算。

师：他说得有道理吗？看来同学们不仅能看图解决问题，还能发现问题中隐藏的秘密呢！

生 4：不管整数倍、分数倍还是小数倍，我们都可以用一倍数乘以倍数得到几倍数。

师：那百分数倍呢？可以用这种方法解决吗？

点评：教师通过求同一个数的三种不同倍数的题目对比，让学生理解现在学习的求一个数的几（百）分之几就是求这个数的几（百）分之几倍，跟之前所学的倍数数量关系完全一致。也就是 1 倍数×倍数＝几倍数，只是倍数的形式不同。这就为学生渗透了模型思想，帮助学生找到了知识间的前后联系，梳理了一条解决问题的有效路径。

教学片段二：借助"1 倍数×倍数＝几倍数"这一数量关系模型来解决稍复杂的实际问题，凸显核心问题，形成知识串联。

师：在课前任务中，有同学编了这样一个数学故事，你们能读懂吗？谁能上前面给大家讲讲你对这道题目的理解？

生 1：我们已知苹果有 100 千克，梨比苹果少 $\dfrac{2}{5}$，求梨有多少千克？

这道题将苹果作为单位"1"，把单位"1"平均分成 5 份，梨比苹果少 2 份，也就是说梨占其中的 3 份。这道题就是在求 100 千克的 $\frac{3}{5}$ 是多少。

生 2：我有不同的理解。我们以前学过倍数关系。在这道题中，把苹果的数量看作 1 倍，梨是苹果的 $\frac{3}{5}$ 倍。梨比苹果少的是苹果的 $\frac{2}{5}$ 倍。

生 3：我们通常把已知的数量看作标准，再找两个量之间的倍数关系。

点评：学生对数量关系的梳理掌握得不错，能够分析出单位"1"，或者利用与单位"1"的关系来解决问题。本节课就从另一个角度出发，将所学知识与低年级的倍数关系联系起来，让学生感受数学知识是连贯的、互通的。学生以线段图为抓手，充分找到已知条件和所求问题与标准的关系，从而再次深入理解不同部分与标准的倍数关系，解答问题。

教学片段三：聚焦"双减"，分层练习。

在这节课，教师对实际问题进行了简单的梳理，请学生根据自己掌握的情况自选两道题进行练习。

①东关小学上学期有教职工 60 人，本学期教职工人数比上学期增加了 $\frac{1}{12}$。本学期有教职工多少人？

②东关小学上学期有男教师 12 人，比本学期少 20%。本学期有男教师多少人？

③生产一批零件，甲单独做要 10 天完成，乙单独做要 15 天完成。甲乙二人同时做，完成了任务的 $\frac{2}{3}$。他们二人合作了多少天？

生 1：在题①中，把上学期教职工总数看作标准，本学期是上学期的十二分之十三倍，用乘法解决。

生 2：在题②中，把本学期男教师的人数看作单位"1"，上学期男教师占本学期人数的 80%，用除法来解决。

生 3：题③不是把整个任务看作单位"1"，而是把全部任务的 $\frac{2}{3}$ 看作单位"1"，用除法解决问题。

点评：在"双减"政策下，学生应进行分层练习。学生可以根据自己的情况选择自己能够解决的问题，进而增强自信心。学有余力的学生可以三道题都做。学生应理解并掌握"几倍数＝1倍数×倍数""1倍数＝几倍数÷倍数""倍数＝几倍数÷1倍数"的应用。

五、教学反思

通过多次的备课、磨课、深挖教材，我们基于学生的已有经验，突破复习课重复再现的壁垒，让核心素养落地。

（一）深挖多磨，精准教学

复习课应该在清楚各个知识网的基础上沟通其纵横联系，将平常所学的孤立的、分散的知识点穿成线、连成片、织成网，形成由点到面的系统知识。我们最初的设计就停留在这张知识网上，让学生对分数的实际问题能够清晰地找到解决方法。其实，在设计这节课时，我们有多个版本。我们开始认为在学生头脑中形成这张基本题型的知识网就可以解决问题了；后来又认为每个学生都可以通过画图找到份数对应的数量，找到一份，再求几份，问题就迎刃而解了。但是又有了新的问题，分数的实际问题那么多，不是这几种能概括的。学生的原有知识是已知单位"1"用乘法，求单位"1"用除法。如果只是停留在这里，这节复习课就是梳理不同种类的题型了。图是学生解决问题的直观抓手，那当有的学生不会画图时怎么解决问题呢？我们要退到哪里，这个解决问题的模型在哪里？我们意识到这个模型应该是"倍"的数量关系，即在理解分数意义的基础上，找到1倍，也就是标准。有这样的几倍就可以解决几倍数的问题了，这也是本节课的提升点。把众多看似没有关系的实际问题建立模型，就是我们说的先把数学学厚，再把数学学薄的过程。

（二）纵向延伸，解决更多问题

在"双减"政策下，提升课堂效率非常重要。对于解决问题的复习课，把学生从传统的题海战术中解放出来，促进学生思维的发展，不仅要注重学生对某一问题是如何解决的，还要注重解决问题方法之间的联系。通过本节复习课的探究与建模，学生掌握并理解了整数倍、小数倍和分数倍的数量关系的模型都是"1倍数×倍数＝几倍数"。通过这个数量关系，在解决实际问题时学生可以分析理解题意后，找到1倍数和已知条件与 1 倍数的倍数关系，利用上述数量关系，找到解决问题的方法。本节课是"抛砖引玉"的种子课，让学生带着问题进课堂，再带着问题出课堂。因此，让学生用这个数量关系去思考百分数的实际问题，求分率、利率、税率、工程问题，思考是否可以用这个数量关系来解释。这样学生就会用数学的眼光观察现实世界，用数学的思维分析现实世界，用数学的语言描述现实世界。

六、案例评析

这个案例选取了数与代数领域的知识，利用分数和百分数之间的基本数量关系解决实际生活中的问题，涉及数感、运算能力和模型思想。在教学过程中，学习任务与生活实际相联系，能够充分调动学生解决问题的积极性和学生的学习经验。学习任务进行了序列化分解，从简单到复杂，解决思维从正向到逆向。在解题的过程中，教师不断调动学生思考，引导学生将数学信息抽象列式，并解释式子的含义；使用画关系图的方式将学生的思维外显，让学生的思维过程充分暴露。

教师为了探明学生是否真正理解分数、百分数和运算意义，给学生布置了不同的任务。这些任务可以体现学生对知识理解的不同水平。当学生可以说出自己学过哪些类型的分数、百分数实际问题时，这说明学生掌握了基本的知识，但是不能体现学生是否理解了这些知识。如果学生能够自己编写一道实际问题，可以体现出学生能够将知识与实际情境相结合，学生对知识的理解是更深入的。如果学生能够解答出其他同学编写的实际问题，并能够说出这样解答的理由，这表明学生对知识的理解已经能够前后贯通并深入知识的本质了。

第二章 大概念统摄：从整体设计中受益

本章概述

  《普通高中课程方案（2017 年版 2020 年修订）》指出，重视以学科大概念为核心，使课程内容结构化，以主题为引领，使课程内容情境化，促进学科核心素养的落实。自此以后，大概念及其教学的理论建构与实践探索受到了广泛关注，各地中小学教师纷纷围绕大概念组织教学内容和教学活动。虽然我国已将大概念写入课程标准，也开始了有关大概念及其教学的研究，但课程方案与课程标准并未对大概念的基本内涵进行界定。这对于一线教师而言，没有明确的概念就无法指导自己的教学实践，不利于新课标的教学理念的落实，也不利于发展学生的核心素养。只有深入理解大概念的内涵和意义，才能围绕大概念组织教学内容并开展教学活动，促进学生真正掌握知识的本质，促进学生知识的结构化。因此，什么是大概念？如何划分和表述大概念？大概念对整体设计有什么意义？如何发现大概念？这些是我们亟待深入研究的问题。本章将对这四个问题做进一步的探讨。

知识导图

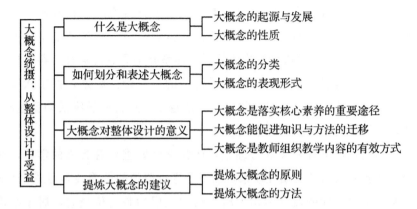

知识图谱

一、什么是大概念

单元连接着课程与课时。单元设计是课程开发与实施的基本单位，也是制订课时计划的背景条件。传统教学设计存在两个误区，即覆盖教材内容和活动导向教学。前种教学只能学到惰性知识，后种教学只能学到粗浅经验。导致这两种误区的原因是缺乏对目标的深思。所以，目标是单元整体教学的首要问题，也是"整体"的内涵。"整体"意味着教师在课堂教学活动中必须从教学目标出发。当前，单元教学的难点是如何整体把握单元教学目标，如何将核心素养培养真正落实到单元及具体课时中。为此，当前的理论研究和教学实践都聚焦于大概念理论，呈现出以大概念为中心的单元设计的发展趋势。

（一）大概念的起源与发展

大概念最早是市场营销和广告业中的一个术语，指的是向群众传递的一种品牌、产品或概念；通常提供一种强有力的信息，促使消费者对品牌特质产生共鸣。随着广告业对大概念的相关推进，心理学领域、教育学领域、哲学领域及其他领域相继出现有关大概念的研究。

1. 大概念的起源

（1）心理学领域

维果茨基在研究儿童的概念发展时提出了日常概念和科学概念。日常概念是儿童通过经验和独立思考获得的概念；科学概念是通过学校教学获得的概念。[①] 日常概念所构成的思维体系并不具有内聚性；科学概念的本质特征是概念的系统性，概念系统中的概念相互联系，存在从属关系和共同性关系。概念之间的共同性关系越多，进行的思维活动就越多。因此，共同性关系较多的科学概念与大概念有相似之处。

奥苏伯尔提出有意义学习理论，认为学生要进行有意义的学习，对知识建立起非人为的实质性联系，而不是进行单纯的接受性学习。[②] 他认为，概念是层次性的概念结构，居于结构上层的是上位概念，居于结构下层的是下位概念。[③] 上位概念是对学习内容的整体认识，具有持久性，一旦掌握便不易被遗忘；下位概念是对学习内容的部分认识，较为具体，很难被迁移，因此容易被遗忘。在这里，概念体系中的上位概念也具有大概念的意义。

布鲁纳提出一般观念，即基本的、具有广泛适应性的概念；认为它可用来帮助理解基本结构，也可以依据基本概念和原理的迁移不断解决新问题，扩大和加深认识。[④] 因此，一般概念也可以被视为大概念的重要思想来源。

（2）教育学领域

怀特海曾批判了教育学领域中的"惰性思维"。他认为惰性思维只是通过大脑去接受观点，却不运用、验证或者把它与其他新事物有机融合起来；拘囿于惰性思维会逐渐丧失发现问题和思考问题的能力。[⑤] 为了打破当时的教学传授大量散点式知识的现象，他提出应教授学生少而重要

[①] 鄢超云：《从日常概念到朴素理论——维果茨基关于日常概念与科学概念的理论及其挑战》，载《学前教育研究》，2003（5）。

[②] 王月淇：《基于大概念的数学项目学习教学设计研究》，硕士学位论文，上海师范大学，2022。

[③] 陈香：《科学概念的特点及其对教学的启示》，载《教育科学论坛》，2015（12）。

[④] [美] 布鲁纳：《教育过程》，邵瑞珍译，36页，北京，文化教育出版社，1982。

[⑤] [英] 怀特海：《教育的目的》，庄莲平、王立中译，2页，上海，文汇出版社，2012。

的概念；该概念将具体的知识整合在一起，建立新的联系。只有这样的概念才能被学生理解，促进学生的生成和创造。

菲尼克斯提出了代表性概念，依据代表性概念设计的课程能使学习具有高效益。如果知识涉及某些具有代表性的观点，那么理解这些观点就等于掌握所有知识。如果知识有其特定的组织模式，那么理解这些模式就能明确适合学科设计的特定要素。

因此，怀海特对惰性思维的批判和菲尼克斯提出的代表性概念都体现了大概念的思想。

2. 大概念的发展

（1）教学领域

威金斯和麦克泰格最早从教学设计的角度理解大概念。他们撰写的《追求理解的教学设计》第二版对教学领域的大概念进行了阐述，指出大概念对明确教学目标的作用，并详细描述了大概念的内涵、核心价值与表现形式；提出了发现大概念的更多建议，指出了围绕大概念进行教学设计的挑战性。

埃里克森等人认为，以概念为本的课程与教学是探究驱动的、观念中心的。它超出了对事实与技能的记忆，并将概念和深刻的概念性理解作为第三个维度添加到聚焦事实性知识与技能的二维模式中。这些概念性理解可以跨时间、跨文化、跨情境迁移，培养和发展学生在相似的观点、事件或问题上发现规律与联系的能力。[①] 埃里克森等人还建立了知识的结构模型[②]，解释了以概念为本的课程与教学理念。在该模型中，概念被分为五个层级：一是主题和事实；二是概念；三是概括；四是原理；五是理论。虽然埃里克森等人并没有明确提及大概念，但与其有关的以概念为本的课程与教学理念也体现了大概念的思想。

（2）课程领域

威金斯和麦克泰格关于大概念的研究是大概念走向课程的开端。许多学科纷纷开展关于大概念的研究，尤其体现在科学领域和数学领域。

---

① ［美］林恩·埃里克森、［美］洛伊斯·兰宁：《以概念为本的课程与教学：培养核心素养的绝佳实践》，鲁效孔译，8 页，上海，华东师范大学出版社，2018。

② ［美］林恩·埃里克森、［美］洛伊斯·兰宁：《以概念为本的课程与教学：培养核心素养的绝佳实践》，鲁效孔译，26 页，上海，华东师范大学出版社，2018。

全美数学教师协会于 2000 年出版的《学校数学课程的原则和标准》界定和阐述了数学大概念的内涵与具体形式；美国科学促进会于 2005 年解析了科学大概念的内涵。[①] 随后，科学领域在此基础上开展了对各自学科大概念的研究。

（二）大概念的性质

1. 大概念的内涵

在围绕大概念设计课程并实施教学时，教师必须深入了解什么是大概念，然后组织教学顺序以促进大概念的学习，进而落实核心素养培养。因此，全面阐述大概念的内涵是必要的。国内外已有研究者从不同的角度阐释了大概念的内涵，但关于大概念的界定目前尚未达成一致。以下从认知发展、课程内容和学科教育三个角度阐述大概念的含义，最终对大概念的内涵进行界定。

（1）认知发展的角度

部分学者从认知发展的角度解释大概念的内涵，认为大概念是学习者自主建构、迁移运用的基本结构。布鲁纳在《教育过程》一书中指出，不论我们选教什么学科，都务必使学生理解该学科的基本结构。掌握事物的结构就是以允许许多别的东西与事物有意义地联系起来的方式去理解事物。简单地说，学习结构就是学习事物是怎样相互关联的。[②] 理解学科的基本结构有助于学科知识的记忆，也有助于将从结构中获得的概念、原理迁移应用到类似的情境中。克拉克基于布鲁纳等人的研究，将概念定义为能够理解或联结各种小观念的大概念；认为概念是提供框架或结构的认知文件夹，便于人们将大量信息有条理地归纳与整理。[③] 奥尔森将大概念称为"能带回家的信息"，它是忘记具体的经验和事实后还能长久保持的中心概念。[④] 怀特利强调大概念是理解的建筑材料，可以被认为是

① 陈倩：《大概念统整的学科项目化学习设计研究》，硕士学位论文，四川师范大学，2020。

② ［美］布鲁纳：《教育过程》，邵瑞珍译，28、31 页，北京，文化教育出版社，1982。

③ 盛慧晓：《大观念与基于大观念的课程建构》，载《当代教育科学》，2015（18）。

④ Olson J. K., "Concept-Focused Teaching: Using Big Ideas to Guide Instruction in Science," *Science and Children*, 2008（4）。

有意义的模式，用以使人们能够联结零散的知识点。① 通过上述几位研究者对大概念的理解可以发现，大概念是聚合的概念、相对的概念；它能够细分成无数小概念，建立起小概念之间的联系，提供归纳各种小概念的有序结构或合理框架。

（2）课程内容的角度

另有学者从课程内容的角度解释大概念的内涵。埃里克森认为大概念指向学科的核心概念，它是基于事实抽象概括出来的深层次的、可迁移的概念。② 威金斯和麦克泰格指出大概念不是一个基础的概念，而是学科的核心；它是处于课程中心位置的观念、主题、辩论、问题、理论或原则等，能根据实际情况将多种知识重新排列和联结，以便在不同情境中应用知识并解决更加复杂的问题。③ 以上研究者从课程内容的角度强调大概念是学科的重要构成部分；大概念不是某一个具体的事实，而是从事实上抽象出的概念；它是学科的核心概念，具有可迁移性。

（3）学科教育的角度

还有学者从学科教育的角度解释大概念的内涵。在数学教育领域，查尔斯将数学大概念定义为对数学学习至关重要的陈述；认为数学大概念是数学学习的核心，能把各种对数学知识的理解联结为一个连贯整体，帮助我们把数学学科看成一系列连贯的观念，调动积极性，促进深层次的理解，提高迁移、记忆能力以及减少记忆性的知识。④ 在科学教育领域，美国科学促进会认为科学中的大概念是能将众多科学知识联结为一致整体的科学学习的核心。⑤ 哈伦认为，科学大概念是有组织、有结构的科学知识和模型。⑥ 上述研究者从学科教育的角度解读了相应学科领域的

① Whiteley M. , "Big Ideas: A Close Look at the Australian History Curriculum from A Primary Teacher's Perspective," *Agora*, 2012 (1), pp. 41-45.

② 林艾伦：《基于核心素养的学科大概念及其教学策略例谈》，载《中学政治教学参考》，2022 (31)。

③ ［美］格兰特·威金斯、［美］杰伊·麦克泰格：《追求理解的教学设计》第二版，闫寒冰、宋雪莲、赖平译，73～77 页，上海，华东师范大学出版社，2017。

④ Charles R. , "Big Ideas and Understandings as the Foundation for Early and Middle School Mathematics," *NCSM Journal of Educational Leadership*, 2005 (1), pp. 9-24.

⑤ 郭玉英、姚建欣、张静：《整合与发展——科学课程中概念体系的建构及其学习进阶》，载《课程·教材·教法》，2013 (2)。

⑥ 韦钰：《以大概念的理念进行科学教育》，载《人民教育》，2016 (1)。

大概念内涵。虽然解读的是不同学科的大概念，但都指出大概念是学科学习的核心，它能够将许多学科知识联结为一个整体。

基于国外研究者对大概念内涵的阐释，国内研究者也纷纷给出了对大概念内涵的理解。邵朝友等人认为大概念体现了核心素养的本质，并指出大概念居于学科的中心位置，集中体现了学科课程特质的思想或看法。[①] 刘徽指出大概念是将素养落实到具体教学中的锚点，是指反映专家思维方式的概念、观念或论题，具有生活价值。[②] 国内研究者从教学的角度理解大概念的内涵。且都将大概念与核心素养对接起来。

可见，大概念具有复杂的内涵。无论宏观层面的认知发展，还是中观层面的课程内容，或是微观层面的学科教育，大概念都显示了它的价值与贡献。国内外研究者将大概念定义为核心概念，认为其是学科学习的核心；或将大概念定义为认知框架，认为其本身是有组织、有结构的知识或模型，为人们提供了有序的结构或合理的框架；还将大概念定义为一种意义模式，认为其能联结碎片化的知识。虽然研究者从各自的视角和重点出发，赋予了大概念不同的内涵，但研究者对大概念的内涵理解也存在以下共性。第一，大概念不是基础概念，而是在事实和概念的基础上对概念之间关系的高度抽象与概括。第二，大概念是概念的集合，能够将相关的概念联结为一个连贯的整体。第三，大概念是在忘记具体的经验和事实性概念后依旧保留的概念，具有广泛的迁移性，能够在不同的情境下进行迁移与应用。基于上述分析，本章认为大概念与核心素养对接，居于学科的核心位置，是基于事实和概念抽象出来的有结构的、深层次的、可迁移的概括性表达，能将许多零散的知识点联结为一个连贯的整体。

2. 大概念的特征

国外学者认为大概念是广泛的、抽象的、通用的、永恒的，且有着

---

① 邵朝友、崔允漷：《指向核心素养的教学方案设计：大观念的视角》，载《全球教育展望》，2017（6）。

② 刘徽：《"大概念"视角下的单元整体教学构型——兼论素养导向的课堂变革》，载《教育研究》，2020（6）。

极大的迁移价值，能随着时间的推移被应用于许多其他的探究和问题中。① 其中，大概念的永恒性可以被视为大概念是持久的，但需要根据当下的事实性知识不断验证其真理性。大概念的关系中存在相互依存的变量。当关系中任何变量所处的环境发生改变时，大概念也会随时间而发生改变。例如，对于当前社会环境来说比较恰当的一个大概念可能是均衡的饮食有利于形成健康的生活方式。但当我们的饮食受到严重污染时，大概念的永恒性就会发生改变。哈伦指出，大概念是指可以适用于一切范围的物体和现象的概念，而小概念仅运用于特定观察和实验的概念。例如，"蚯蚓能很好地适应在泥土中的生活"属于小概念；"生物体需要经过长期进化形成特定条件下的功能"属于相对的大概念。② 因此，哈伦有关大概念的阐述体现了大概念必须是基于实证的且具有相对性的。

国内学者李刚和吕立杰认为大概念呈现中心性，即大概念居于学科的中心位置，集中体现学科结构和学科本质；认为大概念具有可持久性，即大概念在经验和事实消失后还留存；认为大概念具有网络状，即大概念呈现的网络状结构包括学科内网络结构和学科间网络结构，每一个大概念都是建立网络结构间联系的基站；认为大概念具有可迁移性，即随着时间的推移，大概念能被应用于其他学科内情境和学科间情境，以及学生离开学校后所处的新环境。③ 贺慧和陈倩认为大概念具有结构性，大概念是学科中的上位概念、核心概念，能反映学科本质和学科范畴；认为大概念具有灵活性，即对新知识有着很强的适应力和重构力，也有很强的迁移力；认为大概念具有相对性，即在概念体系中，上位概念总能成为下位概念的大概念；认为大概念具有意义性，即大概念蕴含着人们对知识的态度与价值判断。④ 盛慧晓认为大概念居于学科核心，是持久

① ［美］格兰特·威金斯、［美］杰伊·麦克泰格：《追求理解的教学设计》第二版，闫寒冰、宋雪莲、赖平译，76 页，上海，华东师范大学出版社，2017。

② ［英］温·哈伦：《科学教育的原则和大概念》，韦钰译，9 页，北京，科学普及出版社，2011。

③ 李刚、吕立杰：《大概念课程设计：指向学科核心素养落实的课程架构》，载《教育发展研究》，2018（Z2）。

④ 贺慧、陈倩：《大概念统整下的学科项目式学习设计》，载《天津师范大学学报（基础教育版）》，2021（1）。

的、可迁移的，是抽象的、逐渐深化的过程。① 郑青岳认为大概念具有抽象性、统整性、迁移性、相对性、多样性的特征。② 结合上述观点可以看出，大部分学者都提及了大概念是持久的，大概念能联结各种小概念，以及大概念具有很强的迁移力。

基于对大概念内涵的认识以及上述学者对大概念特征的分析，我们归纳了大概念的如下特点。

（1）统整性

大概念居于学科核心，也可被称为核心概念，它统领着一定层级的小概念，且能把各种小概念联结为一个连贯的整体。大概念之下的小概念依据一定的逻辑顺序进行排序。由于大概念是在事实的基础上抽象概括出的概念，因此距离大概念越远表示这一概念的抽象程度越低，与实际生活联系越紧密。反之，越接近大概念表示这一概念的抽象程度越高，是相对来说上位的概念。例如，"模型"是一个较为常见的大概念，其下包含着数据收集、收集分析与处理、函数思想等小概念。

（2）持久性

大概念是持久的。有的教师在教学中会思考教学到底要学生学会什么，学生在忘记那些事实性知识后还会记得什么。这里的"什么"也就是大概念。大概念不是短暂的记忆，而是在忘记所有经验或具体的事实性知识后依旧保留在头脑中的东西。学生能利用大概念解决实际生活中遇到的真实问题。

（3）迁移性

大概念呈现出很强的迁移性。当学生还在学校学习时，大概念的迁移性体现在学生能将其应用到其他主题、问题或情境脉络上；当学生离开学校、脱离课本知识后，大概念的迁移性体现在学生依旧能将大概念应用到学校以外的新情境中以帮助解决实际的问题。

---

① 盛慧晓：《大观念与基于大观念的课程建构》，载《当代教育科学》，2015（18）。

② 郑青岳：《大概念的特征及其对科学教学的启示》，载《物理教师》，2021（4）。

二、如何划分和表述大概念

（一）大概念的分类

国内外学者通过不同的视角对大概念进行了分类。

哈伦构建了科学大概念的体系，他将 14 个科学大概念分为两类。一类是科学知识的大概念，共 10 个，是由重要科学领域中的核心概念组成的大概念。与普通的科学概念相比，这类大概念是有组织和结构的科学知识和模型。另一类是关于科学本身及其应用的大概念，共 4 个。[①] 查默斯等人认为大概念包括内容大概念和过程大概念。内容大概念包括理论、模型等；过程大概念是获取解决问题的知识和技能。在探讨 STEM（科学、技术、工程、数学）大概念时，他们将其分为学科内大概念、交叉学科大概念以及超学科大概念。[②]

国内学者郭玉英等人比较分析了国外出台的六份科学教育文件，分析归纳出大概念包括共同概念和核心概念。共同概念常用于组织跨学科内容，它是设计科学、数学和技术等各领域的基本概念。这些概念打破了学科之间的界限，反映出不同学科的内在一致性。核心概念更多用来整合某个学科内的知识，它是组织整合该学科自身内容的少数关键概念。[③] 吕立杰将各种课程标准中出现的大概念分为四种类型：学科核心概念、跨学科概念、思维与技能概念、学科本质概念。学科核心概念是课程内容的主轴，也是知识体系的关键节点；它能够聚合具体的、基础的事实性知识与技能，帮助形成具有内在联系且层级分明的内容体系。跨学科概念是在经历了一定的学习历程后形成的对自然与社会的更加抽象的一般看法，是对不同学科领域、不同学段的学科核心概念的综合、联结与再抽象。思维与技能概念是以程序性知识为核心的思维方式、探究

[①] ［英］温·哈伦：《以大概念理念进行科学教育》，韦钰译，8～9 页，北京，科学普及出版社，2016。

[②] Chalmers C., Carter M., & Cooper T., et al., "Implementing 'Big Ideas' to Advance the Teaching and Learning of Science, Technology, Engineering, and Mathematics (STEM)," *International Journal of Science and Mathematics Education*, 2017（S1），pp. 25-43.

[③] 郭玉英、姚建欣、张静：《整合与发展——科学课程中概念体系的建构及其学习进阶》，载《课程·教材·教法》，2013（2）。

技能等方面的概念。学科本质概念是对学科本身的性质、功能的认知知识，它能帮助学生认识到所学内容的价值和用途。[①] 李松林将大概念视为三类型和四层次横纵轴结合的表格状网络化结构，在纵向上由低到高分为四个层次。一是学科课时内的大概念，如"认识乘法"一课中的"简化思想"。二是学科单元内的大概念，如"平面图形的面积"这个单元内的"化归思想"。三是学科单元间的大概念，如"不等式"与"方程"两个单元之间的"函数思想"。学科单元间的大概念再往上加以抽象概括，常常就成为本学科的大概念。四是跨学科的大概念，如"多样性""结构性""交互性"等。大概念在横向上包括三个基本类型。一是结论与结果类的大概念，属于知识的最终成果。二是方法与思想类的大概念，属于知识的发现与建构。三是作用与价值类的大概念，属于知识的迁移与运用。[②]

上述有关大概念的分类方法倾向于如何更好地整合学科，也倾向于体现知识的属性。两种分类方式立足解决不同的现实问题，倾向于整合学科的大概念分类方式，旨在利用大概念的统整性解决学科内、学科间、学科与生活之间的割裂问题；倾向于体现知识属性的大概念分类方式，旨在利用知识属性对学科知识进行分类，以解决不同知识存在不同建构方式的问题。基于此，我们可以按照以下两个维度对大概念进行划分。

1. 基于知识的统整程度

基于知识的统整程度，大概念可以分为学科核心大概念、跨学科大概念和超学科大概念。学科核心大概念具有学科特性，能够组织具体的学科知识；跨学科大概念是位于两个或更多学科中的共通概念，能反映不同学科的相似性，但并未完全模糊各学科间的边界；超学科大概念是抽象程度最高的概念，完全打破了学科间的边界，以不同学科的概念、原则、理论、策略或模型为基础，旨在超越学科原有的规范程式建立新的框架结构。

2. 基于知识的不同类型

从知识的属性来看，部分学者对于大概念的分类提及学科本质、学

---

① 吕立杰：《大概念课程设计的内涵与实施》，载《教育研究》，2020（10）。

② 李松林：《以大概念为核心的整合性教学》，载《课程·教材·教法》，2020（10）。

科知识以及学科知识的运用。因此，基于知识的不同类型，大概念又可分为知识类大概念、思维技能类大概念、价值类大概念。知识类大概念是学科涉及的概念、理论、模型等，如数学学科中的"勾股定理"；思维技能类大概念是获得并能有效运用有关知识的思维方式和探究技能，如数学学科中的"等量替代法"和"化归思想"；价值类大概念是指知识本身具有的价值和用途，如数学学科中的"利用全等三角形测距"。

（二）大概念的表现形式

大概念不是一个模糊的抽象概念，它有具体的表现形式。

威金斯和麦克泰格列举了教学实践中大概念的八种常见的表现形式：①概念，如函数；②主题，如性别；③有争议的结论或观点，如教育内卷时代下的校外辅导机构是否有必要存在；④反论，如自由是有边界和法律约束的；⑤理论，如经过自然选择的进化论；⑥基本假设，如文本是有意义的；⑦理解或原则，如相关但不一定存在因果关系；⑧反复出现的问题，如"你怎么知道"。[①]　总体来说，一个词、一个短语、一个句子或者一个问题都可以是大概念的表现形式。反之，一个核心概念、一个基本问题或者一个正式理论都是大概念，只是以不同的形式表达出来而已。哈伦认为大概念的表述形式不能只用概念的名词或一个主题句，而要指出在特定的学习阶段上期望学生达到对概念的何种理解水平，符合总体目标的进度要求。[②]　换言之，大概念的表现形式要适合学生的认知水平，按照进度要求在不同学年提出不同形式的大概念，以促进学生对大概念的渐进理解。

结合上述研究者的观点，大概念的表现形式不只是一个狭隘的概念、一个目标、一个活动或一种技能，大概念能够以各种各样的形式呈现。在不同的学段，大概念的表现形式有所不同。就像布鲁纳所说，任何学科的基础都可以用任何形式教给任何年龄阶段的任何儿童。我们对大概念的理解也应如此。大概念具有不同的表现形式与理解程度，符合不同年龄阶段学生的认知水平，方便教师的教和学生的学。

---

① ［美］格兰特·威金斯、［美］杰伊·麦克泰格：《追求理解的教学设计》第二版，闫寒冰、宋雪莲、赖平译，77 页，上海，华东师范大学出版社，2017。

② ［英］温·哈伦：《科学教育的原则和大概念》，韦钰译，53～54 页，北京，科学普及出版社，2011。

三、大概念对整体设计的意义

（一）大概念是落实核心素养的重要途径

核心素养是当前我国深化课程改革的重要理念。作为统整性素养，核心素养的实质要求学生能解决综合性的问题，各门学科成为落实核心素养的重要载体，学科核心素养可视为核心素养在学科层面的具体化。学科核心素养能发挥学科的育人价值。通过学科特定知识内容的学习，学生习得有价值的思想方法和核心能力。学生在发展各学科核心素养的同时，将具有学科特色的思想方法融入其中，通过整个课程来形成上位的、抽象概括的核心素养。但当前课程改革落实学科核心素养仍存在诸多现实困境。比如，单元教学目标不够系统，内容过于零散、缺乏结构，学习结果过于浅显、缺乏深度等。大概念为学科核心素养的落实提供了思考的方向。

首先，大概念的理解与运用体现出核心素养的本质要求。[①] 前面有关大概念的内涵阐释已经表明大概念居于学科的中心位置。因此从操作的角度看，理解与运用大概念体现了一门学科较为重要的学习目标，它代表了一门学科的课程目标或学科核心素养的要求。学科核心素养恰好就是核心素养要求在学科层面的体现。概念并非仅仅用语言来表达的定义，概念的理解与运用才是我们要达到的学习目标。核心素养是由各种关键能力、必备品格和基本价值观念构成的有机整体；其实质就是学生能够理解所学的知识内容，应用习得的思想方法和能力来解决问题。在学科构成中，大概念可代表学科核心概念，大概念的理解与运用体现了学科课程目标的要求。考虑到当今学科核心素养代表了学科课程目标，因此大概念的理解与运用直接体现了核心素养的本质要求。

其次，大概念作为学科核心素养融入学科内容的固定锚点，在学科核心素养与学科内容之间起着承上启下的重要作用。[②] 那么，大概念又是如何固定学科内容的呢？以数学学科为例，可以从数学知识、数学

---

① 邵朝友、崔允漷：《指向核心素养的教学方案设计：大观念的视角》，载《全球教育展望》，2017（6）。

② 李刚、吕立杰：《大概念课程设计：指向学科核心素养落实的课程架构》，载《教育发展研究》，2018（Z2）。

史、数学社会学三个视角分析数学学科大概念对数学学科内容的固定作用。从数学知识的角度来看，数学是一门研究数量、结构、变化及空间模型等概念的学科；大概念应该涵盖数量、空间等基本概念。从数学史的角度来看，数学是研究不同的数学家和哲学家对数学的确切范围和定义的一系列看法的学科；大概念应该涵盖数学模型的发展、数学范式的转变等。从数学社会学的角度来看，数学是在个人和社会层面起着重要作用的学科，它可以用于解决现实世界的任何问题；大概念应该涵盖算术、几何等内容。大概念从学科知识、学科史、学科社会学三个角度锚定了学科内容的基本框架，使学科核心素养不再停留于理论层面的分析描述，而是嵌入整个课程和教学过程，让教师和学生沿着清晰明确的线索进行教学和学习，为教师的教和学生的学提供了重要支撑。

（二）大概念能促进知识与方法的迁移

大概念可以把零散的内容联系起来，能促进知识与方法的迁移。蔡金法指出，核心概念是可以把领域或主题内，甚至跨越不同领域、不同主题的更为基本的概念、方法和问题联系起来的具有支配性的概念，是发展有意义的、联系紧密的知识的实用而强大的工具。例如，"等分"这个核心概念（一个整体可以被分为大小相等的几个部分）为儿童发明用于公平分配物品的非正式方法提供了概念基础。等分（类比公平分配的非正式的形式）就为理解包括除法、分数、度量和平均分在内的正式概念奠定了基础。[①] 由于大概念是学科的核心概念，因此我们也可以将蔡金法所定义的核心概念理解为大概念。通过大概念，学生能够更好地理解和掌握一类内容中基本的概念和方法。

大概念突破知识的琐碎和零散，有助于促进知识横向联结的发生，形成知识网络以及知识与知识之间的联结通路。在遇到不同的问题时，知识与知识之间相互融合与拼接，以适应解决问题的需要。大概念为学生提供了一个框架或结构，帮助学生理解接受许多的小概念，建立起碎片化知识的联结。学生一旦掌握大概念，就可以将其应用于各种具体情

---

① 马云鹏：《聚焦核心概念　落实核心素养——〈义务教育数学课程标准（2022 年版）〉内容结构化分析》，载《课程·教材·教法》，2022（6）。

境中，形成问题理解和解决的思维模式。因此，大概念能帮助学生更好地理解和强化更多的知识与方法，并将其运用于新场景的学习之中，实现知识与方法的迁移。学生学到的是以大概念为线索的一套学科内容体系，而不是简单的、零碎的知识和技能。教师使用大概念进行教学可以帮助学生建立知识间的联结，提高学生运用知识解决实际问题的能力。当学生能用大概念的思维模式来思考问题时，就更容易发现问题的本质，能对现实生活中的实际问题做出更深入的解释。

（三）大概念是教师组织教学内容的有效方式

大概念为教师提供了一个有效的方式来组织教学内容。[①] 由于传统的课时教学受到时间限制、课与课之间相对割裂、课时安排较为简单，深入探究大概念仍存在一定的局限性。单元整体教学恰好能克服课时教学带来的弊端，让教师有时间和精力对突然涌现的新想法和新问题及时进行调整与修改，以更好地呈现大概念的动态发展过程。采用单元整体教学设计的思路来设计并组织教学，应从整体的视角分析内容本质和学生的学情，聚焦大概念，确定核心素养导向的学习目标，针对单元中的关键内容设计与实施体现深度学习的教学活动。教师在围绕大概念组织教学时，通常会打乱原有的课时安排顺序，从内容中分离出不必要的细节和过于烦琐的碎片化知识，选择合适的活动，将其组织为一个整体。

教师在进行单元整体教学设计时，要将课程内容与数学核心素养有机整合在一起，从整体上分析数学内容本质和学生的认知规律，合理整合教学内容，分析主题—单元—课时的数学知识和核心素养的主要表现。[②] 首先，基于自然单元内容的整体分析，形成对以大概念为线索的反映该单元与前后相关单元之间联系的内容的整体理解。其次，确定单元的关键内容。关键内容能更好地体现所学内容的学科本质和大概念，并且蕴含着相关的核心素养。最后，设计有效的教学活动。基于学生的基础和前概念，组织围绕关键内容的学习活动，有助于促进学生的发展。关键内容体现学科本质，指向学生的核心素养。有效教学活动的组

---

① 李刚、吕立杰：《大概念课程设计：指向学科核心素养落实的课程架构》，载《教育发展研究》，2018（Z2）。

② 于海波、毕华林、吕世虎等：《新课标新在哪——义务教育课程标准（2022年版）深度解读》，载《中国电化教育》，2022（10）。

织需要基于学生现有的知识水平和对当前学习内容的理解水平以及存在的困惑，提出引发学生思考的问题，并采用多样性的策略与方法，引导学生独立思考、质疑问难、合作交流，在解决问题的过程中深度理解所学内容。

　　以"小数除法"一单元为例，该单元的核心内容是小数除法，重点是理解算理、掌握算法。其算理和算法与整数除法有着密切关系。教师在进行教学设计时要唤起学生对整数除法方面的认识，尤其是对大概念"计数单位个数累加"的运用。小数意义的理解对于小数除法算理的理解不可缺少，教学中应采用恰当的方式帮助学生运用小数意义理解算理。此外，本单元有不同类型的小数除法问题，包括小数除以整数，整数除以整数的商是小数以及除数是小数的除法。这些都较为集中地体现了小数除法的算理和算法的内容。关于"整数除以整数的商是小数"的问题，教师通过具体的问题情境引导学生探索和理解小数除法的算理和算法。[①]例如，妈妈用 100 元买了 4 本书，收银员找回 3 元，1 本书多少钱？教师让学生根据这个情境提出问题本身并不难，但需要在进行运算时发现"（100－3）÷4＝24……1"。这个问题将小数除法与已经学习过的有余数除法联系起来，让学生运用学习的前概念进一步探索和思考。更重要的是，从有余数除法引入可以唤起大概念，即计数单位个数累加，并让学生将其应用到新的问题解决中，促进学生知识和方法的迁移。随后，教师围绕"余下的 1 怎样分"的问题展开教学活动。学生经过独立思考，给出不同的解决方法，再对有代表性的方法进行讨论交流，实现问题的解决。在此过程中，学生不仅理解了算理、掌握了算法，也发展了运算能力、推理意识等核心素养。

四、提炼大概念的建议

（一）提炼大概念的原则

　　美国国家研究委员会指出了核心概念的遴选原则：①学科显著性，即核心概念在该学习领域具有广泛的重要性并且是关键的组织概念；

---

　　① 吴正宪、陈春芳、金千千：《从课堂里生长出来的"问题链"——"小数除法"教学实录与赏析》，载《小学教学（数学版）》，2016（Z1）。

②解释能力，即核心概念能解释领域内的其他概念及问题；③一般性，即能作为理解或探究更复杂概念的关键工具；④与生活实际紧密关联，包括两方面，既要与学生的生活体验和兴趣紧密相关，也要与重大社会生活议题相关；⑤持续延伸性，即核心概念需从幼儿园到 12 年级都具有可教性与可学性。[①]

国内学者赵楠指出课程中的大概念有如下三个选择标准。[②] ①体现概念与概念的关联，即大概念课程应形成学科内或学科间概念的关联和连贯。所以课程中的大概念可以是单一学科的，也可以是跨学科的。②体现情境与概念的关联，即大概念课程应处理好知识与经验的联系，创设知识适用的情境。所以课程中的大概念要打破年级或学科的界限，具备在不同情境下反复使用的可能性与特征。③体现学生建构理解的规律。为了契合"学生如何学"的课程模式，大概念课程应按照概念习得的顺序且符合深层理解建构的顺序来呈现概念，所选的大概念应确保课程具有可学性，且符合学生的认知发展规律。大概念不仅能在各个年级进行不同程度的教与学，而且能随着年级的升高被不断深化和延伸。

通过比较上述关于提炼大概念的原则建议发现，国外学者强调提取的大概念与实际生活的联系；国内学者强调提取的大概念没有学科边界，且能在不同情境下使用。这两种观点都明确指出了提取的大概念应具备可教性与可学性，不仅要符合学生的认知发展规律，而且能够在不同年级实现不同程度的教与学，确保其持续延伸。结合上述有关大概念提取原则的阐述，我们归纳出以下提炼大概念的原则。①使知识在学科内或学科间关联，形成学科内或学科间的概念连贯。例如，在数学学科中，应利用"计数单位"将整数、分数、小数连贯起来，而不应围绕"分数"这一主题将分数的意义、性质、约分、通分等连贯起来。②适用于不同的情境，能解释领域内其他的概念。以大概念"计数单位"为例，它能解释分数单位的累积与分数情境相关联，也能解释小数单位的

---

① 郭玉英、姚建欣、张静：《整合与发展——科学课程中概念体系的建构及其学习进阶》，载《课程·教材·教法》，2013（2）。

② 赵楠：《大概念课程如何落地？——以加拿大不列颠哥伦比亚省的课程改革为例》，载《现代教育技术》，2020（11）。

累积与小数情境相关联。③具有可学性和可教性，确保在各个年级都有不同程度的教与学，使学生的理解深度和课程的复杂程度随着年级的升高而逐步延伸。例如，数据分析观念既能帮助小学低年级学生对数据进行分类，又能帮助小学高年级学生通过各种图式收集、分析、描述数据。

（二）提炼大概念的方法

威金斯和麦克泰格提供了发现大概念的方法：①详细研究内容标准。许多标准的陈述可能暗示了大概念，尤其是在内容标准列表前面的描述性文本中。②在内容标准中，圈出反复出现的名词来强调大概念，圈出反复出现的动词来确定核心任务。③阅读现有的可迁移概念列表。④对主题或内容标准提出一个或多个问题。⑤从相关且有提示性的一对词组中产生大概念。①

刘徽总结了提取大概念的八条路径，分为自上而下的提取和自下而上的提取两种方法。② 自上而下的提取一般是从已有的材料中提取大概念；重点在于教师对大概念的准确理解，并能根据教学的实际情况和学生的认知发展情况进行细化。具体可以从以下四个方面提取：课程标准、教材分析、专家思维、概念派生。自下而上的提取要求教师结合生活和教学经验不断追问，综合具体案例和小概念思考体现专家思维的上位概念。具体可以从以下四个方面提取：评价标准、生活价值、知能目标、学习难点。以上八条提取大概念的路径在多数情况下是共同作用的。教师可以借助大概念提取罗盘图进行大概念的定位（见图 2-1）。课程标准和学习难点是教师在提取大概念时需要参考的两条路径；其余六条路径可以作为大概念的校准，帮助教师精准定位大概念。③

---

① ［美］格兰特·威金斯、［美］杰伊·麦克泰格：《追求理解的教学设计》第二版，闫寒冰、宋雪莲、赖平译，80～83 页，上海，华东师范大学出版社，2017。

② 刘徽：《"大概念"视角下的单元整体教学构型——兼论素养导向的课堂变革》，载《教育研究》，2020（6）。

③ 邵卓越、刘徽、徐亚萱：《罗盘定位：提取大概念的八条路径》，载《上海教育科研》，2022（1）。

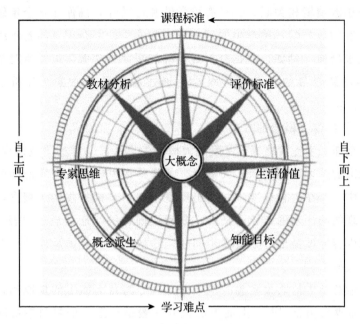

图 2-1　大概念提取罗盘图

李刚和吕立杰指出学科大概念提取的有效策略包括如下两种。[①] ①标准演绎。许多课程标准或内容标准的陈述可能暗示了学科大概念。教师需要解析标准，将大量具体零散的知识内容聚焦在大概念的框架中。②归纳生成。教师可以运用概念列表法或问题回溯法对学科大概念进行提取、细化。值得注意的是，上述两种提取大概念的策略并不是各自独立的，而是相辅相成的。

王强和李松林给出了三种提取大概念的路径：①日常生活。日常生活的深度观察可以分解为日常积累、经验归纳、现象追究。②学科本质。学科本质的深度理解可以通过借助课程标准、聚焦学科核心素养、深挖学科教材来实现。③理性追问。理性追问的深度思考有从事实到价值、从现象到本质、从行为到精神三种路径。[②] 以上三种提取大概念的路径是统一融合的，它们交互形成提取大概念的合力。

① 李刚、吕立杰：《落实学科核心素养：围绕学科大概念的课程转化设计》，载《教育发展研究》，2020（Z2）。

② 王强、李松林：《大概念教学设计的三个框架》，载《教育科学研究》，2022（9）。

　　基于上述提取大概念的方法，不同学者所阐释的大概念提取方法存在一致性，都离不开"课程标准""核心素养""联系生活""追问""归纳"等核心词汇。因此，提取大概念的方法主要有两种：一种是自上而下的提取，要求教师从课程标准、核心素养、教材、著作论文、专家讲座等已有的材料中分析提炼出大概念；另一种是自下而上的提取，要求教师通过不断反思与发问，从学习的重难点、生活中存在的问题、知识或技能的目标陈述中抽象概括出大概念。不难看出，自上而下的提取相对容易，原因是课标等文本材料的制定往往由专家完成，为大概念的提取提供了较为明确的指引。例如，义务教育课程标准已经发布，内容高度精练，自然蕴含了专家思维方式，也便于研究者和一线教师从中提取大概念。

　　《义务教育数学课程标准（2022年版）》明确指出数学课程要培养的学生核心素养主要包括三个方面：会用数学的眼光观察现实世界，会用数学的思维思考现实世界，会用数学的语言表达现实世界。"三会"就是核心素养，它们分别对应数学的三个基本思想：数学的眼光对应抽象思想，数学的思维对应推理思想，数学的语言对应模型思想。落实到小学阶段，核心素养有以下表现：数感、量感、符号意识、空间观念、几何直观、创新意识、推理意识、运算能力、模型意识、数据意识、应用意识。由于大概念的理解与运用体现了学科课程目标的要求，现今学科核心素养代表了学科课程目标，因此大概念的理解与运用直接体现了核心素养的本质要求，大概念的提取必须与核心素养对接。

　　以"分数的初步认识"一单元为例，该单元属于数与代数领域中"数与运算"主题的重要内容。依据课程标准有关"分数的初步认识"的内容要求，三、四年级学生需要结合具体情境初步认识分数，感悟分数单位，会同分母分数的加减法运算。教学提示部分强调教师通过学生熟悉的具体情境，引导学生初步认识分数，进行简单的分数大小比较，感受分数单位。[1] 由此可知，本单元应当注重发展学生的两种核心素养：一是数感，二是运算能力。小学阶段"数与运算"主题包括整数、小数和分

----

　　[1]　中华人民共和国教育部：《义务教育数学课程标准（2022年版）》，22页，北京，北京师范大学出版社，2022。

数的认识及其四则运算。在整数中，以"1"为基本计数单位，并按照十进制生成更大的计数单位。不同的整数计数单位与其个数的累加就形成自然数。小数也沿用了整数的十进制计数法，以"0.1，0.01，0.001……"为计数单位，也可用十进分数"十分之一、百分之一、千分之一……"来表示。不同的小数计数单位与其个数的累加就形成小数。不同于整数和小数固定的计数单位，分数的计数单位是随着平均分的分数不断变化的，但分数的形成也是分数单位的累加。即先有分数单位，再数出分数单位的个数；个数与分数单位相乘的结果就是分数。① 基于以上分析，计数单位是整数、小数、分数的内在本质属性。

由于数是由计数单位及其个数累加而成的，因此计数过程就是确定一个数中含有几个计数单位的过程，在此过程中连带出数的加减运算。将分数理解为"分数单位的累加"不仅是对自然数认识的延续，还是学生理解分数并学习分数加减法的基础。从计数单位的角度来认识分数，学生更易于理解同分母分数的加减运算只需要将分子相加或相减且分母保持不变的法则。分数加减的本质是基于相同的分数单位，将分数单位的个数相加减。因此，计数单位是本单元的大概念。

教师行动研究

"平行四边形、梯形、三角形的面积"单元整体教学设计

设计者：北京市丰台区东高地第二小学　　陈禹希

一、单元学习主题分析

（一）核心概念分析

《义务教育数学课程标准（2022年版）》指出，图形与几何是义务教育阶段学生数学学习的重要领域，小学阶段包括"图形的认识与测量"和"图形的位置与运动"两个主题。学段之间的内容相互关联、螺旋上升、逐段递进。图形的认识主要是对图形的抽象，经历从实际物体抽象出几何图形的过程；认识图形的特征，感悟点、线、面、体的关系；积

---

① 刘加霞：《通过"分"与"数（shǔ）"，分数是个"数（shù）"？——兼评华应龙老师执教的"分数的意义"》，载《人民教育》，2011（6）。

累观察和思考的经验，逐步形成空间观念。图形的认识与图形的测量有着密切联系。图形的测量重点是确定图形的大小，经历统一度量单位的过程，感受统一度量单位的意义，基于度量单位理解图形的长度、角度、周长、面积、体积；在推导一些常见图形周长、面积、体积计算方法的过程中，感悟数学度量方法，逐步形成量感和推理意识。

"平行四边形、梯形、三角形的面积"这一单元属于第三学段图形与几何领域中图形的认识与测量部分的内容。教材中依次对每种平面图形进行研究：第一部分为图形的认识以及图形的特征；第二部分为图形面积的计算。这几种平面图形虽有区别，但有着微妙的联系。因此，我们先对教材内容进行整合，在连续认识几种平面图形后，再一起研究平行四边形、梯形、三角形的面积计算方法。

对于平行四边形的面积，我们设计借助方格纸研究。这样的设计一方面考虑利用面积单位的平铺从知识根源加以验证，帮助学生理解本质；另一方面给能力有限的学生创造借助方格纸完成平行四边形与长方形的转化的机会，帮助学生体会转化思想在平面图形面积研究中的重要作用。

对于梯形面积的研究，我们设计从有方格到无方格的过渡，让学生继续运用转化思想完成对梯形面积的研究。这次的研究是学生运用已有经验进行内化的一个重要过程。方格纸的介入有利于学生将梯形转化为长方形。这是方格纸在梯形面积研究过程中的一个重要作用。若没有方格纸，学生很难将梯形转化为长方形。这样的设计可以满足能力较弱的学生参与研究的需求，因为能力较弱的学生对知识的迁移往往不够灵活，效仿平行四边形面积的研究方法，必然会考虑转化为长方形。方格纸的介入恰巧给了他们完成转化的机会。在无方格纸的情况下，学生可以把梯形转化为平行四边形，借助平行四边形面积这个支点，完成对梯形面积计算方法的验证。两种转化都能实现对梯形面积计算方法的验证。在两种转化的对比下，学生不难发现，在对一个新知识的探究过程中，不是一定要回到原点才能加以证明的，任何一个旧知识都可以作为研究的支点，要学会择优、取捷径。通过对梯形面积的研究，学生不仅要形成学习能力，还要学会站在巨人的肩头进行研究，学会利用已有的资源。

对三角形的面积进行研究时，先让学生了解几种平面图形的区别和联系，让学生对本单元的知识有一个简单的梳理；再让学生通过已有知识和能力进行大胆猜想，并细心求证，养成良好的学习习惯。在求证的过程中，学生可以利用之前所积累的知识经验进行尝试，从不同的角度对三角形面积的计算方法进行分析和证明。看似新授，实则是学生对学习能力的一次大演练。与此同时，能力的升华、素养的形成也在这一学习过程中得以实现。在对三角形面积的计算方法验证中，要鼓励学生放下实物，尝试推理。学生如果能够完成说理，那将是一个质的飞跃。其中，转化思想是本单元学习的一个大概念，面积公式的探索都是在转化思想的指导下实现的。

（二）教学内容分析

综观小学阶段学过的平面图形，平行四边形面积的学习是在学生已经掌握并能灵活运用长方形、正方形的面积公式，理解平行四边形特征的基础上进行的。这节课是进一步学习梯形、三角形、圆的面积公式以及立体图形的表面积公式的基础。单元教学能够系统地促进学生空间观念的发展，渗透转化、等积变形等数学思想方法。教材在编排上非常重视让学生经历知识的探索过程，使学生不仅要掌握面积的计算方法，还要参与面积公式的推导过程，在操作中积累基本的数学思想方法和基本的活动经验，完成对新知识的建构。"平行四边形、梯形、三角形的面积"单元的知识结构图如图 2-2 所示。

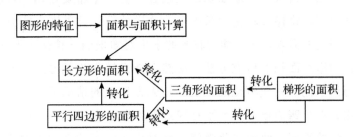

图 2-2　"平行四边形、梯形、三角形的面积"单元的知识结构图

（三）学生情况分析

1. 知识方面

学生已经掌握并能灵活运用长方形、正方形的面积公式，理解平行四边形的特征。

2. 经验方面

在长方形、正方形面积的学习过程中，学生对借助方格纸了解图形的面积已不陌生，在日常生活和学习中对于转化思想也有了初步感知。

3. 能力方面

学生已经具备一定的自主探究能力，具有一定的动手操作、观察、猜想、验证、归纳等能力，为本节课的学习奠定了基础。

基于学生已有的知识经验，本节课以问卷的形式进行了课前调研。

这个平行四边形的面积是多少平方厘米？（见图2-3）（一个方格代表1平方厘米，不满一格的都按半格计算。）

学生都能利用方格纸正确数出平行四边形的面积。

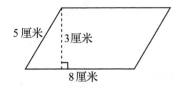

图 2-3　平行四边形的面积计算

根据前测数据的分析，73％的学生能正确地用底乘高求出平行四边形的面积；22％的学生用底乘斜边的方法；5％的学生用斜边乘高的方法（见表2-1）。然后本节课又对这些已经知道"平行四边形的面积＝底×高"的学生进一步访谈，追问"为什么平行四边形的面积用底乘高"，发现大部分学生只是知其然而不知其所以然。

表2-1　选择不同解题方法学生所占的比例

测试人数	解题方法	人数	所占比例
63	8×3	46	73％
	8×5	14	22％
	5×3	3	5％

基于单元学习内容和学生情况以及学习进阶的理论，本节课对学生的关键能力进行水平层级的划分（见表2-2）。

表 2-2　"平行四边形、梯形、三角形的面积"单元的学习进阶

等级	空间观念	推理	应用
水平一	能判断基本图形的形状及适用的面积公式	利用猜想验证推导面积公式，能说理	会利用数据用面积公式计算平行四边形、三角形、梯形的面积
水平二	可以正确把握平行四边形、三角形和梯形之间的转化关系，能发现不是配对的高和底不能求解图形的面积并能分析错误原因	结合推导过程和原有的旧知识进行简单的解释与分析；对生活中的一些简单问题能说明简要道理	会寻找相关数据，利用面积公式计算平行四边形、三角形和梯形的面积，能解决生活中的一些简单问题
水平三	能发现组合图形和不规则图形与学过图形之间的转化	能清晰地解释与分析，准确表达自己的思考过程，有理有据，值得推广	能综合运用有关平面图形的知识，融会贯通，用反思的态度发现问题、分析问题，并能正确解答生活中的问题

　　基于以上分析对"平行四边形、梯形、三角形的面积"单元教学内容进行重新构建，并调整了课时的安排（见图 2-4 和表 2-3）。

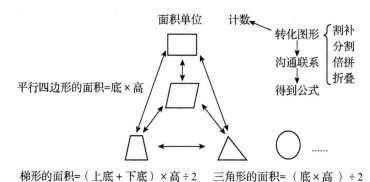

图 2-4　"平行四边形、梯形、三角形的面积"单元教学内容的整体建构

表2-3　"平行四边形、梯形、三角形的面积"单元的课时安排

教学建议（11课时）	单元学习设计（9课时）
1. 平行四边形的面积（2课时）	多边形的面积（4课时）
2. 三角形的面积（2课时）	
3. 梯形的面积（2课时）	
4. 组合图形的面积（1课时）	生活中的平面图形的面积（2课时）
5. 不规则图形的面积（1课时）	
6. 整理与复习（3课时）	整理与复习（3课时）

二、单元学习目标设计

第一，通过数学活动经历平行四边形、梯形、三角形面积的探究过程，掌握平行四边形、梯形、三角形的面积计算方法。

第二，借助方格纸完成平行四边形面积计算方法的推导，体会面积单位的计数、转化等数学思想在平面图形面积计算研究中的意义。

第三，通过实际操作完成几种图形之间的等积转化，归纳出研究平面图形面积的方法。

第四，在探索活动中，沟通新旧图形的内在联系，体验成功的乐趣，逐步形成乐学善思、积极与他人合作交流的良好品质。

三、单元学习历程设计

表2-4为"平行四边形、梯形、三角形的面积"单元的学习历程设计示例。

表2-4　"平行四边形、梯形、三角形的面积"单元的学习历程设计示例

课时	驱动问题	锚基任务	诊断性评价
第1课时	平行四边形的面积与什么有关	小组合作，利用学具发现平行四边形面积的计算方法，探究影响面积的因素	提问与追问： 1. 把平行四边形转化成什么图形 反馈：沿着高整个割补，把平行四边形转化成一个长方形 2. 转化前后两个图形有什么联系 反馈：长方形的长相当于平行四边形的底，长方形的宽相当于平行四边形的高 3. 什么导致了平行四边形面积的变化 反馈：通过操作框架学具，发现平行四边形的面积与底和高有关

课时	驱动问题	锚基任务	诊断性评价
第2课时	验证梯形的面积为什么与底和高有关	1. 在方格纸内的等腰梯形、直角梯形、任意梯形各一张，不在方格纸内的等腰梯形、直角梯形、任意梯形各一张 2. 小组合作，利用学具推导梯形的面积公式	提问与追问： 1. 你用什么方法把梯形转化成什么图形 反馈：沿等腰梯形的中位线割补成平行四边形 倍拼两个完全一样的梯形，转化成平行四边形或长方形 2. 转化前后两个图形有什么联系 反馈：平行四边形的底是原来等腰梯形上底与下底的和，平行四边形的高是等腰梯形的高 长方形的长是原来直角梯形上底与下底的和，长方形的宽是直角梯形的高 3. 怎样计算梯形的面积 反馈：通过割补、倍拼、折叠等方法把梯形转化为平行四边形或长方形，利用两个图形之间的联系，进而得到梯形的面积公式
第3课时	验证三角形的面积为什么与底和高有关；平面图形的面积之间有什么关系	利用动手操作，探究平面图形面积的计算方法，并研究它们之间的关系	提问与追问： 1. 你们是怎样验证的 反馈： 利用割补、倍拼、分割、折叠等方法把三角形转化为平行四边形或长方形，结合两个图形之间的联系，进而得到三角形的面积公式 2. 通过验证，你们有什么新发现 反馈： (1) 我发现每个平面图形的面积都可以通过转化，用计数面积单位的方法，也就是每行面积单位的个数×行数，来求出它们的面积 (2) 我发现梯形是基本图形，可以利用梯形求出很多平面图形的面积 可以把三角形看成上底为0的梯形；把平行四边形看成上底和下底相等的梯形，感受梯形面积公式的神奇

四、关键课时教学实录

(一) 复习导入，追根溯源

师：大屏幕上出现了一个我们非常熟悉的图形——长方形。
谁知道它的面积是多少平方厘米？

(出示带有方格纸的长方形，图中一个方格的面积单位是 1 平方厘米)

师：现在你能计算出这个长方形的面积吗？（见图 2-5）请你列式计算。

预设：$5 \times 3 = 15$（平方厘米）

追问：5 表示什么？3 表示什么？

预设：5 表示长，3 表示宽。

师：你是根据长方形的面积公式得到的。现在请你结合方格纸，如果每个小方格表示一个面积单位，那么 5 表示什么？3 表示什么？

预设：5 表示每行面积单位的个数，3 表示行数。

师：看来长方形的面积还可以用每行面积单位的个数×行数来得到。

(再出示正方形) 正方形的面积怎么计算呢？（4×4）（见图 2-6）

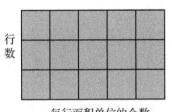

图 2-5 长方形的面积计算

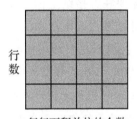

图 2-6 正方形的面积计算

追问：这两个 4 分别表示的含义是什么？

预设：第一个 4 表示每行面积单位的个数，第二个 4 表示行数。

小结：看来不管长方形、正方形，都可以用每行面积单位的个数×行数来得到面积单位的总数。

(板书：每行面积单位的个数×行数)

师：我们还认识了一些其他的平面图形。虽然还没学它们的面积计算方法，但请你们大胆猜想一下，这些图形的面积能不能也用每行面积单位的个数×行数的方法来得到呢?

预设1:圆不行,因为它的边不是直的,是曲边图形。

预设2:梯形不行,因为它有组对边的长度不相等,所以出现了斜边。

预设3:三角形不行,因为它只有三条边,正方形和长方形有四条边。

预设4:平行四边形不行,因为它不能有整个的面积单位。

师:今天我们就以平行四边形为例来进行验证,看看它的面积能不能也用每行面积单位的个数×行数来计算。

设计意图:唤起学生利用面积单位来测量面积的原有认知,追本溯源。数面积单位的方法可以帮助学生解决平行四边形的面积问题,起到了承上启下的作用。

(二) 活动探究,获取新知

教师出示方格纸中的平行四边形。

1. 活动要求

学生需要在方格纸上标一标、画一画,把数的过程表示在方格纸上。

教师可以事先确定活动的三种预设(见图2-7)。

预设1:把不完整的小格割补成完整的小格。

追问:(用记号笔标出)像他这样逐行割补之后,你发现了什么?每行面积单位的个数有什么特点?

(学生发现每行都有7个面积单位,有这样的4行)

小结:这个时候我们就可以用每行面积单位的个数×行数来计算这个平行四边形的面积。

预设2:沿着高整个割补,把平行四边形转化成一个长方形。

(教师辅助学生圈画出割补后得到的长方形)

师:思考这是从哪里开始、沿着哪里剪的?

预设3:沿着高的一半割补,从斜边的中点向它的对边作垂线段,沿着这个垂线段剪开。这两条线段的总和就是高的长度。

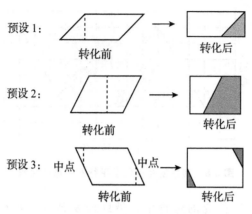

图 2-7 活动的三种预设

2. 追问思考

师：你是沿着什么剪开的？为什么他们都沿着高割补？

预设：沿着高剪开，因为沿着高割补才能出现直角。这是平行四边形转化成长方形的关键。

师：像这样的高还有多少条呢？

预设：无数条。

小结：因为有无数条高，所以我们就有无数种割补方法。利用这些割补方法把平行四边形转化成与它的面积相等的长方形（板书：割补转化），从而验证它的面积同样可以用每行面积单位的个数×行数得到。

3. 建立联系、推导公式

师：认真观察转化前后的两个图形，你能发现割补后的长方形和原来的平行四边形有什么联系吗？你能从中推导出平行四边形的面积公式吗？

预设：长方形的长相当于平行四边形的底，长方形的宽相当于平行四边形的高。因为长方形的面积等于长乘宽，所以平行四边形的面积等于底乘高。

小结：不管平行四边形的底还是长方形的长，其实都是每行面积单位的个数，平行四边形的高和长方形的宽都是行数（见图 2-8）。

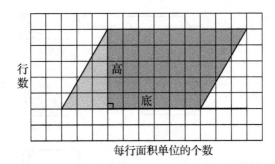

图 2-8　利用割补转化求平行四边形的面积

设计意图：在探究的过程中，借助面积公式（每行面积单位的个数×行数），引发学生思考，让学生多角度探究割补方法，理解平行四边形面积公式的推导过程，把新问题转化为旧问题，同时使学生感悟、把握图形之间相互转化的数学思想。

(三) 明辨是非，突破难点

师：我们知道还可以利用平行四边形的不稳定性把它拉成长方形。请你仔细观察拉成后的长方形，其长相当于平行四边形的底，其宽相当于另一条邻边。那么可以用邻边相乘的方法来计算平行四边形的面积吗？

预设：不可以。利用割补方法把平行四边形转换成与它面积相等的长方形后，之前拉成的长方形中的长条的面积大小就是多出来的面积。

师：拉动后面积怎么就多了呢？

预设：在拉动过程中，虽然周长没变，但两条邻边的角度变了，高变大了，所以面积也变大了。

小结：通过刚才的研究，我们知道平行四边形的面积可以用每行面积单位的个数×行数得到。邻边表示的不是行数，高表示的是行数，所以不能用邻边相乘求平行四边形的面积。

教师通过课件演示，让学生结合课件，在辨析中提升对面积概念的认识，在对比中强化对平行四边形面积的理解与认识。图 2-9 为将平行四边形拉成长方形。

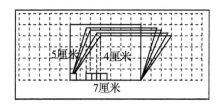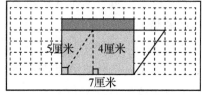

图 2-9 将平行四边形拉成长方形

设计意图：学生在经历操作、思考与交流探讨等活动后，深刻认识了影响平行四边形面积的因素，形成了空间观念，积累了几何直观经验，并在反思长方形、平行四边形和平行四边形转化后的长方形有什么关系时，深入理解了不能用邻边相乘求平行四边形的面积。

（四）拓展延伸，渗透极限

师：通过验证，平行四边形确实可以用每行面积单位的个数×行数来计算面积。那么上节课一开始我们说到的三角形、梯形、圆能不能也用刚才我们研究的方法计算面积？

活动要求：4 人一组合作，选择一个平面图形来验证自己的猜想。

预设 1：将梯形割补成正方形（见图 2-10）。

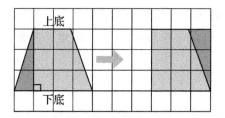

图 2-10 将梯形割补成正方形

预设 2：将三角形割补成长方形（见图 2-11）。

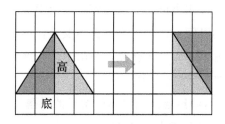

图 2-11 将三角形割补成长方形

师：把它们割补成学过的图形，就又能用每行面积单位的个数×行数来求面积了。

预设3：利用圆培养学生化曲为直的意识。

师：圆是一个封闭的曲边图形，它没有直边。我们能不能想办法给它创造出直边？

（播放课件，让学生边看边思考）把一个圆平均分割成若干份（见图2-12），分的份数越多，每一小份就越来越接近一个三角形。

如果我们已经掌握了三角形的面积计算方法，就可以计算出圆的面积。

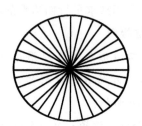

图2-12　把一个圆平均分割成若干份

设计意图：将转化思想拓展延伸到三角形、梯形的面积计算过程中；在圆的面积的探究中，追本溯源回归面积单位来解决问题，渗透极限思想。

五、教学反思

（一）关注数学思想方法的渗透，走近数学核心素养

教师不仅要明确数学思想和方法是数学素养的重要组成部分，还要有一个全新而强烈的渗透数学思想方法的意识，着眼于学生的后续学习和发展。本节课在探究平行四边形面积的过程中，给学生一些启发、思考的余地和能够自主探究的时间；让学生充分探索交流，感受转化思想，将新问题转化成旧问题，由未知向已知转化，由陌生向熟悉转化；引领学生感悟化归、对应、等积变形等数学思想方法。

（二）积累数学活动经验，构建几何图形的模型

积累基本数学活动经验是一个过程，更是一种经历。本节课让学生充分参与并经历探究的过程、思考的过程、抽象的过程、预测的过程、

推理的过程、反思的过程等，从而积累活动经验，构建平行四边形面积计算模型。

本节课让学生观察动态变化的平行四边形，初步感悟当平行四边形四条边的长度不变时，形状发生持续性变化是由两邻边的夹角导致的；再利用特制框架学具让学生感悟到夹角大小与平行四边形的高的辩证统一关系，进一步感悟高的大小影响面积。

总之，本节课在关注数学思想方法渗透的同时，让学生积累数学活动经验，力争做到关注数学核心素养，让思想方法与活动经验比翼双飞。

六、案例评析

本单元的教学设计通过复习长方形和正方形的面积计算方法，唤醒学生利用面积单位来测量面积大小的已有认识，并以此为本单元教学的切入点。在教学过程中，教师利用小组合作、在方格纸内割补、拉动框架学具等教学手段，充分调动学生学习数学的积极性，让学生主动参与学习活动。教师提出一系列的问题，让学生探究学习，引导学生发现问题、提出问题、解决问题，培养学生自主探究问题和解决问题的能力。

在单元学习主题分析中，首要的就是大概念的确认。本单元的教学设计紧紧抓住了本章数学的本质，充分体现了大概念。本单元确定的大概念为转化思想。首先，利用面积单位的平铺，借助方格纸研究平行四边形的面积，帮助学生实现平行四边形与长方形的转化。其次，借助方格纸帮助学生实现梯形与长方形的转化，再过渡到无方格纸，实现梯形与平行四边形的转化。最后，在帮助学生对本单元的知识进行系统梳理后，让学生根据已有知识经验自主探究三角形的面积计算方法，实现三角形与长方形、三角形与平行四边形的转化。在整个单元的教学设计中，所有面积计算方法的探索都围绕大概念"转化思想"开展。由于大概念体现了核心素养的本质，因此大概念必须与核心素养对接。本单元对接的核心素养包括空间观念、推理意识和应用意识。空间观念体现在对图形的形状的认识以及不同图形之间的转化关系上；推理意识体现在对不同图形的面积公式的推导过程的感悟上；应用意识体现在利用面积公式计算平行四边形、梯形和三角形的面积，解决生活中的问题上。

大概念的统整性和迁移性在本单元也有很好的体现。大概念的统整性体现在它能将各种小概念联结为一个连贯的整体，是概念的集合。本单元的大概念"转化思想"将长方形、正方形、平行四边形、梯形、三角形的面积计算方法的小概念联结为一个整体，促进了不同图形之间的转化。大概念的迁移性体现在学生不仅能将其应用到其他主题或问题上，也能将其应用到其他新情境中以解决实际问题。在本单元，学生可以利用转化思想探究平行四边形、梯形和三角形的面积。在本单元外，学生还可以利用转化思想探究其他平面图形的面积计算方法，并综合运用相关知识解决生活中的问题。此外，本单元的大概念"转化思想"建立起了知识的前后联系，起到了承上启下的作用。本单元的教学建立在学生已掌握长方形和正方形的面积计算方法——数"面积单位"的基础上，启发学生应用该方法探究平行四边形的面积公式，在验证该方法的可行性后再依次探究梯形和三角形的面积计算方法。转化思想的渗透有助于学生之后探究圆的面积公式以及立体图形的表面积公式。

本单元的教学以长方形和正方形的面积公式为基础。教师带领学生回顾用每行面积单位的个数×行数的方法求长方形和正方形的面积，充分调动学生关于长方形和正方形面积计算方法的已有经验，以此开展对平行四边形、梯形和三角形的面积计算方法的探究。由于直接探究平行四边形、梯形、三角形面积之间的关系存在困难，因此教师将本单元的学习任务进行了序列化分解，让学生依次探究平行四边形、梯形、三角形的面积计算方法。平行四边形的探究基于长方形，梯形和三角形的探究基于平行四边形和长方形，最后通过验证发现平行四边形、梯形、三角形之间的转化关系，体现了学习的渐进性。在探究平行四边形的面积和探究梯形的面积时，学生在方格纸内割补，实现图形的转化，推导面积公式。在第 1 课时探究平行四边形的面积时，教师制作了框架学具，通过将平行四边形拉成长方形的过程，让学生认识到平行四边形的面积与底和高有关。因此，教师利用学具使学生的思维在操作学具的过程中充分显露出来。

本单元的教学围绕其他平面图形的面积是否能用每行面积单位的个数×行数的方法来求得展开。在此背景下，教师在每个课时教学中提出驱动问题，从"平行四边形的面积与什么有关"到"验证梯形的面积为什么与底和高有关"再到"验证三角形的面积为什么与底和高有关"，最后提出"平面图形的面积之间有什么关系"。学生在解决问题的过程中探究学习；教师在此过程中通过不断提问和追问引导学生对问题的思考，促进师生对话的不断生成。

本单元的每一课时教学都设计了小组合作探究活动。学生在小组内共同探讨求面积的方法，在组内交流后又向全班展示小组交流成果。在此过程中，教师能够了解学生对知识的掌握程度以及存在的困难。本单元重视学生多样化的解决方法，如运用割补、倍拼、折叠等方法来推导面积公式。在探究三角形的面积时，教师鼓励学生利用已有知识和能力进行猜想，并通过前面探究平行四边形和梯形的面积时运用的推导方法对三角形的面积进行求证。每一课时教学都为学生提供了动手操作的机会，能很好地激发学生探索和求知的欲望，培养学生学习数学的积极态度。教师在学生的探究过程中，给予学生思考和自主探究的时间，让学生深刻感悟到转化思想对解决问题的作用。

第三章　学习历程：设计
序列化的学习进阶

本章概述

　　本章主要从"什么是学习历程""为什么要关注学习历程""如何设计学习历程"三个维度阐述了学习历程的理论与实践。首先，本章介绍了学习历程的起源、内涵与要素，以期通过相关研究及其带来的教育教学变化发展，以及学习进阶在学习历程中的凸显来帮助读者获得更好的理解。其次，本章从大概念的建构、概念理解层级的递进和深度学习的发生这三个层面展开，阐述了学习历程的意义和价值。最后，本章介绍了序列化中的每一节课、多类型的任务，以期帮助教师更好地设计学习历程，促进学生的理解。

知识导图

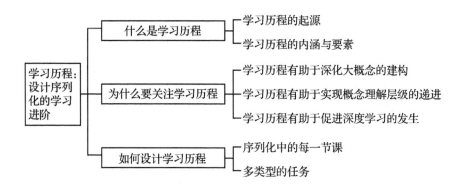

知识图谱

一、什么是学习历程

（一）学习历程的起源

学习历程的前身是华东师范大学崔允漷在 2017 年提出的"学历案"。类比于医生的处方、建筑师的设计图纸，学历案是一种专业的教学方案，是指向有关学习经历研究的方案。[①] 在学历案中，教学方案的立场从关注"教什么"转向"怎么教"，进而转向"学生学会什么"，以此应对"教"没有引发"学"，"学"没有引起"学会"的问题。换言之，学习者的学习被当作核心要素。学历案尊重学生的主体性，主张从学生的立场来设计"学什么"以及"如何学会"。

此外，在注重学生自主学习和建构，要求从"教知识结构"转向"促进学生认知结构发展"的同时，学历案也要求教师从专业的角度来设计和实施教学，激发、增强、维持和规范学生的学习，进而帮助学生在新旧知识之间、经验和知识之间建立更好、更深层次的联系，最终实现深度学习。这在一定程度上表明，学历案注重从学习者的视角来设计课堂教学，注重学生的主体性和教师的主导地位，让教师能够更为关注学生的情感需求和认知需求，更为充分地利用学生已有的知识基础和生活经验，把握学生的思维关键点，并最终更为有效地促进学生的深度学习。

随着核心素养导向下的课堂教学改革不断推进，学历案在理论和实践上得到了进一步的发展。相比于以往由教师确定教学目标、教学过程、教学评价，直接开展教学的方式，学历案更为强调和关注学习者的视角，即从学生学会什么出发，设计并展示学生学会的过程，以学生是否学会为最终评价标准。在学历案中，教学设计的目的是有效地帮助学生经历学习，而不是设计教学流程本身。换言之，学生才是教学设计的主体，教学设计应该充分考虑影响学生学习的各种因素。教学设计是否有效，最终应通过学生的学习效果来进行检验。这个检验不仅包括最终的学习结果，还包括学习过程的有效性检验。

[①]　崔允漷：《指向深度学习的学历案》，载《人民教育》，2017（20）。

首先，在学历案中，教学的基本思维逐渐发生转变。学历案基于逆向的思维来进行设计，把评价任务设计在学习过程之前，即先确定学习目标，然后设计评价任务，最后实施学习过程。有学者指出，在学历案中，评价任务至关重要；它作为线索联结学习目标、学习过程和评价，始终贯穿整个学习，而不是只有最后的测试和考评。①

其次，在学历案中，学生的学习方式逐渐发生变革。学生的学习不再是教师和学生的单线对接，不再是个体化的"独善其身"，而是在学习共同体中参与讨论，并且通过合作交流来解决问题。在学习历程中，由于个体经验和认知结构的差异性，不同的学生可能会有不同的收获，但同时意味着学习共同体中的每一个学生都拥有双重身份："听者"和"教者"。在这种情况下，学生的学习和交流便不再是形式主义的存在，而是深入且细致的交互。学习成为所有实践共同体持续且深入参与的活动。这项活动涉及参与活动的每一个人，而不是"优秀者的独舞"。②

最后，在学历案中，师生关系逐渐发生改变。学习不再是教师教和学生被"牵着学"的过程，而是教师作为"导游"引导作为"游客"的学生学习的过程。这时教师是帮助学生更好地经历和享受学习过程的人。通过学历案，学生能了解所学内容的具体流程和相关要求，并开始关注学习目标，将学习当作自身的"事业"，解决自己在知识的地图中"将要去何方""如何到那里去"以及"如何判断自己是否已经到那里"等问题。在这一过程中，师生之间并不是相互对立的关系，而是目标一致且共同经历着学习历程的课堂合作伙伴。③

（二）学习历程的内涵与要素

崔允漷指出，学历案是指教师在班级教学的背景下，围绕某一相对独立的学习单位，对学生学习过程进行专业化预设的方案。学历案的专业性主要体现在：它是一种校本化的课程计划，一种致力于促进学生学习的认知地图，一种指向个人知识管理的学习档案，一种可以在课堂内

---

① 吕建林：《"学历案"评价任务的设计与实施》，载《江苏教育》，2017（3）。
② 孙谦：《"分享"课堂的权利——小学数学学历案带来的课堂变化》，载《江苏教育》，2018（9）。
③ 田国华：《基于学历案的高中历史深度学习探究——以〈从"师夷长技"到维新变法〉为例》，载《教育科学论坛》，2020（4）。

外师生、生生、师师交流的互动载体，一种供师生双方保障教学质量的监测依据。学历案包含六个要素：学习主题、学习目标、学习过程、评价任务、检测与作业、学后反思。教师围绕某一学习主题展开这六个要素，基于合理学会这一中心目标，借助形成性评价与指导，分解目标并为学生自主学习提供脚手架，最终指向目标达成。①

此外，由于不同学科或不同学段教学的差异性，一些学者针对崔允漷提出的学历案六要素提出了较为丰富的观点。例如，宋波基于高中历史学历案设计，通过对具体教学实践案例的分析，总结了"主题、目标、环节、评价"四大核心要素②；张明基于帮助学生更好地学习，有效地经历"真学习"，以实现"何以学会"目标的理念，提出了"主题、课时、学习目标、学习经历"的设计框架③；刘言涛指出了要明确和强调"学法建议"在学历案中的重要作用和地位，通过学法建议对学生在方法上给予具体明确的指导，让学生明确在课堂中采用何种方法和路径进行学习。④

就本书而言，和崔允漷提出的学历案不同，我们强调关注教和学的一致性，并进一步将学习进阶置于学习历程之中。学习历程关注学生的学习，学生经历学习的过程中存在序列化的学习进阶。学生一步一步达到学习目标，并且每一步之间存在递进关系。因此，对学习历程的讨论必须建立在对学习进阶分析的基础上。

换言之，要理解学习历程，必须先明确学习进阶的内涵和意义。一方面，从内涵上分析，不同学者对学习进阶的概念做了大同小异的概括。史密斯等人认为，学习进阶是指学生概念学习中一系列渐趋复杂的思维路径，它着眼于学生对特定知识的潜在发展序列。罗斯曼等人认为，学习进阶是一条符合学生发展的、有逻辑的"概念序列"。⑤ 梅里特等人认

---

①　崔允漷：《指向深度学习的学历案》，载《人民教育》，2017（20）。

②　宋波：《高中历史"学历案"设计的四个核心要素》，载《教学与管理》，2016（13）。

③　张明：《"学历案"的框架设计与实施策略》，载《地理教学》，2016（1）。

④　刘言涛：《学历案中学法建议叙写探讨》，载《当代教育科学》，2017（9）。

⑤　Roseman J. E., Caldwell A., & Gogos A., et al., "Mapping a Coherent Learning Progression for the Molecular Basis of Heredity," The National Association for Research in Science Teaching Annual Meeting, San Francisco, C. A., 2006.

为，学习进阶是对学生学习过程中在某一概念的理解上从无到有、由浅入深的过程的刻画。① 阿朗佐等人认为，学习进阶是学生概念理解过程的"有序"描述。② 萨利纳斯认为，学习进阶是一种基于实证的、可以被检验的假说，它揭示的是学生在某个概念学习过程中所表现出来的典型路径以及知识的典型发展序列。③ 卡特莉等人认为，学习进阶刻画的是学生在一段时间内对于某个具体概念的理解进程。尽管有关学习进阶的界定不一而足，但已有研究对其核心思想基本达成共识：学习进阶是对学生在各阶段学习特定概念时所表现的连续的、典型的思维路径的描述④，呈现的是学生关于该概念及相关技能在一段时间内的认知发展进程⑤；该认知发展进程是基于跨年级的测评数据构建的，并且通常不对教学施加特殊干预。这意味着上述测评结果是基于教学现状获得的。⑥

按照美国国家研究委员会的思想，学习进阶描述的是学生在学习上逐步推进和累积的过程，它主要涉及学习起点、学习终点及中间阶段三个部分。我国有的研究采用图 3-1、图 3-2 的示意图表述学习进阶的过程。⑦ 该模型认为，学习进阶是一个不断发展和累积的过程；学生的概念学习不是一蹴而就的，而是从一个基本的学习起点开始，历经不同的中间阶段，在逐步深入的过程中实现对概念全面和深刻的理解。并且，该模型认为，学习的上述进阶过程并非简单的线性递增，而是多种因素相互影响的结果。

① Merritt J. D. , Krajcik J. , & Shwartz Y. , "Development of A Learning Progression for the Particle Model of Matter," International Conference of the Learning Sciences, 2008.

② Alonzo A. C. & Steedle J. T. , "Developing and Assessing A Force and Motion Learning Progression," *Science Education*, 2009 (3), pp. 389-421.

③ Salinas I. , "Learning Progressions in Science Education: Two Approaches for Development," The Learning Progressions in Science (LeaPS) Conference, Iowa City, I. A. , 2009.

④ National Research Council, *Taking Science to School: Learning and Teaching Science in Grades* K-8, Washington, D. C. , National Academies Press, 2007, pp. 213-224.

⑤ Corcoran T. , Mosher F. A. , & Rogat A. , *Learning Progressions in Science: An Evidence-Based Approach to Reform*, Consortium for Policy Research in Education, Philadelphia, P. A. , 2009.

⑥ National Research Council, *A Framework for K-12 Science Education: Practices, Crosscutting Concepts, and Core Ideas*, Washington, D. C. , National Academies Press, 2012.

⑦ 皇甫倩、常珊珊、王后雄：《美国学习进阶的研究进展及启示》，载《外国中小学教育》，2015 (8)。

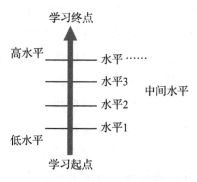

图 3-1　学习进阶模型示意图

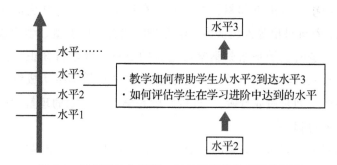

图 3-2　学习进阶与课程、教学及评价的关系示意图

另外，从意义上看，学习进阶对于促进教、学、评的一致性具有极为重要的作用。萨利纳斯指出，学习进阶系统地描述了学生的学习过程，搭建了一座连接学习过程研究和课堂教学实践的桥梁。[①] 斯蒂文斯等人在其研究中强调学习进阶中的课程、教学及评价是协调一致的，它们共同服务于概念学习的由浅及深、由简单到复杂、由朴素到抽象的发展历程。从这个意义上讲，学习进阶统整下的课程、教学及评价给学生的学习提供了源源不断的供给环境，学生的学习过程都是在一以贯之的课程—教学—评价的循环中进行的。

基于上述梳理，本书认为，学习进阶主要有三个要素：顺序、步幅和水平刻画。顺序是指在学习进阶中存在哪些台阶（概念），以及这些台

---

　① Salinas I. , "Learning Progressions in Science Education：Two Approaches for Development," The Learning Progressions in Science (LeaPS) Conference, Iowa City, I. A. , 2009.

阶之间的次序划分。学习进阶的考察一般都会选取学科教育领域某个核心概念作为载体。该核心概念通常整合了一系列紧密联系的子概念，这些子概念一般会有其内在的连贯性和逻辑性。学习进阶的考察目标之一就是探索学生是如何发展这些子概念序列的。步幅是指在学习进阶中各个台阶之间的跨度。有些台阶的跨越花费的时间较少，有些台阶的跨越则耗时较长。学习进阶的考察都是建立在一段时间上的。时间的跨度可以是几个月，也可以是几年。学生对于概念的学习是一个累积的过程，在不同时间段对于概念的进阶幅度可能会存在差异。水平刻画是指学生在学习过程中的自身水平所发生的变化以及所面临的困难。学习进阶是学生在学习中逐步推进和累积的过程。在这个过程中，学生的能力水平不断变化。[①] 科科伦等人还认为，学习进阶包含进阶变量、学习成就的水平等要素。进阶变量是指刻画学习进阶的要素，如学科知识的具体子概念、学科技能的具体环节等；学习成就的水平是指学生达成终端结果过程中的各个中间阶段或台阶。"进阶"就是学生对概念的理解"一步一步上台阶"的过程。[②]

　　作为我们主要研究对象的小学生往往并不适合崔允漷提出的多内容、长时间的主题化大单元学习。所以，在学习进阶的基础上，考虑到小学生的实际情况，我们总结了学习历程的三要素，即"驱动问题""锚基任务""诊断性评价"。[③] 这三个要素并不是相互割裂的，而是相互作用、相互促进的，共同构建学生的学习历程这一有机主体。在学习历程中，驱动问题为驱动力量，锚基任务为驱动载体，诊断性评价为促进反思与改进的手段。教师通过有效的教学设计和课堂教学，充分激发学生的元认知，调动学生的学习积极性，促使学生深入思考。

　　总之，在课堂与教学改革中，教与学始终是不可分割的。一方面，学习历程让学生以实际问题为起点，依据自身已有的知识建构和生活经

　　① 皇甫倩、常珊珊、王后雄：《美国学习进阶的研究进展及启示》，载《外国中小学教育》，2015（8）。

　　② Corcoran T.，Mosher F. A.，& Rogat A.，*Learning Progressions in Science：An Evidence-Based Approach to Reform*，Consortium for Policy Research in Education，Philadelphia，2009.

　　③ 这三个要素的具体内容在本书第四至第六章会进行详细介绍。

验来探索问题；另一方面，学习历程要求在学生思维的关键处提供可适当依赖的脚手架，环环相扣，及时有效地指导并揭示知识的本质，层层递进地帮助学生提升解决问题的能力。"长方体和正方体的认识"一课的学历案如表 3-1 所示。①

表 3-1　"长方体和正方体的认识"一课的学历案

驱动问题	锚基任务	诊断性评价
如果给你 16 根小棒，那么请你想象一下这 16 根小棒能拼成一个长方体吗，长方体有什么特征	给学生 4 套小棒，包含 12 厘米、9 厘米、6 厘米这三种小棒若干根；让学生自主选择小棒，并且尝试动手搭建	提问与追问：在搭建过程中，你发现长方体有什么特征 反馈：长方体有 6 个面、12 条棱、8 个顶点
如果将一条棱藏起来，你还能想象出它原来的样子吗，如果隐去两条棱呢	不断隐去长方体的某条棱，让学生思考能否在这种情况下（隐去 x 条棱）想象长方体的结构，直到不能想象为止	提问与追问：从一个顶点出发的棱有几条 反馈：在长方体中，从一个顶点出发有三条棱；从这三条棱可以想象出三个面，进而想象出长方体
你能根据这三条棱（同一顶点）想象出它是什么物体吗	给出长、宽、高的数据，让学生想象具体的物体	提问与追问：长方体与正方体有什么关系 反馈：正方体是特殊的长方体

在这一学习历程中，驱动问题是问题串，指向概念的序列；锚基任务是能够促进思维进阶的挑战性学习活动，在活动中促使思考"能不能搭""怎么搭"，而不是随意活动；诊断性评价能够帮助教师了解学生现阶段所处的水平和所遇到的困难。

首先，驱动问题要基于教学目标设置，将知识点转变为有探索性、挑战性的问题，引导学生主动思考。以往教师习惯从自己的角度出发拟定问题。但是这样的问题学生有时根本看不懂，也不易理解。教师要学会从学习者的视角考虑，依据学习提纲提出学生能看懂、有学习着手点

---

① 张泽庆、吴加奇、张春莉：《学习者视角下的教学设计研究》，载《教育视界》，2018（16）。

的驱动问题。于是我们将本节课教学目标中的"认识长方体、正方体 12 条棱的大小及位置关系"这个知识点转化为一个有挑战性的驱动问题：如果给你 16 根小棒，那么请你想象一下这 16 根小棒能拼成一个长方体吗，长方体有什么特征。这是一个开放性的问题，蕴含了棱之间的大小位置关系这个知识点；同时又有一定的挑战性，给予了学生很大的思考空间。第一个驱动问题之后还要有两个有探索性的驱动问题共同组成问题串。问题串之间要体现探索的连续性。这种连续性体现为问题串要层层深入，体现为概念递进和学习进阶，直至达到知识的本质。认识长方体、正方体的本质其实就是理解长方体是由从一个顶点出发的三条棱决定的，长方体中只有长、宽、高 3 组关键棱。此外，也并不是只有 3 对相等的面就能组成长方体，而是 12 条棱之间由于有对应关系，决定着由棱组成的面和面之间也存在对应关系。

为了达到对这个本质的认识，教师提出逐渐隐藏棱的建议，将其转化为第二个驱动问题：如果将一条棱藏起来，你还能想象出它原来的样子吗，如果隐去两条棱呢。通过探讨这个问题，学生逐渐发现决定长方体形状的只有长、宽、高三条棱，可以将长方体从具体实物中抽象出来看成一个由三条棱决定的图形。在这个基础上，教师继续提出第三个驱动问题：你能根据这三条棱（同一顶点）想象出它是什么物体吗。这又从抽象回归具体，帮助学生建立空间观念。通过这三个驱动问题，学生头脑中长方体的概念就真正被建立起来了，学生形成由线到面的概念理解进阶，即长方体可以由 12 条棱组成，也可以由 6 个面构成，并由棱的对应关系理解面的对应关系。

其次，锚基任务是指基于学生的认知基础，立足需要解决的驱动问题而设计的学习任务。比如，通过观察物体，学生能说出长方体可以由 12 根小棒拼成。这 12 根小棒又可以分成 3 组，每组都是一样长的小棒。这正是学生学习长方体特征的原有认知基础。锚基任务需要通过外显化的操作让学生的思维实现进阶。为此设计锚基任务时要考虑三点：是否便于学生的探究性学习；是否便于学生自主性问题的解决；是否给学生留足空间便于呈现个性化认知。在教学中，我们的第一个锚基任务（见表 3-2）就是给学生四套小棒，让学生经历一个"悟"的过程：从最初认为只有第一套能拼成，到发现第二套可以拼成有两个面是正方形的长方体，第三套能拼成正方体。学生在选择套数时会发现成功搭建的关键在于找到 3 组且每组 4 根同样长的棱。这样的任务让学生能够动手操作将思维外化，并且有较大的空间去自主探索。

表 3-2　不同学习进阶任务中的小棒长度与套数

小棒长度	第一套（个）	第二套（个）	第三套（个）	第四套（个）
12 厘米	7	4	3	2
9 厘米	5	9	12	11
6 厘米	4	3	1	3

此外，锚基任务的设计还要有一定的层次性和关联性，以此构成教学的序列，体现学习的进阶。比如，第二个锚基任务是在探索棱长关系的基础上，让学生逐渐脱离具体实物，逐渐隐去长方体的棱来抽象出长方体的结构。第三个锚基任务是在抽象的基础上，让学生由一个顶点联系三条棱去想象长方体。多层次的活动让学生由棱想象面，由面想象体，建立棱与棱、棱与面、顶点与体之间的关联。利用平面图与立体图之间的转化，不断地在立体与平面间展开变化与联想，培养学生的数学推理能力。值得说明的是，锚基任务之间的层次并不完全是严格递进的，如在进行高级的形式推理活动时可能又要利用包含识记、理解等低层次的活动。每个锚基任务都要与学生的思维水平相对应，以帮助学生走向更高阶的思维水平。同时，锚基任务要能满足不同学生的发展需求，使不同学生在同一锚基任务下可以沿着不同的学习路径达到最终的学习目标。

最后，在学生完成任务时需要对他们的掌握水平进行评估，这时就用到了诊断性评价。需要注意的是，无论何种学习评价，一定要注意边学边评，每解决一个驱动问题、完成一个锚基任务都要及时进行学习评价，以了解学生的学习情况。在评价过程中可以选择那些对学生发展重要的知识和技能作为评价对象，来检测学生的学习进展情况，判断学生达到哪一层次的理解水平。评价方式可以是一道题的检测，也可以是教师的提问和追问。教师针对学生的完成情况，包括神态、动作、语言、作品来做出判断。比如，在利用长、宽、高数据想象出生活中实际的物体的过程中，学生会发现生活中满足长、宽、高的物体既有一般的长方体，又有正方体。当高变得很小时便是一张纸，这时教师追问：一张纸还是长方体吗？教师通过这样的追问，引导学生辨析长方体和长方形之间的差异，达到知识的螺旋上升式发展。换言之，在动态变化中认识长方体时，如果将长方体的高持续降低，那么长、宽、高一样的时候，便是正方体；但如果降到0.1厘米的时候，这个是长方体还是长方形？比方说，一张纸是长方体还是长方形？这便和学生的生活经验相联系，并且将长方体和长方形相联系和区分。事实上，日常生活中没有面，只有体。因为0.1厘米的高度太小，所以在实际生活中通常会忽略高的存在，而将白纸认为是长方形。

由此可见，追问也是一种诊断性评价，教师能从中诊断学生是否掌握了长方体的本质。教师也可以通过学生给出的一些反馈来调整教学行为，使教、学、评达到一致。原则上每个锚基任务下都要有对应的评价任务，便于及时对学生的思维进行评价和判断。这是教师决定是否进入下一个锚基任务的重要依据。

综上所述，在学习进阶的理论基础上，我们的学习历程是指以理解大概念为核心，通过驱动问题串指向问题序列；利用锚基任务来搭建台阶之间的差异，构成步幅；借助诊断性评价来了解学生所面临的困难以及所处的学习水平，并最终实现学习进阶。

二、为什么要关注学习历程

(一) 学习历程有助于深化大概念的建构

学习历程是基于逆向思维来设计教学的，即以课堂教学中所要培养的核心素养为导向，然后根据主题、单元和课时等对教学内容进行统筹规划与设计，使评价贯穿整个教学体系。学习历程的提出促进了教育教学的变革，有助于深化大概念的建构，凸显内容的结构化和教、学、评的一致性，发展核心素养。

一方面，学习历程将零散的课进行综合、整理与重组，并以大概念为线索串联不同类型的课，在结构化教学的过程中逐步凸显大概念的理解与运用。《义务教育数学课程标准（2022年版）》进一步突出强调数学课程的教学设计与实践落实以素养为导向的教、学、评的一致性；强调教师改变注重以课时为单位的教学设计，推进单元整体教学设计，以体现数学知识之间的内在逻辑关系，以及学习内容与核心素养表现的关联。① 这便架起了单元教学设计与教、学、评的一致性之间的桥梁。这里所提倡的单元已不再局限于教材中固有的单元，而是用系统论的方法对教材中具有某种内在关联性的内容进行分析、重组、整合而形成的大单元。② 在学习历程中，单元教学设计以学生的认知为起点，从提升学生的核心素养的角度出发，对教材内容与教师的课堂教学行为进行了事先统筹整合与优化，从而以大概念为"绳索"，将教学内容形成了一个有效的闭环。

另一方面，学习历程强调教、学、评的一致性，并且在教、学、评的循环中不断地回到对大概念和核心素养的培养上。教师要以核心素养的培养为旨归，以学习目标为核心，实现教、学、评的一致性。《义务教育数学课程标准（2022 年版）》有关教、学、评一致性的阐述为教学设计与教学实践提供了新的理念指导。教、学、评的一致性始于教学设计。因此，在学历案中，教师以核心素养和大概念为导向，在单元整体教学设计中来综合分析课程、教材、学生等要素，确定合理、清晰的学习目标；并以学习目标为归宿，设计与学习目标相匹配的评价；将学习目标转为合理的、与学生学习经验相对接的学习活动，为学生提供序列化的学习体验，从而实现教、学、评的一致性。在这一过程中，学习历程促进了课堂教学各要素的综合与关联，将学习目标一致指向学生"学什么""怎样学"乃至"是否学会"，进而使教师能够更准确、合理地评估和解决学生学习的连续性问题，并且不断回到对大概念的巩固上。

（二）学习历程有助于实现概念理解层级的递进

学习历程有助于促进学生在概念理解上呈现由浅入深、由易到难、由简单到复杂理解层次的螺旋式上升，最终形成结构化概念网络。这种概念网络不是简单的学科概念解释，也不是测试题的概念解答，而是既

---

① 中华人民共和国教育部：《义务教育数学课程标准（2022 年版）》，86 页，北京，北京师范大学出版社，2022。

② 吕世虎、吴振英、杨婷等：《单元教学设计及其对促进数学教师专业发展的作用》，载《数学教育学报》，2016（5）。

包含生活概念，又包含科学概念；既包含概念形成后的稳定状态，又包含建构概念的过程；既包含概念的内涵解读，又包含概念的组织、管理和具体情境应用。换言之，在学习历程中，以核心概念为枢纽，形成单个概念的意义网络，并由无数个这样的单个概念的意义网络再次进行相互关联，进而形成个体的整个概念网络。

概念网络是一个复杂且精细的系统。重构概念网络主要分为两个阶段。第一阶段是学习者通过变式练习对新形成的神经联结进行强化。在该阶段，教师需要为学生提供丰富的任务情境，给予学生对知识进行应用和迁移的机会。在不断练习中，学生通过多次的正向强化和错误规避逐渐形成单个概念的意义网络。第二阶段是学习者通过参加综合实践活动对概念网络进行反思、修正，打通新概念与已有概念的联结通道，形成不同概念网络之间的联结。在这一过程中，将概念从特定的学习情境迁移到复杂而多变的生活情境。这对儿童甚至是成年学习者来说都是一件非常具有挑战性的工作。这是对多个概念进行同步提取、组合、应用、调节等活动的高度综合。

在学习历程的最后，学生不仅能够实现对概念的应用与迁移，还能够在真实的情境中对概念进行反思，对原有的概念系统进行审视、分析与调整，并将科学概念与真实情境进行意义联结，扩大知识组块并重构概念网络。[1] 例如，当学生依据太阳的位置辨认方向时，他们提取的经验是太阳东边升起、西边落下，在经验背后隐含的概念可能是"太阳围绕地球转动"。在地理课上，教师会告诉学生地球绕太阳公转，昼夜变化是由地球的自转引起的。这时候，学生的大脑里会由经验转向两种概念的建构，即用于解决现实问题的生活概念"太阳围绕地球转动"和用于解决考试题目的科学概念"地球围绕太阳转动"，概念理解的复杂性增强。

（三）学习历程有助于促进深度学习的发生

与浅层学习、表层学习的学习表现相对，深度学习是指在教师的主导下，学生围绕具有挑战性的学习主题，全身心积极参与、体验成功、获得发展的有意义的学习过程。[2] 从学生的学习动机来看，浅层学习是反

---

① 安富海：《促进深度学习的课堂教学策略研究》，载《课程·教材·教法》，2014（11）。
② 郭华：《深度学习及其意义》，载《课程·教材·教法》，2016（11）。

复记忆或机械背诵的低水平加工；深度学习是高水平或主动的认识过程。从学习的内外部效应来看，浅层学习往往局限于定量变化，使知识外化于学生而存在；深度学习促进知识的内化、外显与迁移，即学习者能联系知识内部的各要素，批判地阅读理解并迁移转化新知识。学历案落实在不同学科中深刻而细致地体现了实现深度学习的路径。

首先，与教案、学案、导学案相比，学历案更加具备教、学、评的一致性，能够提供基于学生学习导向的学习目标、与学生经验相联系的学习任务、可具体操作的资源与建议，更注重适合学生的学习方法及学生的学后反思等要素。在学习历程中，师生之间的教学方式发生了变革。有学者指出，学历案可被视为一种教育新思维，以学生的学习经历为基础，具有将教学目的从"教"转向"学"、从教师讲授知识转向培养学生的综合能力与核心素养、从课堂讲授转向多种渠道的学习方式、从浅层理解转向深度学习的四大转变优势。①

其次，在学习历程中，强调以学生的学习为出发点，关注和凸显学生的参与、质疑与思考，激发学生的认知冲突，让学生真正参与课堂学习，进而促进深度学习的发生。教师通过追问、反问等提问方式参与对话，让对话的焦点和学生的思维反复回到对核心问题的探讨中，而不是教师直接给出答案。例如，在解决"四边形的内角和是多少度"这一问题时，有的学生认为是 360°，还有学生认为是 720°。教师引导学生通过对话发现，同样是将四边形分割成三角形，却产生了不同的结果。学生都坚持认为自己的方法正确。这时候，教师及时抛出问题"为什么多画一条线，就多出了 360°"，引导学生找到问题的焦点。学生通过将分割出的角进行对比，发现多出 360°是因为两条线的交点处新增加了一个周角，而这个角不属于四边形的内角，所以在计算四边形的内角和时需要将其减去。至此，学生才真正建立起对内角、内角和等概念的初步认识。只有当学习者开始提问、质疑时，他才试图去解释；只有当学习者超越观察、记忆的阶段，掌握超越事实的思维时，他才真正开始学习。但是这个过程往往充满对抗性和竞争性。在学习历程中，为了让学生不回避对

①　卢明、蒋雅云：《落实学科核心素养：单元学历案的设计与实践》，载《全球教育展望》，2022（4）。

抗和竞争的过程，教师必须为学生营造安全、平等、信任的学习环境，让学生愿意将自己的概念冲突暴露出来。这为实现概念的重构和深度学习奠定了基础。

三、如何设计学习历程

一方面，从学历案的教学设计来看，需要注意以下三个方面。第一，要确定合理清晰的学习目标。学习目标的确定直接决定着教学的方向和质量。教师应当以课程标准为依据，正确理解教材，巧妙运用教材，科学研究学生的认知特点，分析数学知识和核心素养的主要表现，在系统整合的过程中确定学习目标。第二，将学习目标转变为评价任务。学习目标既是教师教的方向，又是学生学的标杆，更是学习评价的基准。教师应当使评价先行，在评价设计中进一步审视学习目标的科学性和合理性，有效分解学习目标并设计评价，保证学习目标与评价的一致性。第三，合理规划学习活动。学习目标和评价任务的确定为教师的教学设计提供了清晰、宏观、易于操作的框架。

另一方面，从学习历程的教学实践来看，学习历程是学生的学习之路，但这条路通常并不是一条笔直的康庄大道。换言之，在从学习起点发展至习得学习目标的过程中，学生并不是一蹴而就的，需要依赖极为重要的因素，即序列化的学习进阶。在实现学习进阶的过程中，学生逐步实现思维层级的发展与能力的提升。

序列化的学习进阶主要借助以下两个部分来实现：序列化中的每一节课和多类型的任务。在课堂教学中，教师可以通过多类型的任务来帮助学生实现每一节课以及不同课别之间的思维跃迁，进而实现序列化的学习进阶。

（一）序列化中的每一节课

在追求理解的序列化的单元整体教学设计中，具体到每一节课的话，我们可以将其按照学习进阶的逻辑划分为种子课、探究课、扩展课、迁移课、复习课、分享课。在这些不同类型的课中，种子课、探究课和扩展课是学习和建构新知识，属于大概念的形成期；迁移课、复习课和分享课是对大概念的运用与巩固，可以是对知识的简单运用，也可以运用知识来解决问题。

第一，种子课是教授概括性较强的思想、观念、原理。例如，让学生通过数方格来计算多边形的面积。在这一主题教学中，学生通过移动和重组小格子的步骤来将不规则图形凑成规则图形。在拼凑的过程中，学生要掌握割和补的原则与方法，并通过割补法的运用来理解数学问题中由已知向未知的转化。换言之，转化思想是在种子课中被导入的。在每一个主题的教学单元中，种子课是不可或缺的，具有奠基性。如果将学生的学习视作"智慧树"生长的过程，那么种子课顾名思义便是基本、初始、关键的部分，不能在单元教学中被删减掉或模糊化。

第二，探究课是学生在理解种子课所传达的思想、观念、原理下，利用这些思想、观念、原理所进行的探索。在探究课中，学生在小组合作和交流中进行观察、比较、分析和推理，发现数学知识的本质，并能用符号进行表征，着眼于数学理解的深度与推理。此外，这种探索是在教师的指导下进行的，所以非常重视教师的引导和追问。例如，在种子课利用数方格的活动理解转化思想的基础上，探究课通过对平行四边形和长方形的比较探究，来思考"为什么平行四边形的面积公式是底乘高"。

第三，扩展课是用同样的原理来解决类似问题的，指向从多个角度来看待和加深理解单元内部的知识，重视数学理解的宽度。此外，扩展课有时也将本单元的内容和不同年级的知识相结合，关注数学理解的完整度。例如，基于探究课中对平行四边形面积公式的推导原理，通过同样的思路和方法来解决三角形和梯形的面积公式推导问题。在扩展课中，探究的原理相同，但探究的知识载体不同。与探究课中强调教师的引导相比，扩展课更为重视学生的自主推理，从而让学生的能力得到发展。

第四，迁移课包含近迁移和远迁移，是指学生能够将所学内容和自身生活经验相联系，并且能够在掌握大概念的基础上，应用本单元所学内容来解决实际问题。例如，"有一块三角形的草地，测量出它的底是110分米，高是80分米。现在要进行鲜花建设，如果每平方分米的草地上种两朵花，那么这片草地上一共需要种多少朵花？""有一块红色布料，长30米、宽1米，现在想要用这块布来做直角三角形的小旗子。如果小旗子的两条直角边分别为2分米和5分米，那么这块红色布料一共可以做多少面小旗子?"

第五,复习课是对单元内的知识进行系统的梳理,并且在复习中将本单元的内容进行整合。在单元整体教学中,复习课充当着类似组织者的角色。教师通过统一总结,增强单元教学内容的一致性和系统性,让学生利用本单元的知识形成系统性的表格或搭建出结构化的知识图谱,促进学生的结构化理解,并且在总结中进一步加强学生对单元知识的理解与运用,关注数学理解的完整度。

此外,复习课还需要进一步凸显大概念。例如,在复习课中,教师可以进一步联系和凸显转化思想。教师通过追问来促进学生思考是否可以从三角形开始探究,还是必须从平行四边形开始探究。随后,在思考的过程中,学生发现三角形的面积公式可以通过将三角形转化成长方形的方式(两个完全一样的直角三角形可以拼成一个长方形)来进行推导。一旦学生学会三角形的面积公式,所有的多边形就都可以被分解为三角形,进而得到对应的面积公式。此外,学生可以从梯形开始探究。如果从梯形开始探究,那么当梯形的上底为 0 时,梯形就可以被视为三角形;当梯形的上底和下底长度相等时,梯形便可以被视作平行四边形。于是,在对之前所学内容的比较、分析和讨论中,复习课可以进一步凸显转化思想。

第六,分享课是在课下让学生能够运用本单元所学的内容来解决生活中的实际问题。这类问题往往是具有较强开放性或结构不良的问题,并且通常以主题学习活动或项目式学习的方式来解决。例如,进行实际家具的测量和计算,并展示和分享其收获和成果。在这一过程中,学生的沟通、合作能力等能够得到锻炼和加强。

综上所述,在一定程度上,在单元整体教学不同类型的课中,种子课、探究课、扩展课关注对单元知识的深层理解;迁移课、复习课关注对学生思维能力的提升;分享课关注学生实践能力和创新能力的培养。

(二)多类型的任务

根据任务之间的关系以及任务中学生所呈现的学习水平进阶,我们可以将任务划分为以下三种类型。

1. 并列式任务

并列式任务是指在完成任务的过程中,学生需要呈现同一水平层次但属于不同类型的思维方式的任务。思维水平彼此之间不存在高低之分，也不具备层层递进的关系。这类似于班级学生对同一个问题基于不同的思考视角而产生不同的解决方法与策略，即一题多解。

例如，在"多边形的内角和"一课中，对于任意一个四边形，能否用不同的方法来尝试自主探究四边形的内角和便属于并列式任务。在解决这一问题的过程中，有的学生画了一个四边形，通过量角器将每一个角的度数给量出来，得到这个四边形有两个直角，还有一个角是130°，一个角是50°；然后把这四个角的内角加起来，进而计算四边形的内角和。也有学生将两个三角板拼在一块，拼成一个四边形。一个三角形的内角和是180°，两个三角板可以拼成一个四边形。所以，一个四边形的内角和就是360°。还有学生先画一个四边形，再将四边形沿着一个顶点向另一个顶点画一条虚线，进而将四边形分为两个三角形。既然每个三角形的内角和是180°，四边形又可以被分为两个三角形，那么这个四边形的内角和便是360°。

在这一过程中，学生呈现的是不同的思维方式以及采取的不同解题策略。但学生在呈现出这些思维方式和相应解题策略的时候并没有层次之分。第一种方法是通过使用量角器测量来求得具体的角度，即"量"。这是在求角度问题时通常会使用的一种方法。第二种方法是通过已有的三角形的内角和是180°的知识，将三角形拼成四边形，即"拼"。这也是在求角度时通常会使用的由已知推导未知的方法。第三种方法是基于已有知识"三角形的内角和是180°"，将四边形拆分为两个三角形，即"拆"。这也是在求角度时通常会用到的由未知向已知转变的方法。所以，综上可知，这几种方法实际上是学生对同一问题的不同思考角度。学生选择其中任意一种方法均可以求出四边形的内角和。在这种情况下，教师提出的"采用不同的方法来尝试自主探究任意四边形的内角和"的任务就属于并列式任务。

并列式任务的主要特点是，在完成任务的过程中，不同学习个体的思维水平处于相对平行的状态，不存在绝对的高低之分；并且在对问题的理解和解答上，每一种思维方式都可以被使用以得出正确结果。教师的主要工作是引导学生选择自己感兴趣且擅长的思维方式，并运用其来解决问题，凸显个性化思维。此外，教师还需要培养学生的合作交流能力，帮助学生理解和欣赏他人的思维方式，并能够在学习他人思路的过程中，从不同的角度来更全面地检验自己解法的可信度，以培养学生的多样性思维。

2. 层次式任务

层次式任务是指在完成任务的过程中，学生需要呈现不同的水平层次，并且这些不同水平层次之间存在一种递进关系的思维方式的任务。这种递进关系类似于皮亚杰的认知发展阶段理论，呈现由表及里、由浅入深、由简单到复杂、由低阶到高阶、由具体到抽象的思维整体发展特征。

例如，在教授"分数的初步认识"时，教师引导学生思考判断在课件所呈现的图形中，哪些图形的涂色部分可以用 $\frac{2}{5}$ 来表示，并观察这些图片的相同之处和不同之处。这个任务便属于层次式任务。一方面，学生需要通过观察、分析图形，直观地判断哪些图形的涂色部分可以用 $\frac{2}{5}$ 来表示；另一方面，学生需要基于比较与分析，加深对单位"1"的理解与认识，总结出表示一个整体的单位"1"既可以是一个物体，也可以是一些物体。换言之，在分数中，既可以把一个物体看作整体，也可以把一些物体看作整体。在这一过程中，学生的思维方式从具体情境中直观形象的判断辨析发展为对单位"1"等抽象概念的深层次理解，以及对部分与整体关系的进一步感知，存在水平之间的层层递进关系。

层次式任务的主要特点是，在完成任务的过程中，不同学习个体的思维水平均在一定程度上发生了层级递进，而不是仍处于原来的思维水平。教师的主要任务是基于学生的实际情况与思维起点，分析、梳理出层次式任务的顺序，并引导学生逐步地经历知识形成发展的过程，通过去伪存真、由低到高、由具体到抽象，最终促进学生形成完善的认知结构。

3. 互补式任务

互补式任务是指在完成任务的过程中，学生需要呈现同一水平层次并且属于同一类型的思维方式的任务。虽然学生个体的思维水平彼此之间不存在高低之分，也不是层层递进的关系，但存在一种相互补充的关系。在完成互补式任务的过程中，不同学生的思维方式类似于集合中的对立关系，彼此之间相对独立又缺一不可，共同构成了对同一个问题的完整理解。这种任务通常会在分类问题中出现。

　　例如，教师让学生玩猜纸牌的游戏，从 1～5 中抽取一张牌，结合课上学习的内容判断如何一步步推理出抽取的是哪张牌。有的学生说，首先可以看看"1，3，5"。如果回答的是没有抽取的那张牌，那么就可以从 1～5 中排除掉 1，3，5。然后，又有学生继续说，再看看"2，4，5"。如果回答的是有，那么抽出的这张牌可能是 2 或者 4。最后，还有一名学生接着说，看看"3，4，5"。如果回答的也是没有，那就说明可以排除掉 4，进而推理出刚刚抽出来的牌应该是 2。在这一过程中，学生通过确定和排除来一步步进行推导，进行简单逻辑推理，这一多重推理缺一不可。

　　互补式任务的主要特点是，在完成任务的过程中，不同学习个体的思维水平是处于相对平行的状态，不存在绝对的高低之分。但是在对问题的理解和解答上，每一种思维方式都需要和其他思维方式进行联结以便一步步得出正确结果。教师的主要工作是引导学生更为全面透彻地理解思考问题的某一思路，并运用其来解决问题，培养学生思维的逻辑性和连贯性。此外，教师还需要培养学生的合作交流能力，帮助学生理解和补充这一思维方式，并在学习和理解他人的思路过程中对这一类思维方式能"想清楚""讲明白"，以培养学生的逻辑性思维。

　　具体而言，要落实"为什么教"就需要深刻理解课程的育人价值，准确把握学生需要发展的核心素养，明确学生的必备品格和关键能力，把立德树人的根本任务落实在教学中。要落实"教什么"就需要准确把握教学内容和教学活动，厘清知识结构，明确教学中需要培养的知识、能力、情感、态度与价值观，确定合理清晰的教学目标。要落实"教到什么程度"就需要整体理解和把握学习目标，把握学情，凸显学生的主体地位，充分发挥评价的功能，在培养学生基础知识、基本技能、基本思想、基本活动经验的同时尽量满足学生多样化的学习需求，因材施教。要落实"怎么教"就需要进一步挖掘课程标准中内容要求、学业要求和教学提示所传达的核心要义，整合教学内容，优化教学设计，变革教学方式，改进教学过程。总之，教师应当根据学习目标进一步梳理知识体系，调整课时安排，将学习目标转变为合理的、与学生学习经验相对接的学习活动，分步实施，为学生提供序列化的学习体验，从而实现学习历程中的教、学、评的一致性。

教师行动研究

"确定位置" 单元整体教学设计

设计者：南京市芳草园小学　张缅

一、单元学习主题分析

(一) 教材分析

"确定位置"是苏教版数学教材四年级下册第八单元的起始课。其重点是初步理解数对的含义，学会用数对表示物体所在的位置。教材在一年级上册已经初步呈现"用直线上的点描述数的顺序和大小关系"等相关内容，这是对一维空间中点的描述。此外，教材在六年级下册将继续呈现"用方向和距离确定位置"等相关内容。所以，基于对教材内容编排顺序的分析，本节课的学习内容既是对学生在第一学段学习内容的发展，又为学生在第三学段学习直角坐标系奠定基础。

本节课的核心是让学生感知"列"与"行"是确定平面中位置的两个要素，能用"列"和"行"两个要素来描述平面中的某个物体的具体位置。教材从生活中的场景入手，促使学生从自身经验出发完成数学知识的建构。但这样的学习素材会导致学生的学习过程更多是基于事实的描述，落在对结论的归纳和模仿上。这在一定程度上对于激发学生的创新思维、发展学生的探究能力略显不足。基于上述的思考，本节课在教学中对教材中的原例题进行创造性的改编，尽可能地创设一个富有挑战性的综合性问题情境，以实现从一维空间中点的位置描述向二维平面中点的位置确定的自然突破，引发学生真探究，让学习真发生。

(二) 学情分析

学生已经学过前、后、上、下、左、右及东、南、西、北等表示物体位置的知识，在日常生活中又积累了用类似"第几排第几个"的方式描述物体所在位置的经验。学生在本节课学习的是将生活经验上升到用抽象的数对来表示位置。但是学生对于数对先列后行的规定缺乏生动体会，往往用机械记忆来模仿学习先列后行。在"用数对确定位置"种子课中，教师需要让学生尝试主动创造出平面直角坐标（第一象限的雏形），在创造过程中感悟数对先列后行，以及坐标中横轴和竖轴数据的对应关系，并且通过数形结合来让学生形成表象。在这一过程中，学生对数对的理解便不会局限于空洞模仿和机械记忆。

基于上述分析，本节课的学习进阶如下：第一，用数轴上的点描述一维空间上的任意位置；第二，自主建构平面直角坐标中的点，用数对描述二维空间中的点的具体位置；第三，明确数对中的两个数必须有序；第四，书写有序数对时必须有括号，因为有序数对和平面中的点存在一一对应关系。

二、单元学习目标设计

基于上述对教材的认真研读以及对学生学情的具体分析，本节课将设定如下学习目标。

第一，体会用两个数确定物体在平面中的位置的必要性，探索确定平面中的物体位置的方法。

第二，理解有序数对的含义，能够用有序数对表示物体的位置，体验用有序数对确定位置的必要性和简洁性，渗透坐标思想，发展空间观念。

第三，能够正确表示数对，并体验用有序数对确定位置在生活中的应用，培养用数学眼光观察生活的意识。

三、单元学习历程设计

表 3-3 为"确定位置"单元的学习历程设计示例。

表 3-3　"确定位置"单元的学习历程设计示例

驱动问题	锚基任务	诊断性评价
怎样确定小强在森林小道上的位置	根据提示，用你喜欢的方式画出小强的位置	提问：你能借助森林中的物体准确描述小强的位置吗 小结：只要小强沿着森林小道跑，就能用一个数来表示他的位置
怎样确定小强在密林深处中的位置	利用小组合作，研究小强在密林深处中的准确位置；想办法确定小强的准确位置（可以量一量、画一画、标一标）；利用有序数对表示平面上的点的位置，明确数对中的两个数必须有序	交流：分别说说你们是怎么想的 小结：一个数无法表示此时小强的位置，需要用到两个数 提问：观察数对（3，2）和（2，3），你有想说的吗 追问：为什么要规定数对的次序

续表

驱动问题	锚基任务	诊断性评价
平面上的任意点是否都能用有序数对表示	感悟确定二维空间中的点的位置和一维空间中的点的位置的不同	提问：你认为确定小强在密林深处中的位置和在森林小道上的位置有什么不同
	体会在现有网格外部和内部的点也能用有序数对表示	提问：小强要跑到（8，3）的位置，你可以找到吗 追问：要是跑到网格内部了呢

四、关键课时教学实录

（一）情境导入，激活创造性思维

驱动问题：怎样确定小强在森林小道上的位置。

师：（播放视频）在一片茂密的大森林里，小强又开始乱砍滥伐了。大家和警察一起找找小强在哪里吧。

锚基任务：根据提示，用你喜欢的方式画出小强的位置。

生1：小强跑到森林小道的最右边了！

生2：小强跑到森林小道的正中间了！

生3：小强跑到森林小道偏右的地方了！

师：大家找到的小强的位置为什么不一样呢？

生：因为描述得不清楚。

师：你能清楚地说出小强的位置吗？你可以借助森林里的物体（见图3-3）。

生：在最左边。

生：在第2根电线杆旁。

师：其他同学有不同的说法吗？

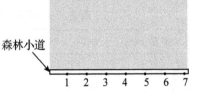

图3-3 确定小强在森林小道上的位置

生：在第6根电线杆旁，要明确方向。

师：给电线杆编号，这是个好办法。在一条线上，我们通常是习惯从左往右数。那么，小强现在的位置用6来表示。（板书：6）

（小强分别出现在森林小道的最左边、4和5之间、3的位置）

（板书：0，4～5，3）

师：小强只要沿着森林小道跑，我们就能用一个数准确表示他的位置。

点评：创设学生喜爱的游戏情境，借助和警察一起抓捕小强的情节来设计具有挑战性的问题，激发学生的参与欲。在开展游戏的过程中，学生回顾了一维空间中的点可以用数轴描述位置的方法表示，明确了直线上的任意一点都有唯一的数与它对应，为描述二维空间中的点的位置打下了基础。

师：小强在森林小道上无路可逃了，于是他一头扎进了密林深处。

师：看，小强是这么跑的。那么他现在的位置怎样确定呢？

生1：3 的前面。

生2：3 的正前方。

师：警察凭"3 的前面"或者"3 的正前方"这样的线索能够准确地找到小强的位置吗？

生：不行。"3 的前面"或者"3 的正前方"有一条线，上面有无数的点（见图 3-4）。

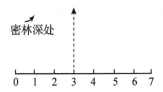

图 3-4　确定小强在密林深处的位置

师：同学们的回答不一致。这说明目前信息还不全面，所以确定的位置不准确。

点评：密林深处的点的位置如何确定？从确定一条直线上的点的位置到确定一个平面上的点的位置，学生发现用原有的知识来描述平面上的点只能得到较为模糊的信息。于是他们便产生了强烈的认知冲突，积极去寻求和创造新的方法。学生的思维水平参差不齐，有的仍然停留在一维水平上，有的已经初步在二维空间思考这个问题。但是，不管哪个思维水平的学生，都围绕着核心问题努力地思考并寻求问题解决的策略和方法，都在不同程度地提高自己对位置表示的理解，优化自身的知识结构。

（二）任务驱动，尝试自主建构平面上的任意点的位置表示

驱动问题：怎样确定小强在密林深处中的位置。

锚基任务：利用小组合作，研究小强在密林深处中的准确位置；想办法确定小强的准确位置（可以量一量、画一画、标一标）；利用有序数对表示平面上的点的位置，明确数对中的两个数必须有序。

师：怎样准确地描述小强在密林深处中的位置呢？

（学生小组合作，展示交流）

生1：我量了圆点到森林小道的距离是2厘米（见图3-5）。

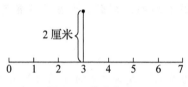

图 3-5　学生作品 1

生2：我在森林的左边标上了数字。从小强现在的位置对着横轴和竖轴上相应的数字画横线和竖线，这样看得更清楚（见图3-6）。要是小强路过很多地方，用这样的方法都能很快找到，在图上会形成格子。

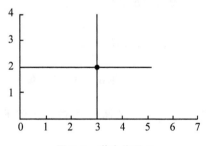

图 3-6　学生作品 2

生3：我不仅画了竖的线，还画了横的线，标上了刻度（见图3-7）。这样看起来就更方便了。

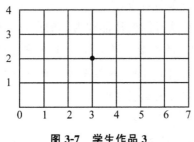

图3-7 学生作品3

师：大家的方法各不相同，但都找到了小强的准确位置。

教师揭示数对（3，2）的含义，并将其与数对（2，3）对比，明确数对有序的意义。

点评：教师提出了一个开放性问题，让学生自主探索，并想办法确定二维空间中的任意点的位置。由于学生的认知起点、思维水平有差异，他们会形成不同层次的思考过程。教师应有序组织学生阐述自己的想法，在争辩中反思，并优化方案。在思维的碰撞中，通过集体智慧的共同努力，学生完成确定位置从一维到二维的突破，逐步创造平面直角坐标，用数对描述二维空间中的点的具体位置。他们开始理解如果只用一个数的话，只能得到其在某个方向上模糊的位置信息；如果用两个数的话，则能根据行和列的相交处确定具体位置。

在理解数对的基础上，教师进一步借助数对（3，2）和（2，3）的比较，让学生在互动中有质疑、有补充、有完善，理解数对中前面的数字表示列，后面的数字表示行。所以数字的顺序不同，其所表示的含义和点的位置会发生变化。学生经历了知识的再创造过程，实现了思维的提升和学习的进阶。

（三）建立有序数对与平面上的任意点的一一对应关系

驱动问题：平面上的任意点是否都能用有序数对表示。

锚基任务：感悟确定二维空间中的点的位置和一维空间中的点的位置的不同。

师：（回顾刚才的研究过程）小强在密林深处中的位置和在森林小道上的位置有什么不同？

生：森林小道在一条线上，用一个数就能确定位置；密林深处是一个面，要用两个数分别表示列与行，才能确定位置。

锚基任务：体会在现有网格外部和内部的点也能用有序数对表示。

师：（出示图 3-8）两个数能确定平面上所有点的位置吗？要是小强跑到森林外面，如跑到（8，3），还能确定他的位置吗？如果他躲在格线中间的位置，怎么确定他的位置呢？

生 1：把格子画得再密一点。

生 2：用两个小数也能表示他在格线中间的位置。

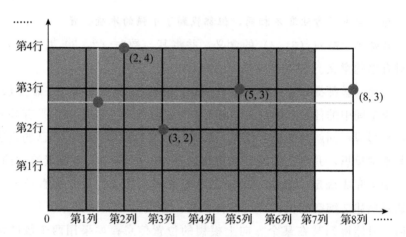

图 3-8　确定二维空间中的点的位置

点评：通过学习活动，学生厘清了在一维空间和二维空间确定点的位置的本质，进一步明确了确定二维空间中的点的位置的核心要素是列和行两个信息的有序组合。学生在探究网格外部和内部的点的位置的教学环节中，打开了想象的空间，感悟横轴、纵轴可以无限延长，也可以用小数确定点的位置。因此，平面上的任意点的位置都能用有序数对来确定，二者存在一一对应关系。学生不仅学会了用数对确定位置的方法，而且发展了深度学习能力。

五、教学反思

"用数对确定位置"这节课的设计不应偏重知识的模仿训练，而要有学生的体验、感悟和主动创造。教学中先创设了学生感兴趣的抓捕小强的情境。小强逃跑的区域主要有两处：森林小道（一维空间）和密林深处（二维空间）。从森林小道上的点的位置到密林深处的点的位置，学生用原有方法不能解决问题，需要实现由一维空间到二维空间的突破，创造出了新的方法。这对于学生而言是一个触及数学知识本质的真问题，这正是本节课学习进阶的节点。这时再创设一个探索性问题，让学生自主探究确定二维空间中点的位置的方法。学生在交流和理解的过程中思维不断碰撞，逐步形成直角坐标的雏形，从而真正实现学习进阶。

六、案例评析

在教学中如何避免过于偏重知识的模仿训练，避免学生缺乏充分的体验、感悟和主动创造？如何激发学生的创造潜能，使他们既掌握数对知识，又在学习过程中经历、体验数学创造的乐趣，提升思维能力呢？本节课创设了学生喜闻乐见的情境，层层设计有挑战性的问题，引发了学生的认知冲突，鼓励学生一次次创造出新的方法解决问题。具体包含以下三点。

（一）鲜活的游戏情境构建：从一维情境走向二维情境

本节课以游戏情境为载体，创设了学生喜爱的抓捕小强的情节，让数学学习化于无痕之中。在一次次挑战中，学生不知不觉地自主创造了知识，深化了对"先列后行"的理解。森林小道（一维空间）和密林深处（二维空间）是主要游戏情境。学生在一维空间中听语音播报画出小强的位置，在二维空间中自主探究设计方法确定小强的位置。游戏本身就是学生喜欢的学习活动，其间又不乏挑战元素，巧妙地引导学生积极投入数学思考，使学生主动从原有知识经验中生长出新的知识经验，在轻松的游戏中不断实现学习进阶。

（二）适当的图像表征：从坐标轴到借助具体情境了解平面直角坐标

密林深处（二维空间）的点的位置如何确定？学生凭借森林小道（一维空间）上的点的位置的描述经验展开描述。当发现从一个维度描述平面上的点的位置不够准确时，他们开始想办法、展开讨论。这时教师因势利导进入第二个环节，让学生在纸上自主设计方案，想办法确定平面上的点的位置。这是本节课较精彩的环节，即抓准了进阶的节点。在这一过程中，教师制造认知冲突，让学生自主经历探索过程。因为学生的认知起点、思维水平存在差异，他们的作品代表着不同层次的思考过程，但都记录了他们的真实探究过程。学生互相学习、评价，有补充、有争论、有反对、有完善，在思维的碰撞中通过集体智慧的共同努力，完成确定位置从一维数轴到二维平面的突破，逐步借助具体情境创造平面直角坐标（第一象限的雏形）。在这一过程中，学生突破学习进阶的节点，从而实现思维的转折以及更深层次的知识建构。

（三）准确的位置刻画：从"数"到"数对"再到"有序数对"

第一，学生在用数轴上的数来确定一维空间中点的位置时，产生给电线杆编号的需求，明确用一个数确定位置。第二，由于用之前的经验无法再进行对密林深处（二维空间）的点的位置的准确描述，因此学生便被激发出创造新办法，即创造平面直角坐标（第一象限的雏形）的需要，并通过数对来确定平面中点的位置。第三，在学生理解数对（3，2）后，教师又巧妙地呈现数对（2，3），在对比中帮助学生明确数对中两个数的含义，体会有序数对的价值与意义，并将有序数对在生活场景中加以运用，体会平面上的点和有序数对存在的一一对应关系。三阶段层层递进，不断促进学生思考，使学生逐步实现学习进阶和思维发展。

第四章　驱动问题：指向大概念的核心问题与问题串

本章概述

目前，教学上存在教学内容碎片化、知识技能训练过度化等问题。所以当下的教学改革更加强调单元整体教学观，以促进知识的整体性和连贯性发展。在新课程标准中，这一趋势体现在教学目标的设计、教学方式和核心素养三方面。单元整体教学设计需要以驱动问题为引领，基于教学目标，将知识点转变为有探索性、挑战性的问题，引导学生主动思考。在传统的教学中，部分教师习惯从自己的角度出发拟订问题。但是这样的问题并不会有助于学生的理解，有时甚至还会导致误解。所以，教师要学会从学习者的视角考虑，依据学习提纲，提出学生能看懂且有学习着手点的驱动问题。提出第一个驱动问题之后，还要将探索性的驱动问题组成问题串。问题串之间要体现探索的连续性。这种连续性体现为问题串要层层深入，最后达到认识知识的本质。本章将结合单元整体教学设计案例，从核心问题、问题串的设计、用好的问题实现数学对话三方面展开，以实现数学对话为目的，探索单元整体教学具体操作层面的驱动问题的设计与实施。

知识导图

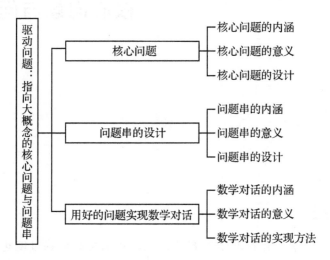

知识图谱

一、核心问题

(一) 核心问题的内涵

人们对以问题驱动课堂教学的思想已经进行了较长时间的研究，并提出了相应的策略。有学者认为数学教学有许多原则，而问题驱动是其中的一个原则。但目前学者对问题驱动中"问题"的定义往往比较模糊，或简单地将其视为教学中对课堂教学比较重要的问题，对于使用问题驱动教学的原因和问题设计策略的认识不够深刻。本章尝试从大概念的视角来解释驱动问题的设计意义和策略。

大单元教学中核心问题的设计是在核心概念的主线上生发出来，以教学目标和教学重难点为基准，将知识点转变为探索性、挑战性的问题，提出学生能看懂、有学习着手点的驱动问题，引导学生主动思考。教学内容的结构化需要核心概念来统领，在教学中对核心概念的触发来自核心问题的设计。大单元设计的核心问题具有统整性，需要触及核心概念的更深层次，能够驱动整个大单元内容的学习。在这种情况下，课时核心问题可以看作单元核心问题下的子问题串，它们的一脉相承驱动了整个单元的学习。例如，在"数的认识"领域中，计数单位始终是核心概念。因此所有数的认识都需要紧扣计数单位，从认识新的计数单位到了解计数单位之间的关系以及计数单位的应用都要设计能够促使学生理解单位的核心问题。

（二）核心问题的意义

1. 从教师本身的诉求来看核心问题的意义

我国教育目标的发展过程主要经历了以下阶段：双基目标—三维目标—四基目标—核心素养。这些都可被视作在课程与教学中为促成新的发展而做出的积极努力。在一些学者看来，人们应更加关注这些对于广大一线教师，进而对于实际教学活动产生的影响。在教育改革如火如荼地进行时，一些教师遇到了困难。以下就是一位教师的相关体会。

我是 1986 年参加工作的，教小学数学。当时的教学目标称为双基目标。2001 年开始新课程改革了。改革的显著之处是将双基目标改为三维目标。于是，我努力将自己的教学目标调整为三维目标。可是，我发现写教案的时候，我已经不会写教学目标了。因为每节课都有特定的基础知识、基本技能，却很难区分每节课的思想方法。当基本思想成为教学目标的时候，我发现上节课也这样，下节课也这样。我实在不知道这节课的情感、态度、价值观与上节课有何不同。就这样我感到迷茫了。到2010 年，教学目标好像又修改了。作为一位一线数学教师，我很认真地接受新的四基目标。但我不知道如何去落实基本活动经验的目标。从 2016年开始，四基目标被代之以核心素养。因此，讨论环节有位专家问我："你这节课培养了什么核心素养？"我当时就被问蒙了……尽管课上成功了，大家也认为上得挺成功，但面对这个问题，我真的不知从何说起。①

上面的情况可能代表的是一些教师的实际情况。所以我们更应立足教学实际，积极地去开展研究，从而总结出普遍性的经验与理论；更应努力达到这样一个要求，即应使广大一线教师都能学得懂、用得上。正是从上述角度进行分析，以下一些源自一线教师的研究就应引起研究者的高度重视："大问题"教学（黄爱华），"用核心问题引领探究学习"（潘小明），"问题驱动式"教学（储冬生），"核心问题教学"（王文英），

---

① 郑毓信：《中国数学教育的"问题特色"》，载《数学教育学报》，2018（1）。

"真问题"教学（陈培群），"问题引领儿童学习"（张丹）等。整体而言，这清楚地表明了"问题引领"与"问题驱动"对于数学教学的特殊重要性。或者说，这在很大程度上应被看成中国数学教学传统十分重要的一个方面。另外，对于广大一线教师而言，这显然具有这样一个优点，即容易学，更可被用于实际工作的每一天、每一节课中。

2. 从新课程标准来看核心问题的意义

为解决教学内容碎片化、知识技能训练过度化等问题，强调知识的整体性和连贯性的单元整体教学观越加受到重视。这一趋势体现在新课程标准在教学目标的设计、教学方式和核心素养三方面对单元整体教学的重视。以下做出具体分析。

首先，新课程标准在教学目标的设计方面提出教学目标的设定要体现整体性和阶段性；结合具体的教学内容，全面分析主题、单元和课时的特征，基于主题、单元整体设计教学目标，围绕单元目标细化具体课时的教学目标。教学目标的整体性设计是为了促进学生对数学学科的系统性理解和整体把握。

其次，新课程标准在教学方式方面提出重视单元整体教学设计，体现数学知识之间的内在逻辑关系。这不仅体现了对单元整体教学设计的重视，还体现了对教师教学的期待与要求。问题是促进学科发展的原始动力，在数学学科上更是如此。每一个数学分支均是由攻克一类问题发展而来的。合乎情理和逻辑的数学教学也应围绕问题展开。以问题驱动教学能再现数学丰富多样的思考过程，揭示数学本质并教学生学会思考；以问题驱动教学有助于学生在问题情境中从事探索活动，在经历数学发现的过程中生成数学概念与原理并习得数学思想方法。由于数学的特点和教材编写的需要，数学教材基本是以概念的描述、定理的证明等构成形式化的逻辑演绎体系，而较少体现知识本身产生的背景和过程。也就是引发知识的数学问题的出现到问题解决，再到数学分支的发展这一过程较少得到体现。这导致学习者在数学知识学习的过程中难以体会到数学美及其重要价值。数学并不是按照教材呈现的方式发展的，要求教师在教学时弥补这方面的缺陷。单元整体教学就是一种科学的、符合逻辑的教学。

最后，新课程标准在核心素养方面提出"三会"。其中要求学生会用数学的眼光观察现实世界。课堂不仅是学生获得知识的途径，还是塑造学生学习方式的主要阵地。教师若在课堂上使用的是灌输式的教学方法，那么学生则更容易获得静态知识，经历机械记忆的学习过程，获得的将是背诵记忆式的被动学习方式。在数学学习过程中，学生要善于从不同的情境中感知数学信息，提炼关键信息，发现其中蕴含的数学问题，并提出有价值的数学问题。教师要逐步培养学生的问题意识，让学生主动发现问题，善于提问，通过对问题的思考和探究开展深度学习。教师要帮助学生把生活经验和学习经验充分调动起来，在问题情境中借助问题串形成连续的学习任务并进行探究，层层递进，从而促进学生对知识的深度理解，达到高效课堂教学的目的。

（三）核心问题的设计

核心问题的设计应当与教学内容有高度的相关性。核心问题的设计是教师在对教学整体内容把握的基础上的一次再加工，往往是在大概念的统领下对课程的一次整合。这就要求教师在设计时既把握总体的目标和教学安排，又落实到每一堂课的具体设计之中，把握整体和部分的关系，联系教学内容，进行核心问题的设计。

核心问题的设计应与本班学生的认知发展水平相适应，通过教学重难点的调整设计核心问题。核心问题归根结底是知识性问题，知识的教学需要考虑学生的基本情况。由于不同班级学生的水平会有差异，教师在进行核心问题的设计时应关注本班学生的实际情况，对核心问题的设计进行改进和调整。好的核心问题是与学生的认知发展水平相适应的。学生只有能够理解问题，才能产生更多的思考，发生学习行为。核心问题的设计还要从学生的实际生活经验出发，激发学生的学习兴趣，提升其学习积极性。

例如，教师在"倍的学习"的备课过程中，为了更好地了解学生的学习路径与思维起点、难点，对同年级 152 名学生进行了前测，通过测试和访谈了解了学生的实际情况，然后提出适合学生的驱动问题。

前测的方法虽然有效，但完成的工作量可能会比较大。对于班级学生发展的实际情况，我们可以通过许多办法得知，如作业反馈、课堂反馈或更加简单的前测方法。这是值得重视并毋庸置疑的。

核心问题的设计要为学生的积极思考提供充足的空间和时间。核心问题的设计应避免繁杂琐碎的情况。琐碎的问题留给学生的往往是狭窄的思维空间，学生可以轻易获得答案。这样的问题容易让学生产生懈怠的思维。

在"倍的认识"第一课时的教学中，有教师设置如下的驱动问题。

①数一数，比一比（见图4-1）。你有什么发现？

图4-1　数一数，比一比

②圈一圈，填一填（见图4-2）。两次采摘的水果数量不一样，为什么石榴的个数是柿子的3倍？

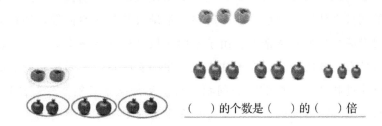

（　　）的个数是（　　）的（　　）倍

图4-2　圈一圈，填一填

评述：这两个驱动问题的设置简而精，从开始到导入，让学生发现水果之间的数量关系，引导学生从现实的问题过渡到数学问题，认识份与倍之间的关系。第二个驱动问题从不同水果的数量出发，让学生认识到倍的关系与每一份物体的数量无关。这种直截了当的引导让学生有了更多的思考空间，并且加深了学生对倍的认识。

核心问题的设计要有生长性、开放性。核心问题的生长性不仅指单个问题之间的联系性，重视问题串的设计，还指教师通过教学培养学生提出问题的能力和思维。① 核心问题的设计要让学生认识到提出问题的重要性，并帮助学生提出有价值的问题，培养学生的问题意识，提高学生解决问题的能力。

③第三次采摘中又有怎样的倍数关系？谁有疑问？

④如果这里表示红花和蓝花，你想说什么？如果是男生和女生呢？

评述：教师在设计问题时提出在数量是"1"这种特殊情况下，让学生了解倍数关系与数量无关；又及时扩展了可能的情况，让学生认识到倍数关系可以存在于许多情况下并且不受物体性质的限制，无论水果、花朵还是人都可以有倍数关系。

二、问题串的设计

（一）问题串的内涵

早在多年前就有一线教师在其教学设计中尝试使用了问题串的设计。对于问题串的设计，教师往往能认识到其在特定的一节课里的作用。比如，围绕课堂教学内容的主线，精心设计精练、实用、巧妙的问题串，不仅可以让课堂教学过程一气呵成、行云流水，还可以使课堂教学气氛高潮迭起，在引发学生积极思考的师生互动和生生互动中，让课堂充满生机，从而更好地实现教学目标。但有些教师往往没有考虑到问题串的设计背后所隐含的从大概念、大教学出发来审视整合教学内容的问题。学者从问题的重要性引入，探讨问题串的重要性和必要性。

大概念下的数学教学中的问题串是指在一定的数学学习范围内，围绕明确的教学目标，按照一定的逻辑结构精心设计的一连串数学问题。问题串也被称为问题链，通常具有以下几个特点。①指向一个目标或围绕同一个主题，层层深入，抽丝剥茧式地追问；②由一连串子问题组成，各子问题之间符合知识间内在的逻辑联系；③各子问题存在一定的思维空间，让学生能够循序渐进地解决，符合自主建构知识的情境。②

① 郑毓信：《中国数学教育的"问题特色"》，载《数学教育学报》，2018（1）。
② 卓斌：《例谈数学教学中问题串的设计与使用》，载《数学通报》，2013（6）。

（二）问题串的意义

问题串的意义往往有两个方面。一是在核心问题过于复杂时，将核心问题分解为几个小问题，形成有关联的问题串。在进行教学设计时，教师将知识整合，从中提取核心问题。但如果这堂课的教学目标不能通过一个核心问题的解决达成，则需要将其划分成几个小问题。这几个小问题就是有关联、有系统的问题串。二是将每课、每章的核心问题联系起来，以联结知识，形成系统性、整合性的问题，形成问题串。单元整体教学设计的重点体现在"单元整体"上。在进行教学设计时，教师不能仅仅从某一课出发而忽略了大的框架。

（三）问题串的设计

问题串的设计要有梯度。问题串的设计可让学生由易到难地逐步掌握数学概念，学习数学方法，逐步推进其学习进程。问题串要根据教学目标来设计，把教学重难点内容设计成一个个彼此关联的问题，使前一个问题作为后一个问题的基础与铺垫，后一个问题是前一个问题的继承与发展。这样每一个问题都能成为学生思维发展的阶梯，一串问题形成一个具有一定梯度和逻辑结构的问题串。问题串中子问题的跨越梯度过大容易造成学生的思维困惑，影响教学的流畅性与节奏感；反之，若子问题的跨越梯度过小，容易造成思维量不足或思维价值缺失，不利于学生思维水平的提升与能力的发展。实践表明，问题串中子问题的个数一般以 3～5 个为宜，共同为解决一个核心问题而发挥作用。①

问题串的设计要有变化。我们在设计问题串的时候都是围绕一个主题展开的，因而设计的时候一定要注意变化问题，使问题的多样性得到提升，从而使学生明白一个知识点可延伸出各种问题，并掌握解决这些问题的规律。

问题串的设计要有延展性。数学知识间存在一定的相关性，数学问题串应在大概念的统摄下适当地对问题进行延展性设计，由一个课时延展到下一个课时，实现对学生逻辑思维的培养。

问题串的设计要有系统性。设计问题串的时候还要重视问题的系统性。系统性的问题可使学生轻松掌握教学的重点内容，让教师顺利完成

---

① 沈利玲：《基于问题设计的小学数学概念教学》，载《教学与管理》，2019（29）。

教学计划，从而提升学生的数学学习能力。

例如，"分数的初步认识"一课的问题串是教师参考网络上的视频课，并结合自身的思考设计出来的。

①我们把一个月饼分成两份，其中一份是多少呢？

（思考：学生回答的答案大多是一半、一部分等，而没有使用数学语言来表达。这里根据学生的生活经验，引入分数的学习，建立了经验与知识的联结，便于学生进入课堂学习。）

②同学们可以把"半个"用数字表示出来吗？

（思考：这时候学生往往已经有预习的基础，但因为不理解分数的意义，可能会把分子、分母弄混。所以这个问题是为了发现学生的学习困难所在，让学生进一步理解并规范分数的书写。）

③请同学们用手中的"纸月饼"分出二分之一，上台展示，并解释为什么要那样分。

（思考：学生不能理解分子、分母的意义。所以这个问题是在学生动手操作的情况下提出的。学生根据生活经验，往往会将纸对折并分出一半。让学生解释为什么要那样分是让学生从对知识的理解，过渡到对平均分的意义的理解。）

④通过动手分，我们知道 $\frac{1}{2}$ 里为什么有 2 又有 1 了吗？这里的 2 是什么意思？1 呢？横线又是什么意思？

（思考：学生通过动手操作深入理解分数各个部分的意义。）

⑤哪个图形里的涂色部分代表的是 $\frac{1}{2}$？（见图 4-3）

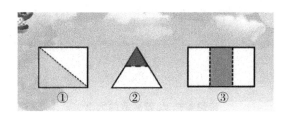

图 4-3 涂色部分代表的分数

（思考：这里的问题产生了变式，以便让学生识别。利用不断的提问和追问，让学生加深对分数的理解，理解平均分有什么具体表现，1 和 2 具体的意义是什么。）

⑥分数王国中不仅有 $\frac{1}{2}$，还有其他的分数。除 $\frac{1}{2}$ 外，你还能用手中的纸片创造出不同的分数吗？（见图 4-4）

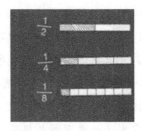

图 4-4　创造不同的分数

（思考：通过各种尝试，教师有目的性地选择一些作品让学生进行对比。通过左边的图，学生会认识到涂色部分的形状是什么样的；只要把它平均分成 4 份，其中的 1 份就能用 $\frac{1}{4}$ 表示。通过左边的图，学生还能认识到，用不同的图形可以创造相同的分数。通过右边的图，学生知道相同的图形能创造不一样的分数。这样层层递进、不断深入的问题设计能让学生了解分数的意义，并学会使用和识别分数。）

⑦同学们可以用图形比较的形式说明 $\frac{1}{2}$，$\frac{1}{4}$，$\frac{1}{8}$ 哪个更大吗？（见图 4-5）

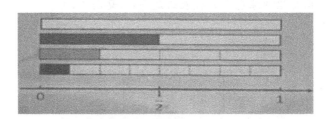

图 4-5　比较分数的大小

三、用好的问题实现数学对话

(一) 数学对话的内涵

教学中的对话是指师生、生生之间围绕某个话题进行讨论、交流。数学对话在此基础上还需带有学科特点，是指发生在课堂教学中以学会数学为目的的交流，是有关数学知识、方法、思想与情感的多方互动。[①]数学对话不仅是言语的交流，也是思想的碰撞、情感的共鸣以及对问题达成的共识。数学对话具有如下特点。

数学对话要有明确的目的。数学对话不同于一般意义上的对话，它是为了解决某个问题而开展的活动，并非随性的交流。因此，数学对话有着明确的目的，应该围绕同一个话题，或者为了暴露学生的思维，让教师设身处地去理解学生的解题方法，发现学生思维中存在的问题，并让学生意识到自己的错误，从而进行纠正。数学对话是为了了解学生带进课堂的前概念，从中捕捉新知学习的契机，帮助学生把他们的经验与正式的数学词语、符号和方法联系起来；或是为了将学生的思维引向深入，帮助学生在对话的过程中逐渐逼近数学知识的要核，从而加深他们的理解。

数学对话的主体之间是平等互动的。这里所谈到的平等互动有如下含义：一方面是教师与学生平等对话，另一方面是学生与同伴之间平等对话和学生自我对话。对话是在平等的基础上的坦诚交流。无论教师和学生之间，还是学生与学生之间，都要建立真正意义上的平等关系。平等关系主要表现在：学生能毫无顾虑地表达想法，能用批判的眼光审视教师的观点；教师能耐心专注地倾听学生的表达，用商榷的口吻和学生讨论问题。如果课堂上师生能有这样的自觉行为，那么课堂上的平等关系就建立了。

数学对话的主体之间应进行积极思考。数学对话强调促进理解、解决问题。因此，在数学对话中，师生需要进行积极思考。学生需要调动思维将想法、观点用合适的语言表述出来。教师需要认真倾听学生的表述并及时做出反应，将话题引向目标。因此，在对话的课堂上，无论说

---

① 王文英：《数学对话在小学数学教学中的运用》，载《上海教育科研》，2014 (11)。

者还是听者，每个人的思维都保持着兴奋状态。这与饭后茶歇聊天对话有着明显的区别。

（二）数学对话的意义

教育中的对话被赋予了沟通的任务。这是一种共识的熔铸、理解的一致和歧见双方的折中。数学对话不是一种简单的语言行为，更多是合意的生成与存有的相契。在对话的过程中，师生、生生之间都能自由地交谈，然后从中建构知识和自我反省。换言之，教师和学生都具有开启话题和发问的权利，学生也可以像教师一样质疑、讲述和论证。学生只有在不必获得教师的认可或指定的情况下，勇于积极主动地表达自己的意见，积极促成师生权利关系的转化，才会进入一个反省和探究的场域，从而有利于社会数学规范的建立和数学课堂文化的营造。

在数学对话中，通过开放性问题，对话主体方能将主体让位给对话、实现对话的主体化。数学对话中不存在所谓差异的他者，"我"和"你"都被消解了；这种对话主体的让渡，使数学对话拥有了自己的主体和精神，促成了数学对话的主体化。[①]

除基本的沟通功能外，对话的目的还在于探求决定背后的本质与内涵，追求新的洞见和思考，使人产生内在的觉知与更新。数学教材并不是唯一的、一成不变的知识集合，它是贴近社会文化生活的多元的鲜活文本，与学生的日常生活经验密不可分。更重要的是，在数学对话中，数学知识的说明、说服和解释功能尤其会加以彰显。数学对话联结多种文本类型，有利于丰富学生的数学概念。

对话的重要性不仅在于讲话和文字，还在于创造出真实性。教育现实中的对话有时是短暂的、有目的性的，并未认识到对话本质的无止尽性。课堂教学中对话的可能性与持续性依赖于对原本"只有教师具有开启和结束对话的权利"事实的颠覆，受学生参与对话的不同程度、因运用知识而得到的乐趣与成就、内在欲望的抑制等诸多因素的影响。当教师授予学生站在台上的发言权，学生就在某种程度上实现了与教师位置的互换。原本只能由教师启动或终止对话以及指定说话者或说话内容的决定权，就落在了教师和学生的手上。数学对话中的追问环节是指针对

---

① 单妍炎、黄秦安：《解释学观照下数学对话的内涵与特征》，载《数学教育学报》，2017（3）。

学生的观点需要扩展、深入和提升的部分进行质疑，以引发学生的深层认知冲突，让学生从暂时的失衡走向进一步的思考，不断促进学生的学习。

（三）数学对话的实现方法

实现良好互动并促进学生学习的数学对话一直是教师追求的目标。然而，实际的数学教学中往往存在问题。比如，教师与学生的对话是互不相遇的回答；教师的回应未能反映学生的真实想法；教师的回答具有专制性；等等。对于教师来说，要真正实现数学对话需要运用以下策略。

1. 创设适宜的对话环境

适宜的对话环境是对话深入的重要因素，是有效对话的支持条件。适宜的对话环境需要注意以下几个方面。

第一，准确定位师生关系。师生关系是教学中基本、主要的人际关系，它的性质定位决定着教师和学生的思维方式和行为方式。对话环境下的师生关系应该有如下特点。①民主和谐。在传统课堂上，教师总是以绝对的权威形象出现，以高高在上的姿态去裁定学生的想法和观点。事实上，从认知的角度看，教师和学生分别是知识的先知者和后知者。从人格的角度看，教师和学生都是独立的生命个体。因此，在对话的过程中，教师要尊重学生的想法，哪怕学生的想法不对；要尊重学生的表达方式，哪怕学生的表达幼稚；要尊重学生的经验，哪怕学生的经验不足以支撑观点。在尊重的前提下，师生之间方能平等、和谐地进行对话交流。②教学相长。教育教学是师生双边活动的过程。在师生共同参与的活动中，双方存在相互促进、彼此推动的关系。从教师的角度看，对话可以让教师设身处地去理解学生的解题方法，发现学生的思维状况，了解学生带进课堂的经验和方法，便于教师寻找更好的教学策略。从学生的角度看，对话可以启迪学生的思维，帮助学生找到自己学习的薄弱点，从而加深理解或纠正错误。③共创互享。对话是将思维外显的一种交流方式。在对话的过程中，师生分享彼此的思考成果，共同探讨解决问题的思维路径，享受教与学相互促进带来的快乐。

第二，恰当地处理听说关系。对话的过程中听说关系的客观处理是创设适宜的对话环境的又一个重要因素。首先，要帮助学生明确听说的任务。说者要尽可能用比较完整、清晰的语言进行表述，即表述要让大家听得懂；听者需要专注地听明白说者的意思，边听边思考说者说得是否科学合理。其次，要让学生知道听说的几种方式。比如，可以通过师—生、生—生、组—组等方式进行听说。但无论哪一种方式，都要让学生清楚：真正意义上的对话并非一问一答，而应该是一问多答，在答的过程中表明自己（本组）的观点，或是补充和评价他人（他组）的想法。

第三，有效地应用评价方式。对话的过程中少不了教师的评价，有效的评价也是创设适宜的对话环境的重要因素。在对话的过程中，评价不是教师的专利。要创设宽松的评价氛围，开展师对生、生对生，乃至生对己、生对师的评价，提倡使用"我认为……""如果……那么……"等句式的评价语。评价不是判定，而是一种反省、思考、比较，让学生通过评价实现思维的深入。评价是对话中不可缺少的部分，也是对话得以精彩深入的原因。因此，良好的评价氛围、引发思维进阶的评价意识为对话的顺利开展提供了支持。

2. 拟订合适的对话主题

对话主题一般以问题的形式呈现。对话的有效开展在很大程度上取决于问题的合理选择。那么如何拟订对话主题呢？第一，提炼核心问题。核心问题意味着这个问题对于完成教学任务至关重要，对学生新知的理解、后续的学习都能起到重要作用。围绕核心问题进行对话，更容易方便学生接触知识的本质意义。以核心问题为对话主题会使学生的思维空间变大，对促进学生的发展有益。第二，梳理知识发展线索。有些课不容易提炼出核心问题，教师可以在知识发展的节点上提出对话主题。从知识发展的线索梳理出对话主题，能够帮助学生构建知识网络，完善知识体系。这需要教师瞻前顾后，熟悉教材的前后编排情况。第三，分析学生的实际需求。对话的主题还可以针对学生的实际需求来确定。当有些学生对某些问题疑惑不解时，教师需要借助外力帮助其理解，据此提出对话的主题。此主题还可以满足学生自我展示的需求。有时候，对某个知识的理解和解决，学生会有多种方法。教师不妨设定一个主题让学生交流、分享思考的成果，并满足他们表现的需求。

3. 组织有效的对话过程

当有了合适的主题之后，教师就要具体组织对话活动。对话需要学生表达，但不等于放任学生，让学生想说什么就说什么，那样很容易偏离主题。教师在对话的过程中要掌好舵，一旦发现学生偏离"航线"，要及时纠正，帮助学生重回正确的"航道"。在对话的过程中，不免会出现冷场或者同层次思维水平停滞不前的情况，这时教师就需"穿针引线"。这种掌舵一方面表现在启发上，即当学生思维受阻或对话不能很好地达成教学目标时，教师要适时启发；另一方面表现在提升上，即当学生的思维没有深入时，教师要及时帮助学生提升思维水平。良好的对话氛围、合适的对话主题，再加上对话的过程中教师的推动，数学对话就能层层深入，更好地促进学生的数学理解和思维发展。①

4. 激励学生进行自我对话

学生的自我对话是指在学习过程中学生的自我反思。反思贯穿课堂教学的全过程，是运用原有的知识来获得新知识的过程。反思是教学过程中的一种重要活动，是教学活动开展的动力。在学习交流过程中，学生可以直接、有效地获取来自教师的评价信息，并依据教师的评价信息进行自我调节，从而有效地反思。在实际操作中，一些教师关注过程性的知识，强调体验、经历、探究，忽略甚至剥夺了学生反思的权利，让学生得不到真正意义上的数学知识。这是非常遗憾的，因为学生对所学知识进行反思，是一种更深层次的学习。

因此，鼓励学生进行积极的反思是教学设计中重要的教学策略。教师应尽可能地拓宽学生的学习空间，帮助学生通过比较去发展自己的认识。在教学中，一方面，教师要指导学生运用数学符号、图形、语言等形式来表达自己的观点，逐步做到表达有条理性、逻辑性。另一方面，教师要引导学生在交流中学会认真听取别人的意见，把别人的数学思考方式、方法整合到自己的认知结构中。只有这样，学生才能提高自己的数学思考能力，改进自己的学习。

学生数学思考能力的形成不仅依赖教师有意识的引导，而且依靠同伴之间的对话，重要的是源于学生在反思过程中的领悟。这一过程是没

---

① 王文英：《数学对话在小学数学教学中的运用》，载《上海教育科研》，2014（11）。

有人能够代替的，是学生形成数学思维的灵魂。学生自己提问和总结是形成数学思维的有效方法。这一方法一方面可以为以后类似场合的应用积累经验；另一方面可以用于吸取教训，避免再犯同样的错误。具体表现在以下两个方面。一是自我提问。自我提问可以促进学生更深层次的思考，可以提高其发散思维能力、鉴别能力。二是自我总结。数学学习的过程是不断发现问题、提出问题和解决问题的过程。当问题解决以后，教师要引导学生从解决问题的角度、方法、思维策略等方面进行总结，以寻求学生思维发展的规律。自我提问和自我总结可以是口头的，也可以是书面的。书面的反思一般以日记的形式记录学生学习过程中的经验和教训，供学生自己借鉴和参考。[①]

教师行动研究

"表内乘法"单元整体教学设计

设计者：北京市西城区中古友谊小学　刘娜

一、单元学习主题分析

（一）核心概念分析

"表内乘法"属于数与代数领域的内容，它是人教版教材小学数学二年级上册中非常重要的计算教学内容，是学生第一学段需要掌握和形成的基础知识和基本技能。依据《义务教育数学课程标准（2022年版）》，本单元涉及的数学核心素养主要有运算能力、推理意识、应用意识。让学生体会乘法运算的意义，在理解的基础上熟记乘法口诀是本单元的教学重点。突破教学难点的关键在于让学生认识并理解求几个相同加数的和与乘法的关系。在小学阶段，学生的数学认知结构主要是加法结构和乘法结构，乘法结构是在加法结构的基础上产生的高层次的数学认知结构。首先，运用情境让学生感知乘法的意义，沟通相同数相加与乘法的关系，是学习表内乘法的先决条件和必备条件；其次，让学生经历编制乘法口诀的过程，让学生利用知识的类比推理，逐步自主学习乘法口诀，在理解的基础上记忆和灵活应用乘法口诀；最后，让学生在理解题意的

基础上根据运算意义进行选择，提高学生分析问题、解决问题的能力。因此，构建和理解"几个几"的概念是"表内乘法"的核心概念。

（二）教学内容分析

为了降低难度，避免出现篇幅太长、课时数过多的教学单元，人教版教材把"表内乘法"这部分内容分为两个单元："表内乘法（一）"单元（知识结构图见图4-6）和"表内乘法（二）"单元（知识结构图见图4-7）。

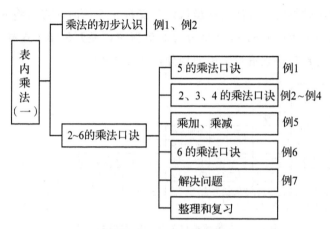

图4-6　"表内乘法（一）"单元的知识结构图

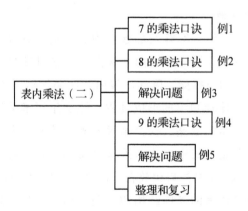

图4-7　"表内乘法（二）"单元的知识结构图

1. 数学理解层面

人教版教材关于表内乘法的教学内容的核心主要是乘法的初步认识与乘法口诀的记忆和运用。

"乘法的初步认识"部分在人教版教材中是分三步来呈现的：图—加法算式—乘法算式，重点是"几个几"相加含义的构建。所以"几个几相加"是架起加法和乘法之间的一座桥。乘法的初步认识的学习基于加法的学习，同时又服务于后续知识的学习与运用，起着承上启下的作用。

人教版教材将"乘法的初步认识"安排了 3 课时，之后将 45 句乘法口诀中除——得一外的 44 句划分为 6 节新授课展开教学。这样的课时编排实际上是对口诀表进行了横向划分，如图 4-8 所示。

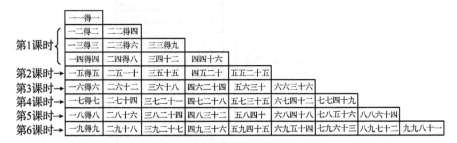

图 4-8　人教版教材关于表内乘法的教学安排

2. 问题解决层面

表内乘法也是乘法计算板块的起始内容，是今后学习表内除法和多位数乘、除法的基础。同时，表内乘法是人们在日常生活中解决问题时经常用到的数学知识与技能。因此，表内乘法必须达到计算正确、迅速。表内乘法的教学要体现知识的形成过程，让学生理解乘法的含义，并通过生动有趣的活动落实双基，获得愉悦的学习体验。表内乘法这两个单元整合的总体思路是先对学生进行乘法意义的构建，再让学生认识乘法口诀，把 1～9 的 45 句乘法口诀放在一课时展开教学。教师通过呈现认知背景，打通乘法口诀表的横向结构和纵向结构，让学生能对乘法口诀表进行合理、完整的知识体系建构，加强对口诀意义的理解。随后，教师将两个单元的解决问题部分进行集中教学，强化口诀的应用，最后进行单元整理与复习。

（三）学生情况分析

开学初，很多学生会说："我学会乘法了。"有的学生在旁边滔滔不绝地背口诀。由此，我们思考：有多少学生已经会背乘法口诀？他们对于乘法口诀的理解处于什么水平？本单元的课应该如何上？为了更准确地了解学情、把握学习起点，我们针对乘法口诀做了如下调研。

①你会背乘法口诀吗？请举例说明（访谈）。

②请把口诀七八（ ）补充完整，你写得对吗？请你用写一写、画一画的方法验证。

③每句口诀都有相邻的口诀吗？你知道与三七二十一相邻的口诀有几句吗？它们分别是哪几句呢？

在题①中，参与访谈的82名学生中仅有8人不知道乘法口诀。大多数学生会背口诀，只是所背的口诀顺序、准确率存在差别。在这些学生中，17.5%的学生能用汉字正确书写乘法口诀，82.5%的学生认为乘法算式就是乘法口诀。

在题②中，82名学生中82.5%的学生对乘法意义、乘法算式、乘法口诀之间的关系的认识比较模糊。有的学生只知道口诀，不知道这句口诀的来源。

在题③中，82名学生中85%的学生认为每句口诀都有相邻的口诀，但只有7.5%的学生能写出与三七二十一相邻的4句口诀。85%的学生能写出与三七二十一相邻的1句口诀。

在对学生进行学情调查后发现，大多数学生会背乘法口诀。但对于乘法口诀的意义和结构，还有相当一部分学生缺乏理解和认识。这就是我们所说的"知其然而不知其所以然"。因为学生对口诀的意义不理解，即使学生认为口诀之间是相邻的，也不能把相邻的口诀写全。

基于单元学习内容和学生情况以及学习进阶的理论，对学生的关键能力进行水平层级的划分。表4-1为"表内乘法"单元的学习进阶。

表 4-1 "表内乘法"单元的学习进阶

等级	运算意义	推理	应用
水平一	能运用一种表征方法编写或者证明一句乘法口诀的含义，建立乘法的意义、乘法算式与乘法口诀之间的联系	利用画图验证乘法口诀的含义	会利用图、连加算式理解乘法算式的含义
水平二	能运用多种表征方法编写或者证明任意乘法口诀的含义；建立乘法的意义、乘法算式与乘法口诀之间的联系，并能运用乘法的意义进行分析判断	结合图、算式推导过程和原有的旧知识进行简单的解释与分析；对生活中的一些简单问题能说明简要道理	会利用实物图、连加算式等多种表征方法编制乘法口诀，能解决生活中的一些简单问题
水平三	能运用乘法的意义找到乘法口诀之间的关系	能清晰地解释与分析，准确表达自己的思考过程，有理有据进行分析	能综合运用有关加法模型和乘法模型的知识，发现问题、分析问题，并能正确解答生活中的问题

　　基于以上分析对"表内乘法"两个单元的教学内容进行重新构建，并调整了课时安排。表 4-2 为"表内乘法"单元的课时安排调整。图 4-9 为整合后的知识结构图。

表 4-2 "表内乘法"单元的课时安排调整

第 1 课时：乘法的初步认识
第 2 课时：乘法的初步认识（练习课）
第 3 课时：认识乘法口诀
第 4 课时：乘法口诀练习（一）
第 5 课时：乘法口诀练习（二）
第 6 课时：乘加、乘减

续表

| 第 7 课时：乘法口诀表（横纵联系） |
| 第 8 课时：乘法口诀表（找规律） |
| 第 9 课时：乘法口诀练习（三） |
| 第 10 课时：乘法口诀练习（四） |
| 第 11 课时：解决问题（乘、加对比） |
| 第 12 课时：解决问题（购物问题） |
| 第 13 课时：解决问题（多角度解决问题） |
| 第 14 课时：解决问题练习课（一） |
| 第 15 课时：解决问题练习课（二） |
| 第 16 课时：整理与复习（一） |
| 第 17 课时：整理与复习（二） |

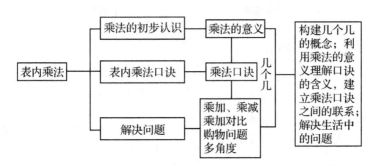

图 4-9　整合后的知识结构图

二、单元学习目标设计

第一，在具体情境中理解乘法的意义，知道乘法各部分的名称。

第二，借助画一画、算一算等方法理解乘法口诀的意义，知道编制口诀的方法；熟记乘法口诀，会用口诀熟练口算有关乘法算式。

第三，通过"帮助口诀找邻居"的活动，利用乘法的意义建立乘法口诀之间的联系；利用整理乘法口诀表，初步感受乘法口诀之间的函数关系。

第四，学会用画图、语言叙述等方式表征理解问题和分析问题的过程，能运用加法、减法、乘法知识解决问题，培养学生的观察能力和数学表达能力。

第五，利用数学文化的渗透体会学习乘法口诀的意义，感受我国语言文字的魅力和数学文化。

三、单元学习历程设计

表 4-3 为"表内乘法"单元的学习历程设计示例。

表 4-3　"表内乘法"单元的学习历程设计示例

课时	驱动问题	锚基任务	诊断性评价
第 1 课时：乘法的初步认识	1. 每组有几个，有几组，一共有多少个，是几个几相加呢 2. 通过观察比较，你发现什么样的加法算式可以改写成乘法算式 3. 用自己的话说一说什么是乘法	利用看一看、写一写、说一说、画一画等活动经历建构乘法的意义的过程	提问与追问：用自己的话说一说什么是乘法 反馈：相同加数、相同加数的个数
第 3 课时：认识乘法口诀	你填写的七八五十六这句口诀的结果正确吗；你有什么好方法验证结果	利用乘法的意义，通过画、写、算的方法编写口诀	提问与追问：你是怎么知道七八这句口诀结果是五十六的呢；这个结果真的对吗；你能验证一下吗 反馈：通过画图、连加算式计数知道结果是 56
第 7 课时：乘法口诀表（横纵联系）	1. 观察点子图，你发现了什么；怎样观察点子图可以找到 3 个 7 和 7 个 3；根据点子图，你想到的口诀是什么 2. 你能借助点子图找到三七二十一口诀的邻居吗；你是怎么想的	通过"帮助口诀找邻居"活动，利用乘法的意义建立乘法口诀之间的联系，整理乘法口诀表	1. 提问与追问：怎样观察点子图找到 3 个 7 和 7 个 3；根据点子图，你想到的口诀是什么 反馈：横着观察是 7 个 3，竖着观察是 3 个 7，口诀三七二十一

续表

课时	驱动问题	锚基任务	诊断性评价
	3. 观察相邻的口诀，你发现谁变了、谁没变 4. 刚提到的这四句口诀与三七二十一这句口诀是否有联系呢		2. 提问与追问：你能借助点子图找到三七二十一口诀的邻居吗；你是怎么想的 反馈：动手操作发现，横着观察去掉1个3或者添上1个3，就能找到三六十八、三八二十四；竖着观察去掉1个7或者添上1个7，就能找到二七十四、四七二十八 3. 提问与追问：观察与三七二十一相邻的四句口诀，谁变了、谁没变 反馈：不变的都是相同加数，变的都是相同加数的个数

四、关键课时教学实录

(一) 学会利用"几个几"找与三七二十一相邻的口诀

师：三七二十一这句口诀有邻居吗？你是怎么找到这些邻居的？

生1：三七二十一和四七二十八是邻居，因为3个7添上1个7就是四七二十八。还有二七十四，因为二七十四比三七二十一少1个7。

生2：三六十八是它的邻居，因为7个3去掉1个3是6个3，就是三六十八。三八二十四也是它的邻居，因为7个3多1个3就是8个3。可见三六十八和三八二十四都是三七二十一的邻居。

师：回顾我们找到三七二十一的4个邻居的方法，借助乘法的意义3个7，想到三七二十一的2个邻居——四七二十八和二七十四；借助乘法的意义7个3，想到它另外的2个邻居——三六十八和三八二十四（见图4-10）。

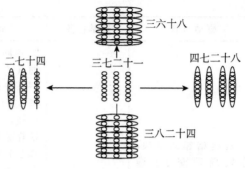

三六十八

二七十四   三七二十一   四七二十八

三八二十四

图4-10　找三七二十一的邻居

小结：回顾寻找与三七二十一相邻口诀的方法。首先，我们要知道三七二十一表示的两个乘法的意义。其次，借助两个乘法的意义分别找到 4 个邻居。看来，知道几个几不仅能让我们准确地说出口诀，还能帮助我们找到口诀的邻居。

点评：首先，利用提问"三七二十一这句口诀有邻居吗?"，引发学生思考原来学习的口诀是有邻居的，不是毫无关系的；紧接着设问"你是怎么找到这些邻居的?"，引发学生深入思考原来找到邻居是有方法的，唤起学生思考学习乘法口诀的方法。其次，借助矩阵图看清楚多1个3或7，少1个3或7；利用乘法的意义来帮助学生理解乘法口诀之间的联系，进而找到乘法口诀的邻居。

(二) 运用方法，自主找口诀的邻居

教师结合找三七二十一这句口诀的邻居，继续开展探究活动，让学生再次尝试找四七二十八的邻居。在点子图的支撑下让学生理解乘法口诀之间的联系，然后讨论是谁变了、谁没变，从而找到相邻口诀之间的变化规律。这个片段分为如下三个层次。核心驱动问题为观察相邻的口诀，你发现谁变了、谁没变。

层次一：借助点子图找四七二十八的邻居。

师：借助这个方法（乘法的意义），请你找一找四七二十八的邻居吧。你可以自己借助图画一画、写一写、找一找四七二十八的口诀；也可以借助这幅图画一画、写一写验证自己找到的四七二十八的邻居是否正确。

层次二：通过观察，你发现谁变了、谁没变，总结规律找全 4 个邻居。

师：通过运用几个几的知识，我们找到了四七二十八的邻居。有什么办法把 4 个邻居找全呢？通过观察，你发现谁变了、谁没变？

生：横着观察 7 没变，几个 7 发生了变化。竖着观察 4 没变，几个 4 发生了变化。

小结：在找邻居时，其实不变的都是相同加数，变的是相同加数的个数。这个方法真巧妙，你学会了吗？你可以用这个方法找找三五十五，二九十八，一三得三的邻居吗？

层次三：运用规律找三五十五，二九十八，一三得三的邻居。

要求：说一说你们用什么方法找到邻居，然后把你们找到的邻居写在纸上。

分组汇报：说一说三五十五，二九十八，一三得三的邻居。

点评：在核心问题的驱动下，学生从不会找邻居到有方法找邻居，从会找 1 个邻居到会把 4 个邻居找全；在点子图的支撑下利用几个几的知识总结规律、运用规律。学生从开始在教师、同学的帮助下寻找相邻的口诀到自己独立寻找相邻的口诀，是质的飞跃。不同的学生学习了不同的数学，得到了不同的发展。

（三）初步形成口诀表

师：知道口诀表示几个几后，我们就能借助乘法口诀的两个乘法的意义找到每句口诀的邻居。看来，乘法口诀之间是有联系的。那么，我们刚提到的这四句口诀与三七二十一这句口诀是否有联系呢？

生 1：五句口诀之间没有联系。

生 2：四七二十八与三七二十一这两句口诀能成为邻居，因为它们有重复的邻居。

生 3：三五十五这句口诀与三七二十一这句口诀也能成为邻居，因为有共同的邻居三六十八。

生 4：二九十八这句口诀与三七二十一这句口诀也能成为邻居，因为二七十四的邻居是二八十六，正好与二九十八也是邻居。

生 5：一三得三这句口诀也能和它们成为邻居，因为再添上一个二四得八就和三五十五这句口诀联系上了。

生6：也可以添一五得五这句口诀，就和二五一十这句口诀成为邻居了。这样它们就有联系了。

小结：我们刚才用找共同邻居、找相邻邻居、添加邻居的方法使看似没有关系的几句口诀也建立了联系。

点评：学生独立完成找三句口诀邻居的任务。紧接着"这四句口诀与三七二十一这句口诀是否有联系呢？"驱动问题抛出，引发了学生激烈的讨论，再次将他们的思维打开。在观察比较后，学生先惊喜地发现因为有重复的邻居，三七二十一和四七二十八就成了有联系的两句口诀。学生以此为突破口相继用找共同邻居、找相邻邻居、添加邻居的方法发现其他三句口诀与三七二十一之间的联系，初步形成口诀表。

五、教学反思

《义务教育数学课程标准（2022年版）》提到，课程目标以学生发展为本，以核心素养为导向，进一步强调学生数学基础知识、基本技能、基本思想和基本活动经验的获得与发展，发展学生运用数学知识与方法发现、提出、分析和解决问题的能力，形成学生正确的情感、态度和价值观。

（一）问题引领，进行单元整合，建立本质联系

整个单元的学习过程是以学生是否会背乘法口诀而展开的，引发了教师对学生背乘法口诀的思考，进而设计了一串问题串引发学生对乘法口诀的探究；运用情境让学生感知乘法的意义，在问题的驱使下思考，沟通相加数相加与乘法的关系；再让学生在问题的引领下，编制乘法口诀表，利用知识的类比推理，逐步自主学习乘法口诀；最终将单一的乘法口诀建立联系，形成乘法口诀表，在每节种子课中让学生逐步构建和理解"几个几"的核心概念。

（二）巧设问题，引发学生思考，培养学生的推理意识

"乘法口诀表（找规律）"这节课打破了原有整理口诀表的教学方法，借助一个个问题把学生原本认为的单一存在的口诀之间逐步建立了联系，形成了乘法口诀表。本节课起始就用一个浅显的问题"三七二十一这句口诀有邻居吗？"引发学生对乘法口诀原有的单一印象的思考，让

学生进行第一次尝试性推理。这时有的学生认为"三七二十一"是没有邻居的；而有的学生认为它有一到两个邻居；很少有学生认为它有四个邻居。因此借助点子图让学生直观地看到增加一个 3 或 7，减少一个 3 或 7；通过乘法的意义"几个几"来帮助学生建立相邻口诀间的联系，学会找邻居的方法；然后在学生尝试进行推理前，让学生验证自己的推理是否正确；再让学生应用"几个几"的方法验证自己的推理是否正确，找出口诀的邻居。学生以为找到口诀的邻居就完成了任务，其实真正应用知识解决问题才刚刚开始。在新的问题的驱使下，学生运用"几个几"的知识在找到共同邻居、相邻邻居、添加邻居后把看似没有关系的几句口诀建立了联系，初步形成了口诀表。

通过找到口诀的邻居到形成完整口诀表，学生学会利用"几个几"的知识逐步认识、讲清楚口诀的内在联系，形成了讲道理、有条理的思维习惯，增强了交流能力。

叶圣陶先生说过："教师之为教，不在全盘授予，而在相机诱导。必令学生运其才智，勤其练习，领悟之源广开。"在教学中为学生搭台阶就是教之度，对于一般学生要给他们搭知识的台阶；对于学有余力的学生，要为他们搭思维的台阶；最终让每一个学生都有收获、有发展。

六、案例评析

不同版本数学教材的内容编排会有不同之处。这些差异可能直接导致教师教学设计的差异，最终作用到学生的身上。这种对教学内容编排的不同可能导致学生对某一知识断裂化的理解、对知识的理解不深刻或者花费更多精力去学习知识。单元整体教学设计就是尝试弥补这一不足，从教师的角度出发，重新分析整合教学内容，更好地促进学生理解。本章分析的"表内乘法"是单元整体教学设计的范例。下面进行详细分析。

（一）整合教材内容，实现教学"质"与"量"的双重保障

表内乘法是乘法学习内容的一部分。其内容本身是乘法学习的基石，为后续乘法运算的学习奠定了基础。其重要性体现在教材内容的比例上。这种大模块的知识学习更加考验教师的教学能力以及教学背后的反思与整合能力，按部就班地教教材则可能不宜发展学生的学习能力。本案例从数学理解和问题解决两个层面出发分析了教材内容，并分析整合，精

化了教学内容，将原本 23 个课时缩减到 17 个课时。从整合后的课时安排中我们可以体会到其设计背后的思考：课时设计从理解到巩固，再到拓展，最终至问题解决，以较短的时间实现了教学"质"与"量"的目标。

（二）探寻核心问题，促进知识深度理解，实现高效的课堂学习

对于缩短时间完成教学任务这一做法，我们可能会质疑，但深入分析本案例便会打消疑虑。从本案例中我们可知，教师将原本"一排排"横向学习乘法口诀表的方式变成横纵结合的方式，从乘法口诀表中提取了几个中间点，并以横纵向四周扩展的方式教学。这几个中间点以及其辐射四周的范围尽量涵盖整个乘法口诀表，让学生学会一个乘法口诀就懂得周围的四个口诀。这种学习方式提高了效率。从理解层面来说，这种学习方式加深了学生对乘法口诀表的整体理解，而不是一排排地记忆，避免出现"只记得某一部分乘法口诀，而忘记另一部分乘法口诀"的情况。这种设计促进了学生对知识的理解，又通过精巧的核心问题串联起整个表内乘法的内容，实现了高效的课堂学习。

第五章 锚基任务：充分利用学生的经验

本章概述

本章主要讲述了什么是锚基任务，包括锚基任务的理论缘起、设计原则与基本类型；阐述了学习轨迹：实现学与教的对接；最后分析了如何利用学生的经验。

知识导图

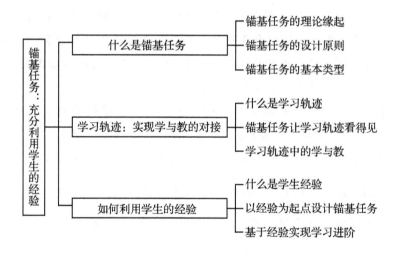

知识图谱

一、什么是锚基任务

(一) 锚基任务的理论缘起

1. 建构主义学习理论

建构主义学习理论是认知心理学派的一个分支,最初是在皮亚杰的儿童认知发展理论的基础上发展起来的,之后经维果茨基、冯·格拉塞斯菲尔德、布鲁纳等心理学家进一步完善发展。建构主义学习理论分为个体建构主义和社会建构主义两种。其中,个体建构主义认为学习是一个意义建构的过程,是学习者通过新旧知识经验的相互作用来形成、丰富和调整自己认知结构的过程。学习是一个双向的过程。一方面,学习者将新知识纳入已有的认知结构,获得新的意义;另一方面,学习者原有的知识经验因为新知识的纳入得到了一定的调整或改组。社会建构主义认为学习是一个文化参与的过程,是学习者通过参与某个共同体的实践活动来建构有关知识的过程。学习不仅是学习者对学习内容的主动加工,而且需要学习者进行合作互助。虽然个体建构主义与社会建构主义之间存在差别,但二者都认为学习应该是学习者主动构建知识的过程,是学习者在学习活动中主动丰富原有知识体系的过程。

锚基任务的设计要体现学生自主建构或社会建构的真实过程。以"认识小数"一课为例,为了实现对驱动问题"你见过小数吗?"的探究,教师设计了"通过自己的方式表达 0.1 是什么意思"的锚基任务。有的学生会用 1 角表达 0.1 元,有的学生抽象为用一个正方形的 $\frac{1}{10}$ 表示 0.1。从学生不同的表达中可以看出,他们对 0.1 的理解是处于不同水平的。有些处于不能脱离情境的认识阶段,有些可以达到半抽象状态。这与他们过往的知识经验相关。接着教师要求学生以小组合作的方式表示不同的小数,通过合作互助丰富自己对小数的认识。锚基任务的设计要以学生已有的与新知识相关的知识经验为基础,建构新旧知识的桥梁,为学生主动建构知识提供机会和空间,让学生经历学习的全过程。

2. 学习进阶理论

学习进阶是目前教育领域研究的热点问题，但它并不是全新的教育思想。其相关理念早就根植于教育界。比如，最近发展区理论、螺旋式课程理论、学习轨迹理论等都与学习进阶的理念有相通之处。不同的教育家根据自身的研究背景以及研究侧重点对学习进阶给出了不同的定义。最早提出学习进阶定义的是史密斯等人。他们将学习进阶定义为"学生在学习某一核心概念的过程中，所遵循的一系列逐渐复杂的思维路径"[1]。美国国家研究委员会将学习进阶定义为适龄青少年在对某一领域的科学知识进行学习及探究时，对其连续不断发展的思维方式的描述。罗斯曼等人指出学习进阶是一条由小学延续到高中的、有逻辑的、符合学生发展规律的"概念序列"[2]。尽管学术界对于学习进阶的定义尚无定论，但是学者对学习进阶的对象达成了一致，即刻画学生思维的发展路径，并且认为学习进阶可用于指导教学活动，教学活动的结果可以促进对学习进阶的修订。

锚基任务的设计要体现学习进阶。以"圆"一课为例，首先，教师设计了画圆活动，让学生了解圆的各部分的名称，掌握圆的特征。其次，教师要求学生动手操作测量相关数据，探究影响圆周长的因素。最后，教师让学生通过小组交流合作探究圆面积的计算方法，解决生活中的相关问题。锚基任务的设计需要学生经历从产生表象到形成表象，再到形式化或结构化，最终实现创造的过程。

（二）锚基任务的设计原则

锚基任务的设计与学生的数学理解存在发展的一致性，这也是其设计的理论基础。锚基任务的设计体现为四个水平，分别是设置活动任务水平、描述任务模型水平、脱离情境解释水平、不依赖模型水平。设置

[1] Smith C. L. , Wiser M. , & Anderson C. W. , et al. , "Implications of Research on Children's Learning for Standards and Assessment: A Proposed Learning Progression for Matter and the Atomic Molecular Theory," *Measurement: Interdisciplinary Research and Perspective*, 2006 (1-2), pp. 1-98.

[2] Roseman, J. E. , Caldwell. A. , & Gogos A. , et al. , "Mapping a Coherent Learning Progression for the Molecular Basis of Heredity," the National Association for Research in Science Teaching Annual Meeting, San Francisco, C. A. , 2006.

活动任务水平的活动是基于学生原有的知识经验，面向学生，且有利于唤起旧知的起点活动。当学生进入了新知学习情境后，锚基任务的设计就要达到描述任务模型水平，并逐渐发展为脱离情境解释水平。这两个水平所对应的学习新知过程正是课堂学习的中心环节。学生在这个过程中从外部学习转向内部学习，从浅层学习转向深层学习，逐渐完成知识的理解与内化。完成这一过程后，锚基任务的设计就需进入不依赖模型水平。这个水平的学习活动更具有开放性，常常是面向非常规问题的解决，以培养学生的创造能力。

1. 可操作原则

锚基任务的设计遵循可操作原则。所谓可操作原则可以从三个层面来理解：第一，锚基任务的内容不宜过多，不宜抽象，要简明具体，注重留白，把知识建构的过程交给学生；第二，锚基任务要符合学生的心理特点和学习规律，富有童趣；第三，锚基任务的操作要求便于学生阅读、思考和表达。

2. 多样化原则

锚基任务的设计遵循多样化原则。它强调多感官参与，组织听、看、做、演、练、教等多样化的学习活动。这样可以充分调动学生的学习积极性，展示学生的学习历程，观察学生在多样化的学习历程中的学习轨迹，便于教师在指导学生学习的过程中及时进行评价，帮助学生调整学习路径。比如，"组合图形的面积计算"一课设计了"画一画""分一分""议一议""算一算""做一做"等多样化的锚基任务。教师借助这些锚基任务引导学生经历组合图形面积计算方法的习得过程，并且根据习得的方法解决实际生活中的问题；同时让学生进一步将知识创造性地运用到实践中，切实提高学生"在学习""真学习"的有效性。

3. 进阶性原则

锚基任务的设计遵循进阶性原则。锚基任务要有一定的层次性和关联性，以此构成教学序列，体现学习进阶。另外，锚基任务之间的层次并不完全是严格递进的。比如，进行高层次的形式推理活动时可能要利用或包含识记、理解等低层次的活动。学生通过锚基任务经历从"不会"到"学会"的思维转变过程，亲历对知识自主建构的全过程。每个锚基任务要与学生的思维水平相对应，以帮助学生达到更高阶的思维水平。换言之，设计锚基任务时要注重学习进阶，找到学习的起点、节点，设计合理的任务，搭建有利于学生数学学习的脚手架，帮助学生经历认识、了解、理解、应用、创造这一完整的过程。同时，锚基任务要能满足不同学生的发展要求，使不同学生可以沿着不同的学习路径达到最终的学习目标。

4. 教、学、评的一致性原则

驱动问题、锚基任务、学习评价三者之间应保持高度的一致性，锚基任务的设计必须遵循教、学、评的一致性原则。在教学中，驱动问题是根据学习目标确定的，学习目标之间有着层层递进的关系。相应地，驱动问题之间也有逐层进阶的关系，上一层驱动问题是否真正解决决定着下一层驱动问题能否顺利启动。要想有效解决驱动问题，就要设计有效的锚基任务，使学生的学习快捷有效。教师设计的锚基任务是否真正解决了驱动问题，就需要学习评价来监测。学习评价可以是对驱动问题的概括提炼，也可以是一个具体的问题或任务，通过让学生解答或执行，客观地评判学生的学习效果。如果有 85% 的学生能够顺利解决，便可以进入下一个驱动问题。否则教师就要快速寻找问题所在并加以解决，之后再进入下一个驱动问题。驱动问题、锚基任务、学习评价经历这样循环往复的过程，体现了教、学、评的一致性，是促进学生真正学习，帮助学生学会、会学的保障。

综上所述，锚基任务不管如何设计，必须聚焦学生思考和解决问题的核心，同时要给学生留足认知拓展的空间，让学生通过锚基任务提升数学思维水平，从而使学生真正从"学会"到"会学"，直至"乐学"。

（三）锚基任务的基本类型[①]

在教学中，锚基任务的设计应紧扣驱动问题和学习评价，锚基任务是解决驱动问题和实现学习评价的具体载体。从呈现方式上看，锚基任务有以下几种类型。

[①] 陈薇、顾新佳、孙谦等：《转型与创生：小学数学教学设计新探》，128 页，南京，江苏凤凰教育出版社，2021。

1. 问题驱动式任务

在教学中，教师会将学习目标细化为一个个具体的驱动问题，然后根据驱动问题来设计对应的锚基任务。教师常常以问题驱动式任务来引导学生一步一步经历学习过程，实现知识进阶。例如，"分数与整数相乘"一课为了实现对驱动问题"你会计算分数乘整数吗"的探究与求解，设计了问题驱动式任务，即通过解决"小芳做 3 朵绸花共用多少绸带"这个问题，让学生画一画、算一算并和同桌交流；再通过"怎么计算""为什么这样算"两个小问题的讨论，引导学生理解分数乘整数的算理，掌握相应的算法。这样的问题驱动式任务是促进学生理解核心问题的常用形式。

2. 操作活动式任务

有时为了实现学习目标，教师需要采用一些直观操作的手段，让学生从操作活动中进行归纳、猜想、推理，得出一些基本的规律和方法，以便为下一步的进阶学习提供铺垫。比如，"组合图形的面积计算"一课为解决驱动问题"你能在组合图形中找出学过的基本图形吗"，设计了让学生动手画一画并根据所画的结果进行分类的操作活动式任务；帮助学生通过操作、体验、归纳感知组合图形是由不同的基本图形组成的，且同一个组合图形"割""补"成基本图形的方法可能不同；为接下来组合图形的面积计算学习做了认知和方法的铺垫。

3. 对比分析式任务

为了促进学生的真实学习，让学习过程看得见，教师在教学中常设计对比分析式任务，通过对新旧知识或相近知识点的对比分析，帮助学生认识数学知识的本质特征或者提炼数学思想方法，实现数学知识的深度理解和迁移运用。以"求一个数的几分之几是多少"一课为例，锚基任务 1 包括 3 个问题：①学校田径队有 20 人，长绳队的人数是田径队的人数的 3 倍，长绳队有多少人？②水果店运进梨 30 箱，苹果是梨的 $\frac{3}{4}$ 倍，苹果有多少箱？③小明有邮票 40 张，小红的邮票张数是小明的 $\frac{1}{4}$，小红有多少张邮票？解决锚基任务 1 的 3 个问题后，接着设计锚基任务 2，让学生分析以上 3 题的相同之处，通过题组的对比分析，引导学生进行归纳推理，得到以上 3 题都是研究数量间的倍数关系，从而顺利推出"求小红有多少张邮票，也可以直接用 $40 \times \frac{1}{4}$ 来计算"。

总之，锚基任务的呈现类型可以多种多样，但都是为学习目标的实现服务的，是学习目标得以顺利达成的具体载体。上述三种类型的锚基任务在设计时也不完全是独立呈现的，只是根据学习目标和知识内容的不同所做的大致分类。其实不同类型的锚基任务之间也会相互交融、互为补充，目的就是更好地体现学生真实学习的历程，帮助学生真正学会知识，完成对知识的建构。

二、学习轨迹：实现学与教的对接

（一）什么是学习轨迹

1. 学习轨迹的定义

学习轨迹的概念源于美国科学教育领域。学习轨迹的开创者西蒙认为学习轨迹是教师对课堂学习过程中可能发生的学习流程的假设；学习轨迹旨在创造一种学习工具，帮助学生获得他们渴望获得的知识；学习轨迹是通过设计一系列学习活动，鼓励学生达到预期的学习目标，用断言或假设的形式描绘学生的思想变化；学习轨迹是由学习目标、学习活动和假设的学习过程三个部分组成的。[①] 另外，众多的研究者和组织对学习轨迹给出了相应的定义。有研究者将学习轨迹定义为学生在学习时对学习内容进行思考、推理和探究的过程，学习轨迹应包括学习内容的性质、学生学习的顺序以及学生在学习时发展的推理、探索技能；学习轨迹是描述学生学习时复杂的思考过程，可以作为课程和评估产品开发的模板。[②] 美国国家研究委员会在关于基础教育科学成就测试工作报告中正式提出学习轨迹的概念，将其定义为在一段很长时间内，学生对某一学习内容的思考和认知不断丰富、深入的过程；其旨在揭示学生在学习某

[①] Simon M. A., "Reconstructing Mathematics Pedagogy from a Constructivist Perspective," *Journal for Research in Mathematics Education*, 1995 (2), pp. 114-145.

[②] Songer N. B., Kelcey B., & Gotwals A. W., "How and When Does Complex Reasoning Occur? Empirically Driven Development of a Learning Progression Focused on Complex Reasoning About Biodiversity," *Journal of Research in Science Teaching*, 2009 (6), pp. 610-631.

一内容时是如何从初级到高级、从简单到复杂、从新手到专家逐步发展的；认为其是在大量实证研究的基础上形成的假设性描述，并且可以通过实验加以验证。

尽管学者对学习轨迹的定义存在差异，但根据上述定义可以总结出学习轨迹的四个特征：第一，学习轨迹是描述学生学习某一主题时理解和思维是如何发展的，是以实证研究为基础的、可检验的假说；第二，学习轨迹是描述学生思维的发展变化，符合学生的认知发展规律；第三，学习轨迹有助于整合零碎知识，将其整合成有系统的知识网络；第四，学习轨迹极大地支持学生学习。

2. 学习轨迹的要素

结合学习轨迹的相关概念界定，我们可以归纳出学习轨迹的以下要素。

第一，明确的起点。学习轨迹的起点即教师设计教学的起点和开展教学的基础；其重点是对学生的学情进行分析，关注并了解学生的最近发展区以及在教学中同伴可能赋予的最近发展区。

第二，明确的终点。学习轨迹的终点即所确定的学习目标。这一目标是学生通过一系列学习活动后所能达到的知识水平和能力水平。教师不仅要选择预期的学习目标，还要将学习目标分解成更小的子目标。

第三，学习活动。学习活动一般基于学生的已有知识经验，指向学习目标，贴近学生的实际生活。所有的学习活动都是教师基于学习目标精心设计的，能够预测学生在学习中可能遇到的困难点和关键点。

第四，发展进程。发展进程是学习轨迹的基础，通常可被看作认知或思维的系统化、序列化梳理，跨越了多个不同的结构层次。随着理解的不断深入，这些结构层次的复杂性、抽象性和普遍性不断增强。教师要能描述学生在不同发展进程中的表现，并能解释阶段之间的过渡。

第五，教学序列。教学序列由一系列关键的教学任务组成，是在既定的概念水平或发展进程上促进学生的学习。当教师确定所有的教学序列后，便会产生学生的活动序列。

第六，评估。学习轨迹中的评估主要是通过测量学生的认知水平或思维水平，在检验学习轨迹有效性的同时，对学生的学习过程、学习结果进行评价，进而比较假设学习轨迹与生成学习轨迹之间的一致性。

第七，社会互动。社会互动主要指课堂教学中教师与学生集体的互动、教师与学生个体的互动、学生个体与集体的互动以及学生个体与个体间的互动。课堂教学中的互动有助于强化人与环境的交互影响，以产生教学共振。

（二）锚基任务让学习轨迹看得见

1. 锚基任务让思维看得见

思维发展是学习轨迹的核心要素。学生思维的发展具有差异性和层次性。锚基任务的设计要尊重学生思维的发展规律，尊重学生的思维特点，从而把握学生思维发展的轨迹。具体而言，第一，锚基任务要尊重学生思维发展的差异性。建构主义学习理论认为，学生带着自己原有的生活背景和知识经验走进学习活动；不同学生对数学的理解方式不完全相同，对知识的理解主要由学生自己完成。锚基任务的设计要尊重学生的思维差异，通过设置不同类型的活动，帮助学生沿着不同的学习轨迹达到同一学习目标。第二，锚基任务要关注学生思维发展的层次性。学生思维的发展不能一蹴而就，需要教师设计一连串的教学环节，引导学生在解决问题中发展思维。锚基任务的设计首先基于学生已有的知识经验，利用这些知识经验激发学生的思考；其次以不同的方式帮助学生突破思维发展的困境，并且检测学生是否真正突破了思维困境，从而引导学生实现不同思维水平的过渡。

以"长方体的认识"一课为例，学生已经具备平面图形基本概念的认知基础，且在生活中已经积累接触长方体实物的经验，知道给定的长方体有哪些棱和面等。教学的困难点是学生未能全面认识长方体的模型结构，无法判断给定的棱和面能否组成长方体，缺乏从二维到三维的转化过程，即想象的过程。由此，教师设计了三个锚基任务：利用实物搭建长方体；利用符号化的长方体模型想象它的棱和面；根据模型想象实物，继续想象从棱到体、从面到体的过程。学生在完成任务的过程中感受二维到三维的转变，理解新概念与旧概念的关联，深度理解新概念。锚基任务的合理设计能形成与学生思维发展相匹配的教学序列，展示学生的思维轨迹，提高学生的思维水平。

2. 锚基任务让学习真发生

锚基任务与驱动问题、学习评价保持高度的一致性，是展示学生"学会什么"和"何以学会"的具体行程图。换言之，锚基任务是教师依据驱动问题设计的教学活动，是留给学生记录学习轨迹的平台。在学习目标明确后，锚基任务的设计应和驱动问题、学习评价相对应，形成前后一致、相互促进的学习循环系统。实际上，学习评价是学生经历学习过程之后的一种反思性任务，是证明学生是否学会的一种监测任务。同时，锚基任务之中可以嵌入学习评价，边学边评价。利用锚基任务与学习评价的相互兼容性，可以适时地监控学习过程，确保学习过程的真实有效，便于学生及时调整自己的学习思路与状态，帮助学生有效地达成学习目标。

以"圆的认识"一课为例，锚基任务1为想办法画一个圆；相应的学习评价为画一个半径为2厘米的圆。锚基任务2为自学课本中有关圆的各部分的名称；相应的学习评价为给出一个圆和其中的一些线段，指出哪些是半径和直径。锚基任务3为拿出自己准备的圆，通过折一折、量一量、画一画、比一比等方法，研究圆的半径和直径，将自己的发现和同伴说一说；相应的学习评价为解释为什么车轮是圆形的。可见，锚基任务与学习评价在这样相互递进的过程中，一步步将学生的学习历程展现出来，让学习真实发生。锚基任务的设计融入了学生的学习轨迹，不仅关注新旧知识间的联系，还关注学生知识学习的起点，充分考虑学生的心理建构过程；既关注学生的认知发展，又关注学生的情感发展；让学习过程看得见，真正体现学生建构知识或经验的过程。

(三) 学习轨迹中的学与教

了解学生学习轨迹的意义，一方面有助于帮助学生完成从个人建构到社会建构的过渡，并在社会建构的过程中发挥不同的作用；另一方面有助于帮助教师基于学生的学习路径找到相应的教学路径，从而实施有效教学。[①]

---

① 张春莉、刘怡：《基于学生学习路径分析的教学路径研究》，载《中小学教师培训》，2015（9）。

1. 每个学生的个人建构有助于全班的社会建构

建构主义学习理论指出，学习是个人通过同其他社会成员相互作用获得关于世界的全面解释。学习不仅是学生个人的建构活动，也是学习共同体合作建构的过程。互动交流是知识建构的重要方式。学生的个体建构是在社会建构的基础上进行的。学生只有完成自身知识的建构，才能在小组合作中起到一定的作用，为知识的社会建构提供一定的建议与材料。如果学生没有进行自身知识的建构，那么在知识的社会建构中只能听取别人的意见，一味接受别人给予的信息和知识，就变成了"接受学习"。每个学生个人的学习轨迹实际上是个人建构的过程。不同学习轨迹之间进行碰撞，实际上是在促进知识的社会建构。每一个学生都能从别人的学习轨迹中得到启发，不断补充自身知识的建构，在促进全班知识的社会建构的同时也完善了自身知识的建构。

在教学过程中，每一个学生都有其独特的思维模式和学习方式。面对同一个知识点，学生有着不同的认知，思维层次也有高有低；他们的观点在全班社会建构的过程中能够发挥不同的作用。从不同的角度去看待同一个问题，有助于完善对事物的认识与理解。正确的理解往往能够为错误的理解提供正确的思路与提示；而错误的做法能够让学生看到自身的漏洞，也能为同伴起到警示的作用，避免出现同样的错误。不同的思维层次在知识的建构中能起到不同的作用。思维层次比较低的学生的理解往往是扎根于知识本质的，他们能够按部就班地去理解知识，完成知识体系的建构；思维层次比较高的学生往往能找到知识间的联系和一些特殊的解题技巧，但对于知识的根源常常一知半解。如果为他们提供交流的机会，就能使之相互补充，更好地融会贯通。

2. 学生的学习轨迹分析有助于形成教师的教学路径

一方面，研究学习轨迹有助于教师读懂学生，了解学生的数学思维。学习轨迹可以帮助教师知道学生的学习处于什么样的位置，了解学生学习的思路、想法，熟悉学生是如何构建知识网络的。学习轨迹不仅有助于教师理解学生的数学思维，也有助于教师根据学生的思维模式重构对数学、对学生的认识。学生的思维水平具有不同的层级。了解学生的学习轨迹将助于教师建立儿童数学观，意识到学生思维是一个自然发展的过程，从而能够根据学生的认知水平、特点来设计课程，引导学生经历知识的产生过程、认识知识的性质。当学生的学习遇到障碍时，教师可以及时提供脚手架，帮助学生继续学习。

另一方面，研究学习轨迹有助于提升教师的专业化水平，提高数学教学的实际效果。高层级的数学理解要求教师具有较强的课程开发能力，具备一定的课程理解水平，能够领悟知识的本质，并能够将领悟到的知识意义传递给学生。当教师知道学生的学习轨迹后，教师将会熟悉知识该如何切入，了解课程的本质，最终不断地提升自身的课程开发水平和课程理解水平。

总之，通过对学生学习轨迹的研究，整个教学就能从学生自身发展的角度出发来设计。教师可以通过了解学生知识经验的基础和思维的困惑点，确定教学的起点和重难点；通过读懂学生的思维过程和特点，确定教学的顺序，并选择合适的教学方法和手段，一步步地启发学生的探究和思考。一个有效的、完整的学习轨迹可以帮助学生建立认知模型，更好地发现学生的认知规律，从而更好地提升教学效果。

三、如何利用学生的经验

(一) 什么是学生的经验

1. 学生的经验的定义

经验的内蕴丰富，各大流派从自身的研究角度对经验有不同的定义。从三大学习理论流派来看，认知主义学习理论以布鲁纳和奥苏伯尔的观点为代表。布鲁纳认为学习是个体认知结构的建立与组织；学习过程是学习者原有认知结构中的有关知识经验和新学习的内容相互作用，形成新的认知结构的过程。奥苏伯尔强调认知的同化，认为影响学习的重要因素是学生已知的内容；认为只有新知识与学习者已有的经验内在地联结起来，学习者的主体性才会得到发挥，真正意义的学习才会发生。

建构主义学习理论认为，人们不是被动地接受知识，而是主动建构的；学习是个体主动建构自己知识的过程；在学习中学习者通过已有知识经验与新知识经验之间的反复、双向的相互作用，调整建构自己的经验结构。学习者不是空着脑袋进入学习情境的。在日常生活各种形式的交往中，学习者对任何事物都有自己的看法，已经形成相关的知识经验的储备。教学不能简单强硬地从外部对学习者进行知识的传递与灌输，而应使学习者从原有的知识经验的处理与转换中生长新的知识经验。

人本主义学习理论以马斯洛、罗杰斯的观点为代表，倡导以学生经验为中心的有意义的自由学习。他们认为学习不是刺激与反应间的简单联结，而是一个有意义的心理过程，要注重意义学习。在具体的教学中，有意义学习是与学生的经验融合在一起的，强调以学生的情感体验为教学活动的基本动力，以学生的自我完善为核心，把教学的重心从教师引向学生，将学生的思想、情感、体验看作教学的主体；以学生的自发性为学习动力，促进学生的主动学习。

综上所述，尽管各大流派对经验的定义并不相同，但都肯定了经验对现实生活的价值，关注经验在学生学习过程中的重要地位，主张与知识传授相对应的基于经验的教学理念。

2. 学生的经验的类型

根据学生的经验的定义，学生的经验主要分为以下两大类。

第一，生活经验。杜威说，除个人之外还有产生经验的源泉，经验不断地从这些源泉中吸取养分。[①] 此处源泉即生活，包括家庭生活、学校生活与社会生活。因此学生的生活经验主要来源于以下三个方面。其一，家庭生活。每个家庭成员的道德修养、生活方式、亲和程度、兴趣爱好等都是学生构建生活经验的基础。其二，学校生活。学生在学校与教师的交流、与同伴的互动、参与各种课程的学习都构成了学生经验的来源。其三，社会生活。不同社会背景、不同民族、不同国家的学生由于民俗习惯和文化差异等，所积累的生活经验迥然不同。总之，个体经验具有社会性，学生的经验是在与他人的社会性交往中形成的。学生在生活的过程中，在与环境、他人的对话中，积极联系已有的经验，逐步建立对客观世界的认识和理解，形成新的生活经验。

第二，学习经验。泰勒对学习经验进行了解释。他认为学习经验不等同于一门学科所涉及的内容，也不是指教学过程中所展开的各种教学

---

① 参见 [美] 约翰·杜威：《我们怎样思维·经验与教育》，姜文闵译，北京，人民教育出版社，2005。

活动，而是指学习者与环境的外部条件之间的相互作用。学习是通过学生的主动行为而发生的；学生的学习行为取决于他们自己做了些什么，而不是教师做了些什么。[1] 在学习经验的分类中，泰勒指出，有助于实现每种教学目标的学习经验有很多种，主要包括培养思维技能的学习经验、有助于获取信息的学习经验、有助于判断辨别的学习经验、有助于培养社会态度的学习经验以及有助于培养学习兴趣的学习经验。总之，学习经验的范围是广泛的。表面获得的知识与教学活动不能构成学习经验的全部内容，还包括学生与学习内容、环境间的相互作用，以及学生获取知识、提升智慧、形成思维方式、丰富情感体验等方面。

（二）以经验为起点设计锚基任务

奥苏伯尔指出，影响学生学习的重要因素是学生已知的内容。弄懂了这一点以后，进行相应的教学。由此可见，学生已有的知识经验是学生一切学习活动的起点和基础。对学生已有的知识和经验的分析可以帮助教师设计更合适的锚基任务，从而达到更好的教学效果。

1. 熟悉知识，了解学生学习的逻辑起点

教师不仅要在教学过程中关注学生，还要在设计教学前充分了解学生、分析学生，否则会大大降低教学效率。教师要在教学中找准、尊重学生的认知起点，并以此为基础展开教学，帮助学生创建新旧知识之间的联系，进而实现有效教学。从本质上说，学生学习的逻辑起点就是教材的逻辑起点。因此教师要想找准学生学习的逻辑起点，就必须熟悉教材，了解知识间的内在联系及教材的编排特点，知道具体内容在教材中处于什么地位。比如，人教版教材小学数学四年级下册"复式条形统计图"一课的主要内容是复式条形图的认识和数据分析，即在一个统计图内同时对两项内容进行统计，以便于分析比较不同项目的同类数据。学习这一内容的逻辑起点是三年级下册学习的复式统计表和四年级上册学习的单式条形统计图，在此基础上让学生经历操作、收集、整理、绘制图表、数据分析等活动。因此在教学时，教师应该在已学习绘制单式统计图表和对数据进行简单分析的基础上设计稍复杂的学习任务，进一步

---

① 参见［美］Ralph W. Tyler：《课程与教学的基本原理》，罗康、张阅译，北京，中国轻工业出版社，2008。

培养学生整理数据、分析数据的能力。总之，教师要提前了解学生学习新知的支撑点，知道学生掌握新知需要哪些知识经验，了解学生的认知水平。这样才能清楚教授新知前需要为学生做哪些准备。

2. 注重学情，认识学生的现实起点

在教学中，教师要考虑学生所呈现的现实状态。现实中有些教师往往只在备课时去"备学生"。这样所了解的学生的情况在很大程度上只是教师的一种主观臆测，但实际上学生的认知基础参差不齐，其真实水平无法被准确估计。因此采用课前调查来寻找学生的学习起点是一种非常有效的方法，如谈话调查法、问卷调查法、观察法等。教师需要结合教学内容、学生的个性特点等具体情况，从上述方法中选出合适的方法，有针对性地了解学生的知识基础，及时关注学生的现实情况。根据调查情况，教师可以了解已经达到教学目标的学生数量，知道学生的知识掌握程度、学生间的差异，了解哪些是学生自己独立学习的知识，哪些是需要详细讲授的知识等。通过对学情的了解，教师可以准确把握学生的现实起点，将学生感到困惑的问题作为"真问题"来加以"真探究"，引导学生围绕"真问题"展开学习、讨论、调查、研究。总之，作为课堂组织者的教师要善于挑起学生新旧知识间的认知冲突，以学生已有的认知、生活经验为基础提出问题，关注学生内在心理困惑的诱导和生成，及时解决学生内心的"真问题"。

总之，教师在设计锚基任务的过程中，如果缺乏对学生已有知识的正确认识，那么锚基任务的设计便会偏离学生的学习路径。一方面，如果教师低估了学生的现有知识水平，那么在教学中不仅会浪费大量的课堂时间，还会使学生丧失学习热情，影响教学效果。另一方面，如果教师高估了学生的现有知识水平，则会导致所讲的内容不能被学生理解和掌握。杜威说，不论对于学习者个人还是对于社会来说，教育为实现其目的，都必须从经验即个人实际的生活经验出发。[①] 可见，锚基任务的设计必须把握学生已有的生活经验和学习经验。

(三) 基于经验实现学习进阶

学习的本质是经验在深度或广度上的持续变化，即个体在原有经验

---

① 参见《杜威教育名篇》，赵祥麟、王承绪编译，北京，教育科学出版社，2006。

的基础上通过自主建构或社会建构形成新经验的过程。锚基任务就是要设计学习过程，即要经历怎样的学习才能学会，其实质是设计学生的学习经验。因此，锚基任务的设计必须充分关注学生的学习体验，保证学生亲历整个学习过程，在学习的过程中对旧经验进行反省、反思，完成对初始经验的改造，从而获得新经验；在新经验返回接受旧经验的检验后，使学生获得意义、得到生长。

1. 搭建学习支架，激活学生的学习经验

学是教的基础，了解学生已有的知识经验是一切教学活动的基础。分析学生已有的知识经验，可以帮助教师更好地设计锚基任务，促进学生学习经验的发展；学习经验的发展又可以帮助学生建构知识体系。具体而言，教师可以从以下几个方面激活学生的学习经验。第一，根据学生的发展特征设计一个真实情境。这个情境要来自学生的生活；问题能够引起学生产生共鸣，促使学生深入学习知识。第二，问题的设计应与教学顺序、教学思路一致。例如，教师可以采用逆向教学设计思路，通过确定预期的学习目标、确定如何证明学生达到理解的标准、安排各种教学活动、指导学习活动来设计问题，根据目标确定学习的内容、方式、方法。也就是说，教师可以根据教学的最终目标来设计问题。第三，设计的问题要简洁、贴近学生的已有思维水平，并且能够激发学生继续学习的欲望，激发学生的问题意识。问题应指向本单元的主题。第四，根据核心问题设计问题串，把握好问题之间的逻辑关系，通过问题串不断激发学生的认知冲突。每个任务设计2~3个核心问题。问题的设计要基于教学目标，与生活情境相结合，符合学生的发展规律。这几个核心问题形成一个问题串，逐步引导学生发现、提出新问题，提升学生的理解水平，能够发挥学习支架的作用。

2. 引导学生反思，完善学生的生活经验

学生不是空着脑袋走进教室的。在日常生活中，学生获得了大量的生活经验，但这些生活经验有些是正确的，有些是错误的。因此，在设计锚基任务时，教师要引导学生体验和反思，对获得的认识、经验进行改造。具体而言，教师可以从以下几个方面完善学生的生活经验。第一，设计操作性强、能够让学生参与体验的活动，提高学生的动手操作能力。参与操作活动能激发学生的学习兴趣，培养学生的直观意识，提高学生的直观认知能力。第二，给学生独立思考的机会，鼓励学生大胆猜想，激励、肯定学生的新观点。获得知识的第一步是必先放弃未经怀疑过的信念。如果充满自信，新知识则无缘进入，不只新知识贫乏，顶多只能维持现有的水平，多半是经不起考验的。① 教师要学会倾听学生的想法，尝试理解学生的各种观念，并在恰当的时候给予学生反馈，增强学生学习的自信心。第三，课堂上留给学生独立思考、反思的时间。数学教育家弗赖登塔尔认为，只要儿童没有进行反思，他就发现不了知识的规律，他的思维也就达不到高一级层次。反思可以帮助学生发现自己的不足。第四，利用自我反思改进教学。范良火认为，对于教师专业成长来说，重要的是对日常教学进行观察和反思，将习以为常的现象问题化，并不断挑战自己能力的极限。② 这启示我们，教师要将反思常态化，提升自己的教学水平。

总之，锚基任务的设计必须充分利用学生的经验，并且以学生的经验生长为目标。教育就是经验的改造或改组。这种改造或改组既能丰富经验，又能提高指导经验生长的能力。

教师行动研究

"除法"单元整体教学设计

设计者：首都师范大学附属小学 马艳芳、吴大婷

一、单元学习主题分析

（一）核心概念分析

"除法"是北师版数学教材二年级下册数与代数领域中数与运算部分的内容。本单元强调在进一步理解除法意义的基础上学习有余数除法和除法竖式，在理解的基础上实现对余数概念的掌握和除法运算技能的形成，培养学生的运算能力。依据《义务教育数学课程标准（2022年版）》，本单元涉及的数学核心素养主要有数感、运算能力、应用意识。

---

① 柳珍：《人的独立思考意识的培养——解读马尔库塞的〈单向度的人〉》，载《理论界》，2010（2）。

② 范良火：《教师教学知识发展研究》，211页，上海，华东师范大学出版社，2003。

数学认知方面主要有如下三方面的内容。一是除法的意义。平均分是理解除法意义的重要前提，在大量的平均分物活动中抽象出除法模型。二是除法竖式。在解决除法问题的过程中，除法竖式能够清楚、简洁地反映解决的问题、解决问题的过程以及解决问题的结果，体现的是运用算法到表达的过程。三是余数。这是有余数除法的基础概念。认识余数并探索余数的规律，在此基础上能结合实际恰当地处理余数问题。因此，本单元的大概念是除法的运算与表达。本单元的具体概念包括：①除法是生活中大量平均分现象的数学表达；②除法竖式能够记录平均分的计算过程和结果；③可以借助除法的意义和现实经验探索余数的规律，合理解决生活中的现实问题。

（二）教学内容分析

在北师版数学教材中，小学整数除法的学习共有五次，本单元是第二次学习。第一次学习是在二年级上册，主要是借助平均分物活动，让学生体会除法的本质特征，直观地理解除法的意义，学习用乘法口诀求商，积累除法学习的活动经验。本单元的重点是结合平均分物与操作活动学习有余数除法，认识余数并探索余数和除数的关系。除此之外，本单元学习的除法竖式内容主要是认识除法竖式的书写形式，学会用竖式表示除法的计算过程，结合具体情境了解除法竖式每一步的含义，为学习分步求商的除法竖式打下坚实的基础。第三次学习是在三年级上册，侧重学习除法口算。第四次学习是在三年级下册，学习两、三位数除以一位数的除法竖式，进一步理解除法竖式每一步的含义，并熟练掌握简单的除法竖式计算。三年级的学习又是进一步学习多位数除以两位数除法的基础。第五次学习是在四年级上册，学习三位数除以两位数，重点是试商和调商。

1. 数学理解层面

本单元是在已经积累大量的平均分物的经验、认识除法、理解除法意义的基础上学习的。学生具有一定的知识储备。"除法"单元的知识结构图如图5-1所示。

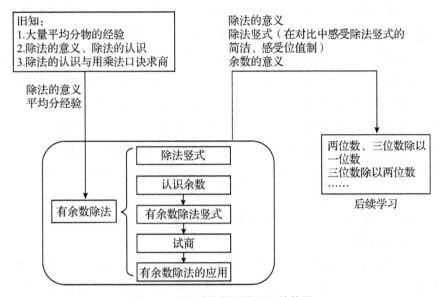

图 5-1　"除法"单元的知识结构图

本单元一共安排了 5 块学习内容，分别是"分苹果"（无余数除法竖式）、"搭一搭（一）"（认识余数）、"搭一搭（二）"（有余数除法竖式）、"分草莓"（试商）、"租船"（有余数除法的应用）。

从内容编排上看，一方面，本单元遵循学生的认知逻辑。从数学学科的角度看，认识余数是学习有余数除法的基础，除法竖式是学习有余数除法竖式的基础。因此，在学习有余数除法之前，本单元借助学生熟悉的平均分物活动情境，让学生学习除法竖式，进一步丰富并巩固学生对除法意义的理解，并且帮助学生打通除法竖式和其他方法的联系，认识除法竖式，体会除法竖式，获得对除法竖式每一步的理解。另一方面，本单元遵循学习数的运算的内在逻辑。

为了提高学生的有余数除法相关知识和计算技能水平，本单元采取体现知识形成的过程、多角度理解、将知识和技能加以应用等形式开展教学。对于多角度理解，本单元通过设计问题和活动，鼓励学生解释、描述、联系；还通过学习操作、图形直观等形式为学生提供适当的脚手架，帮助学生加深对除法意义和有余数除法算理的理解。

2. 问题解决层面

本单元非常注重引导学生了解解决问题的多样化策略。例如，在解决"租船"问题时，教材呈现了画示意图、列表和列式计算三种解决问题策略。这既有助于帮助学生了解同一个问题的不同解决方法，拓宽解决问题的思路，又有助于帮助学生理解计算结果与现实情境的联系，进而对计算结果做出合理的解释。能对计算结果的实际意义做出解释是《义务教育数学课程标准（2022 年版）》的要求，也是本单元在发展学生解决问题能力时关注的一个方面。在解答有余数除法的现实问题时，有些学生往往不能直接利用计算结果给出答案，需要联系实际情况进行回答。联系实际意义来解释计算结果对于学生来说更具挑战性。

（三）学生情况分析

根据以上分析，学生的表现如何？以下是对应的学情调研分析。

1. 学情分析 1

学生在生活中看到、听到、经历过大量的平均分现象，如分小棒、分糖果、列队、分筷子等。这些生活经验都是零散的、无意识的。学生并没有将熟悉的平均分情境与除法建立关联。

2. 学情分析 2

通过学生列出的算式可以看出，在解决平均分物的问题时，学生能用自己想到的多种方式记录平均分的计算过程和结果。有没有余数对学生认识竖式没有根本的影响。只要理解算理算法，学生就可以正确进行数学表达。

3. 学情分析 3

在解决蚂蚁搬面包的问题时，有些学生能够正确列式计算，但是出现了所写单位名称错误的情况。这说明有些学生没有真正理解除法算式表示的含义。

在解决家长会需要多少瓶水的问题时，有些学生能够根据题目的含义正确列式、正确计算，但是面对该如何处理余数时出现了错误。可以看出，有些学生没有结合除法的意义和余数的含义正确地解决现实问题。

基于单元学习内容和学生的情况以及学习进阶的理论，我们对学生的关键能力进行水平层级的划分。表 5-1 为"除法"单元的学习进阶。

表 5-1 "除法"单元的学习进阶

等级	数感	运算能力	应用意识
水平一	理解余数的意义，会结合情境对正确结果的实际意义进行解释	认识除法竖式，掌握正确书写格式，能解释除法竖式每一步的含义	会利用有余数除法解决实际问题
水平二	能理解余数一定要比除数小，并能解释其中的道理；能理解被除数、除数、商和余数之间的关系	认识余数，理解有余数除法的意义，掌握有余数除法的正确书写格式	会根据具体情况，正确地对有余数除法的应用结果进行"进一"或"去尾"处理
水平三	能估计有余数除法的结果，并对结果的合理性做出解释	正确计算有余数除法，掌握有余数除法试商的方法，并正确计算	会正确运用有余数除法问题的不同处理方法，解答实际生活中的简单问题

我们基于以上分析对"除法"单元的教学内容进行重新建构，并调整了课时安排。图 5-2 为"除法"单元教学内容的整体建构。表 5-2 为"除法"单元的课时安排。

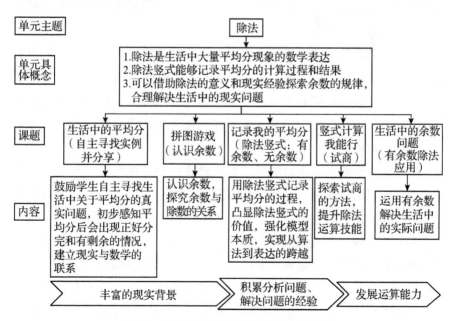

图 5-2 "除法"单元教学内容的整体建构

表 5-2　"除法"单元的课时安排

原单元课题	重新构架后的单元课题
分苹果 （无余数除法竖式）	生活中的平均分 （自主寻找实例并分享）（1课时）
搭一搭（一） （认识余数）	拼图游戏 （认识余数）（1课时）
搭一搭（二） （有余数除法竖式）	记录我的平均分 （除法竖式：有余数、无余数）（1课时）
分草莓 （试商）	竖式计算我能行 （试商）（1课时）
租船 （有余数除法的应用）	生活中的余数问题 （有余数除法应用）

重新架构后的单元内容具有如下特点。

第一，增加了准备课"生活中的平均分（自主寻找实例并分享）"。本单元鼓励学生自主寻找生活中关于平均分的真实生活问题，并在课堂上集中展示，促进学生有意识地将生活中的问题转化为数学问题，逐渐建立现实与数学的联系。

第二，调整教学顺序，延长认识余数的过程。本单元让学生初步感知平均分后还有剩余的情况，进而安排"拼图游戏""认识余数""探究余数的规律"的活动课；然后再让学生学习除法竖式，将除法竖式的学习作为学生认识余数的一种途径和策略。这样让认识余数的活动贯穿整个单元学习的始终。

第三，整合除法竖式的学习，突出对除法的整体把握。本单元将教材中原来安排的分苹果（无余数除法竖式）和搭一搭（二）（有余数除法竖式）这两节课进行整合，形成"记录我的平均分（除法竖式：有余数、无余数）"一课。其目的是凸显除法竖式在记录平均分的计算过程和结果中的作用和价值，强化模型本质，帮助学生整体把握除法的意义。

第四，结合有余数的实际问题，发展应用意识。本单元的最后一课将"租船"问题拓展为"生活中的余数问题"，结合学生寻找的生活中的平均分事例，鼓励学生结合余数的意义，围绕真实问题灵活解决，发展学生的应用意识。

二、单元学习目标设计

第一，能迁移已有的学习经验，利用画图、算式等多种方法正确解决除法问题；在解决实际问题和对结果的实际意义进行解释的过程中，进一步理解除法的意义。

第二，结合动手操作等过程，认识余数；在探索余数和除数的关系的过程中，理解有余数除法的意义。

第三，结合动手操作等过程，进一步理解有余数除法的意义，能解释除法竖式每一步的含义。

第四，结合具体的情境，探索有余数除法试商的活动，理解并能解释余数一定比除数小的道理。

第五，能正确书写除法竖式的格式，并借助有余数除法试商，正确计算有余数除法。

第六，能读懂情境图中蕴含的数学信息，会用画图、列表、除法计算等多种策略解决有余数除法的实际问题。

三、单元学习历程设计

表 5-3 为"除法"单元的学习历程设计示例。

表 5-3　"除法"单元的学习历程设计示例

课时	驱动问题	锚基任务	诊断性评价
第 1 课时：生活中的平均分（自主寻找实例并分享）	在你的生活中存在哪些与平均分有关的问题，请你用文字或者画图记录下来	以小组为单位，结合已有学习经验，用列算式、画图等多种方法解决	提问与追问：对比这些平均分的问题，你有什么发现 反馈：生活中的平均分有两种情况，即正好分完和有剩余
第 2 课时：拼图游戏（认识余数）	任意选择 20 根以内的小棒，拼摆正方形，可能会剩余多少根小棒	如果用这些小棒摆正方形，可能剩下多少根	提问与追问：剩余小棒的根数与哪些因素有关 反馈：剩余小棒的根数要根据摆一个图形所需要小棒的根数来确定

续表

课时	驱动问题	锚基任务	诊断性评价
第3课时：记录我的平均分（除法竖式：有余数、无余数）	任选小棒根数搭房子，并用式子记录搭房子的过程和结果	通过解释、交流和对比，探究除法竖式的正确书写格式，并理解除法竖式每一步的含义	提问与追问：除法竖式是如何记录平均分的反馈；结合拼摆的过程解读除法竖式的记录过程，解释除法竖式每一步的含义

四、关键课时教学实录

（一）在拼搭正方形的过程中认识余数，理解有余数除法的意义

师：通过上节课的学习，我们知道在平均分物的过程中可能会出现两种情况。一种是正好分完，另一种是有剩余。这节课我们就在拼图游戏中进一步研究平均分。

这节课我们要用手中的小棒来搭正方形。想一想，搭一个正方形，至少需要几根小棒？（4根，演示）那照这样再搭一个正方形呢？（课件演示）

师：课前每个同学都为自己准备了20根小棒。接下来，请你们任意选取一些小棒，像这样搭一搭（每4根小棒搭出一个正方形）。别着急，老师想请同学们先想一想，你们打算选几根小棒？能搭出几个正方形？还剩几根小棒呢？（在黑板上写清楚这3个问题）相信同学们已经有了想法，赶紧动手来摆一摆吧！

师：看到有的同学已经摆好了。快和你同桌的小伙伴说一说你是怎么摆的。谁愿意到前面来跟大家分享？

（现场采样：进行正好分完和有剩余两种情况的汇报）

正好分完的情况汇报：

生1：我选了12根小棒，正好搭了3个正方形，没有剩余。（学生边说边用小棒在黑板上拼摆演示）

师：你能用算式表示这个过程吗？

生1：$12 \div 4 = 3$（个）。

师：你能结合图说一说这个算式表示什么意思吗？

生1：12表示12根小棒，4表示每4根小棒搭一个正方形，3表示可

以搭 3 个正方形。

有剩余的情况汇报：

生 2：我选了 14 根小棒，搭了 3 个正方形，还剩 2 根。

师：同学们，你们能像刚才那样用算式记录他摆的这个过程吗？每个同学都想一想，谁愿意到前面把你想到的算式记录下来呢？（学生在黑板上写出算式）

预设：$14 \div 4 = 3$（个）……2（根）

师：他写出了这样一个算式，你们对这个算式有什么不明白的地方吗？你们想对他提什么问题呢？

预设：这 6 个小圆点表示什么意思呢？等号后面的两个数表示什么意思？

师：谁能结合图解释一下？

生：6 个小圆点后面的数表示剩余小棒的根数，3 表示能搭 3 个正方形，2 表示还剩 2 根。

师：谁能再结合图来说一说这个算式中的每个数都表示什么意思呢？

生：14 表示选了 14 根小棒，3 表示可以搭出 3 个正方形，2 表示还剩 2 根小棒。

师：刚才他在搭正方形的过程中先选了 14 根小棒。每 4 根搭成 1 个正方形，可以搭成这样的 3 个正方形，还剩 2 根。我们用算式记录在这里。在除法算式中，我们把没有分完的剩下的部分叫作余数。像这样的除法算式，我们把它叫作有余数除法。

点评：结合学生已有的经验和认知基础，拼搭正方形的操作活动让学生再次体会和感受平均分的两种情况，即正好搭完和有剩余。学生在有剩余的情况中认识余数，结合整个拼搭过程理解有余数除法的意义，从而认识有余数除法。

（二）聚焦影响余数大小的因素

面对驱动问题"任意选择 20 根以内的小棒，拼摆正方形，可能会剩余多少根小棒"，学生的回答并不统一：5 根、3 根、10 根……他们在认知上产生了冲突。学生通过动手摆一摆，并记录过程，最后得出结论，即剩余的根数是 1～3 根。

教师呈现一大堆小棒，并追问"如果用这些小棒摆正方形，可能剩下多少根"。3 根、8 根、10 根……学生的答案依旧不统一。

层次一：受被除数的影响，认为被除数越大，余数就越大。

生：我一开始认为剩余小棒的根数跟所选总的小棒的根数有关，以为总数越多，剩余的就越多。但是当动手拼摆之后，我发现我选的小棒根数多的，摆完正方形后余数不一定小。

师：你认为余数会变化，是因为受到什么影响？

生：余数的大小受到被除数的影响，但并不是随之增大而增大，也不是随之减小而减小。

层次二：受商的影响，认为商越大，余数就越小。

生：一开始认为搭的图形越多，剩余小棒的根数就越少，余数就越小。

师：你认为余数会变化，是因为受到什么影响？

生：余数的大小受到商的影响，但并不是随之增大而减小，也不是随之减小而增大。

层次三：发现关键因素——除数。

学生先猜想，然后通过动手操作等方式，发现无论选取多少根小棒剩余的小棒只可能是 1 根、2 根、3 根；通过对结论进一步思考、讨论和交流发现，剩余小棒的根数不可能大于或等于 4，从而得出余数的大小受到除数的影响且余数一定比除数小的结论。

点评：根据已有的认知经验，学生猜测余数的大小可能受被除数、商的影响。教师通过设计驱动问题"任意选择 20 根以内的小棒，拼摆正方形，可能会剩余多少根小棒"，继续追问"如果用这些小棒摆正方形，可能剩下多少根"，给学生充分的时间探索和思考余数的大小受除数的影响，即余数一定比除数小。大量的学习资源、充足的活动空间、充分的小组合作，让有余数除法的认识在学生的思维中实现进阶，让学生在动手操作的基础上进一步感知、理解有余数除法的意义。

（三）对比思考，在思辨中体会余数与除数的关系

教师通过课件演示用 25 根、31 根小棒搭正方形的过程，让学生判断可能剩几根小棒。

教师引导学生在辨析中提升对有余数除法意义的理解，在对比中强化学生对余数一定比除数小的理解与认识。

点评：学生在经历大量操作、思考与交流探讨的基础上，结合前面所学知识，认识到余数一定比除数小，并能结合具体情境解释其中的道理。

五、教学反思

基于学生的认知基础，立足驱动问题而设计的锚基任务应便于学生的探究性学习，便于学生自主性问题的解决，能给学生留足空间便于呈现个性化认知，以达到学习目标。

（一）锚基任务让学生经历完整的学习过程

回顾"除法"单元的教学设计过程，教师以学生为主体，引导学生围绕单元的具体概念开展实践研究。注重数学教学联系生活实际，从学生的认知规律和已有水平出发设计拼摆正方形的操作活动，一是为了引出有余数除法的算式，二是为了理解除法算式的意义。教师将具体的操作活动与抽象的算式建立联系，在大量拼搭、画图等操作活动中丰富学生的感性经验，让学生在操作活动中经历探索与发现余数的产生过程；让学生经历从现实生活到数学抽象、从算法理解到数学表达、从数学运算到问题解决的过程，让具体概念贯穿本单元学习的全过程。在整个教学过程中，教师重视学生的学习，让学生在完成锚基任务的过程中经历完整的知识发生、发展、形成和应用的过程。

（二）锚基任务让学生的思维不断进阶

弗赖登塔尔认为，学习数学的唯一正确方法就是由学生本人把要学的东西自己发现和创造出来。对于第2课时的锚基任务的讨论打破了学生原有的认知平衡，是建立余数一定比除数小的观念的重要基础。教师注重捕捉学生的感性描述，促进学生的理解。在整个教学过程中，教师鼓励学生用自己的语言描述其对具体问题的感性认识，适时捕捉、提炼、共享。这样的锚基任务设计让学生对余数与被除数、除数、商之间的数量关系越来越清晰，从而能真正理解有余数除法的意义。

在整个教学过程中，教师鼓励学生在多种学习活动中开展深度思考和探究。学生在课堂上解决了问题，完成了锚基任务；在完成过程中像锚一样有些摇摆，但还是稳稳达到目标。

六、案例评析

"除法"单元作为数与代数领域的内容，紧紧抓住数的运算的学习，强调进一步理解除法的意义，让学生在理解的基础上实现对余数概念的掌握，并且培养学生的除法运算技能，让学生能够将其用于解决生活中的余数问题。这也就对接了数感、运算能力和应用意识的培养。本单元以除法的运算与表达为大概念，上承学生过往平均分物的经验、对除法和除法意义的基本认识，下接分步求商的除法竖式的学习，遵循了学生的认知逻辑和学习数的运算的内在逻辑。

从学习进阶的角度来看，本单元首先进行了学情分析，发现学生有大量的平均分生活经验。但这些经验是零散的，学生并没有将熟悉的平均分情境与除法建立关联。因此本单元设计了准备课，让学生自主寻找实例并分享。本单元让学生经过准备课的学习后初步感知到平均分后还有剩余的情况，进而安排活动课；然后让学生学习除法竖式；最后结合生活中有余数的实际问题，发展学生的应用意识。这就保证了学生循序渐进的学习。同时本单元通过画图、列算式和动手操作等方式，让学生的思维外显，使教学序列与学生思维发展相匹配，切实提高学生的思维水平。

从问题串设计的角度来看，本单元以一个贴近学生生活实际的问题情境——"生活中的平均分"为起点，不仅可以激发学生的学习兴趣，还有助于学生对数学知识进行同化迁移，让学生在解决真实问题的过程中实现对新知理解的质的飞跃。在设置初始问题情境后，教师又提出了拼图、搭房子的问题，要求学生通过小组交流合作，用列算式、画图等方法解决问题，并且探究除法竖式每一步的含义；通过问题串引导学生发现、提出新问题，激发学生的思考。与此同时，教师通过不断提问、追问以及对学生回答的及时反馈，促进了师生对话，形成了民主开放的课堂氛围，帮助学生进行了有效的数学学习。

教师一开始就通过学情调研分析，发现学生存在无法将平均分的生活经验与除法建立联系、无法真正理解除法算式和余数的含义等问题，直面学生的困难进行教学设计。随后教师通过画示意图、列表和列式计算以及动手操作等方式，引导学生了解解决问题的多样化策略。从教师对任务完成情况不同的学生的反馈中可以看出，教师非常注重个性化学习，让学生亲自经历和体验学习过程，让学习真正发生。本单元重视余数意义的理解，让学生通过操作、思考与交流探讨等活动深刻认识到余数一定比除数小的结论，并能结合具体情境解释其中的道理。

第六章　诊断式评价：让学习真正发生

本章概述

　　诊断式评价是教师有目的、有计划地收集学生的评价资料，根据相关资料诊断学生的学习情况，了解学生的学力基础，调整教学行为，使教、学、评达到一致。原则上每个锚基任务下都要有对应的评价任务，及时对学生的思维进行评价和判断。这是教师决定是否进入下一个锚基任务的重要依据。通过对学生评价信息的收集，教师了解了学生的学习困境。在充分考虑学生差异的情况下，针对产生困难的原因，教师需要采取不同的教学手段，提高教学效率，使学习真正发生。教、学、评的一致性是推进教学研究和改进教学实践的新视角。教师应以核心素养的培养为旨归，以学习目标为核心，实现教、学、评的一致性。基于教学评价和教学反思，以生为本进行教学设计，从而实现教学创新。

　　本章主要阐述了诊断式评价的含义与价值，从原因和解决方法的角度来讲述如何面对学生的学习困难，并提出了如何评价学生、反思与创新教学，从而实施有效教学、实现教师专业发展，最后对真实的教学进行了研究、点评。

知识导图

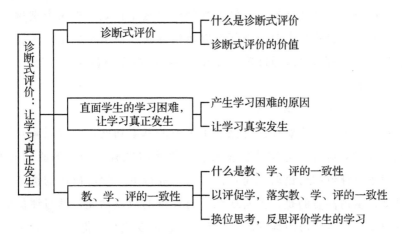

知识图谱

一、诊断式评价

（一）什么是诊断式评价

1. 诊断式评价的内涵

诊断式评价指向学习目标，融于"教—学"的过程中。其作用是在诊断学习结果的同时，激发学生的学习潜能，调控教与学的行为，让学生的学习走向"真实"。从含义上看，诊断式评价是指有计划、有目的地收集学生在学习数学知识、运用数学能力和发展数学情感、态度、价值观等方面的证据，并根据这些证据对学生的数学学习状况和学习水平得出结论的过程。可见，诊断式评价是课堂教学的重要组成部分，是学生学习的"诊断器"。

诊断式评价是在教育活动开始之前，为了了解学生的学力基础而进行的评价。它一般在学期、学年初，或采取某种新的教学策略、教学计划之前实施。通过诊断式评价，我们可以了解下列问题。

①学生当前的数学学习基础如何？

②学生在数学学习的过程中存在的主要问题是什么？可能的原因有哪些？

③不同学生在数学学习上有哪些差异？以前的学习目标是否达到？

④学生是否有能力开始新的学习？

通过对这样的评价信息进行收集，教师能够掌握学生的数学学力状况，及时发现存在的问题，有针对性地调整教学计划，提高个别指导的效果。在学生完成任务时，教师可以运用诊断式评价对学生的掌握情况进行评估。教师也可以通过学生给出的一些反馈来调整教学行为，使教、学、评达到一致。

2. 诊断式评价与教学案

在教学案中，诊断式评价保留了练习的基本功能，同时强调其评价作用。这是对以往练习定位的突破。如果练习能解决相应的驱动问题，那么对学习评价的讨论就完全可以跳过，进行下一学习模块的锚基任务的活动。值得注意的是，为实现练习与评价的双重功能，学习评价的设计既要关注学生学习的难点，又要考虑知识的变式与变化。

在以往的设计教学中，评价是置后的，一般在教学后设计评价内容。教学案倡导的是一种逆向设计思路。每个学习模块的学习评价不仅包含锚基任务需要达到的目标，还暗含下一个学习模块的学习指标，即评价相对于教学目标、教学活动的设计，既同步，又前置。在教学案中，驱动问题是教师为实现教学目标而设计的路径，这条路径也是学生学习进阶的目标；锚基任务是教师依据驱动问题设计的教学活动，也是留给学生记录学习轨迹的平台；学习评价是对教学目标达成度的测评。

(二) 诊断式评价的价值

诊断式评价可以是传统的书面练习、检测等，也可以是表现性评价任务，如对话、展示、实验或调查等。教师通过学生在评价中的表现，诊断学生有没有学会，了解学生学到什么程度，发现学生的学习困难在哪里，确定下一步教学该从哪里出发、该如何为学生的学习搭建支架，从而实现学习的"真"与"实"。

1. 诊断式评价调控学习过程

教学是一种有意向性的行为，它的起点是学生现有的基础（知识基础和经验基础），它的终点就是学习目标的达成。从起点到终点的过程就是教学的过程。学习评价镶嵌于教学与学习过程中，是"教—学"过程中一个不可分割的组成部分。教学案的实施倡导边学边评价，强调通过设计与锚基任务相融合的学习评价及时了解学生的学习情况，同时帮助学生对自己的学习情况做出客观评价，从而有效调控自己的学习过程。

学生之间是有差异的，不同层次学生的思维水平、知识表征方式都不尽相同。将评价融入学习过程，能反映出学生的不同学习方式以及对问题的不同分析与思考，帮助教师掌握不同学习方式与学习水平之间的联系，如不同学习方式对学习结果的影响、不同知识表征方式对知识建构的作用等，从而对学生的学习方式进行科学指导，展示不同学习方式给予学生启示，改进学生的学习方式，促进学生的学习。

将评价融入学习过程，可以了解学生的学习态度、情感和价值观。比如，教师可以通过完成任务情况了解学生的参与程度、认知水平、学习动机和兴趣等，并提供信息反馈，如表扬、鼓励、提醒等，指导学生表现得更好。

2. 诊断式评价促进主动学习

教是为了不教，运用教学案教学主张发展学生的自我学习能力。在教学过程中，尽管教师多运用评价来检测学习结果或调整教学行为，但要让学生参与到评价中来，培养学生的自我评价能力，引导学生做出自己的学习决策、做学习的主人。学习评价可以用形象生动的图示以及简明易懂的描述分享学习结果，进而可以让学生在学习时有着比较明确而清晰的方向；同时能够让学生通过评价记录自己的表现，利用评价规则对照自己的学习结果，了解自己的学习水平，发现与期望水平之间的差距；最终让学生在学习过程中能够有效地进行自我监控，不断改善自己的学习方法，并朝着目标努力前行。

3. 诊断式评价促进深度学习

学习评价可以用于评定学习结果、诊断学习问题、调控学习过程。同时教师应通过评价在学生学习进阶的节点处搭建支架，帮助学生从现有的经验基础出发，依次递进、逐级内化并形成自己的知识体系和思维方式，进而获得学习进阶。学习评价要求教师了解学生的认知经验和认知冲突，根据学生的最近发展区让学生去思辨、去体悟，在知识的关键处搭建支架，帮助学生实现深度学习、达成学习目标。

学习评价应服务于教师的"教"，促进学生的"学"，让学习走向高效。但是要真正做到"评价助教学""评价即教学"还是有许多困难的。比如，目前教学案有关同一个学习结果的评价内容、规则都过于统一，不利于学生的个性化发展。相信在接下来的研究中，我们一定会继续努力，不断完善，真正实现教、学、评的一致性的教学案设计并付诸实施。

4. 诊断式评价检测教学的实效性

每一节数学课对学生数学知识、技能的掌握以及能力的训练都有明确的要求，通过评价可以检测学生有没有达到这些要求。教学案要体现教、学、评的一致性。这个一致性就要求学习评价的设计指向驱动问题，评价任务的设计依据学习目标而定，评价的形式、内容以及难度都与驱动问题相匹配。

评价的有效性不是取决于评价的方式或技术，而是在于弄清楚究竟要评价什么。《义务教育数学课程标准（2022 年版）》强调在对学生学习基础知识和基本技能进行评价时，应该准确地把握了解、理解、掌握、应用不同层次的要求。有些教师往往无法准确把握这个度，设计的学习评价与驱动问题不一致，考量学习结果的标准不明确，导致学生不理解或不易于操作，导致评价达不到应有的功效。

因此，教师在设计诊断式评价的时候，要对学生的学习基础有一定的认识，从而设置符合学情的评价。这样的评价才能为驱动问题和锚基任务的确定提供真实有效的依据。

5. 诊断式评价强化学生的主体地位

传统课堂强调教师的主导作用，弱化了学生的主体地位。在传统课堂上，教师"教得完美"并不代表学生"学得真实"，学生常常处于被动接受的机械学习状态。往往学生的"答非所问"正是课堂的精彩生成之处。总之，学生循着教师的步调，缺乏内在驱动力，思考"学什么"远多于"我要学"。

现代课堂已逐步正视以学为中心的教育理念，突出学生的主体地位，充分调动学生的学习积极性和主动性。教师备教材时要将教教材转变为用教材，甚至是对教材进行创新。教师备课时要更关注"备学生"。在进行教学设计时，教师要以满足学生的认知需要和发展需求为前提，充分了解并尊重学生的学习心理和认知结构，使传统的"师本课堂"向"生本课堂"转换。学生作为学习的主体，要能动地、自主地学习；教师要转变为学生学习的组织者、引导者与合作者。总之，以学习为中心要占据主要的教学时空。

在诊断式评价的引领下，教师致力于精准联系学习目标与学生的内在学习需求，将学习的权利交给学生，但绝不是只让学生自学。教师要把与教学活动有关的各种因素作为一个整体加以分类和分层考虑；从学生的角度出发，设计有助于认知更新、能力提升的实践性任务，激发学生的学习兴趣，提高学生的学习积极性和主动性，放手让学生自主探索，引导学生自然而然地学。在交流的过程中，教师可以给学生提供必要的启发与指导，进行有针对性的评价，帮助学生自主探索、构建清晰的学习路径，从而将一节课中碎片化的知识整体关联起来，由浅入深、由此及彼、由表及里，促使学生的学习历程循序渐进地展开，逐步实现认知的转移、转换、转化，提高学生的思维能力。真实学习应落实在"想学习"的前提下：学生想要学，主动学，进而思考怎样学，这是学习高效发生的催化剂。

二、直面学生的学习困难，让学习真正发生

直面学生的学习困难能为教师的有效教学提供可能。教师应对学生的知识基础、生活经验和需求进行分析，了解学生产生学习困难的原因，进而设计教学计划和教学方案。教师要引导学生积极面对困难，提高学生解决问题的能力，进而让学生产生主动解决问题的内在动力。而且解决问题的过程是具有创新性的、充满挑战的、生成性的过程。只有学生在对问题的解构与建构中理解数学，数学学习才能成为富有意义的活动。

一般来说，教师可以很容易地说出自己认为的应该教什么、怎么去教。相比之下，教师在实际教学中遇到的困难更加难以应对。教师应当基于学生的发展需要，为学生搭建有效的脚手架，设计高质量的学习活动，从而帮助学生理解问题、抓住知识的本质，加强学生学习的深度，拓宽学生学习的广度。

尽管知识在教学中的突出地位毋庸置疑，但教学本身应是从学生的视角出发的，学生对知识的理解水平应当是教师更加关注的内容。同时如何让学生实现知识的深层次发展是教学的重中之重。

（一）产生学习困难的原因

从课堂信息传递来看，从教师"教"到学生"学会"，信息必须经历

两次转换。其中，从"教"到"学"是信息的第一次转换，从"学"到"学会"是信息的第二次转换。相比而言，信息的第二次转换比第一次转换更为复杂、更为重要。因为第一次转换是信息的人际转换，这种转换在自主学习中同样存在，表现为从文本到学生。第二次转换是信息的自我转换，即学生对信息进行精细加工。只有实现了第二次转换，学生才有"学会"的可能。教师应在开展课堂活动之前，对学生进行诊断式评价，了解其发展水平。针对学生的学习情况，教师找到关键点和困难点，安排相对应的教学活动，提高两次信息转换的效果，让学生真正获得知识。

在学习的过程中，学生对新知识的理解往往伴随着心智表征的根本性改变；学生关于概念的参照框架在很大程度上得到重构，产生意义的方式也将发生变化。这需要经过冲突阶段和干扰阶段。[①] 脑科学的研究表明，杏仁核作为边缘系统的一部分，参与内隐性的情绪反应（如突然的惊吓）和外显性的情绪学习（如对电、火等危险事件的学习与记忆）；这种参与使我们更容易记住充满情绪性的事件。因此，认知冲突往往使学生产生深刻的体验，即使这种体验在开始的时候并不美好，学生甚至会对新概念产生排斥、不理解。当学生面对问题情境的改变，意识到这些概念将不再为解决新问题提供帮助时，学生才会产生修正或抛弃原有概念、学习新概念的内在发展需求，进而建构新的经验网络。但是这种对概念局限性的客观认识，即概念的失稳，往往不是自然发生的，需要教师的介入。教师可以通过提出核心问题的方式，引导学生围绕关键概念阐述自己的概念解读方式。在将同学的前概念与自己的前概念进行差异比较的过程中，学生会逐渐意识到自己前概念的局限性，产生认知冲突。这样学生的前概念俨然不再坚固。例如，在学习"负数"的时候，教师可以提出"−1和−2哪个数值大"的问题，引导学生思考。基于学生前概念的不同，有的学生通过2比1大，迁移到负数的比较，所以认为−2比−1大；有的学生认为−1楼比−2楼高，所以认为−1比−2大。不同的回答、不同的解释可以引发质疑、讨论和反思。这时候概念陷入失稳

① ［法］安德烈·焦尔当：《学习的本质》，杭零译，引言1页，59～60、64、80～82、107页，上海，华东师范大学出版社，2015。

状态，学生需要新的解释来保持概念的稳定性。

需要注意的是，这种认知冲突需要控制在学生可接受的范围内，不能过强，否则可能会使学生无法清晰地思考，放弃概念的更新。研究表明，积极情绪能够提高注意广度、发展整体性思维和增强想象中的行动反应，持续性的消极情绪（如压力）则会减少信息的获取、保持和再认。[①] 为了将学生的概念失稳状态控制在可控的范围内，首先，教师要创造一个安全的学习环境，让学生充分信任教师、同伴和学习材料，并能放心地投入学习活动。其次，教师要悦纳学生的前概念，并不是单纯地对"对"与"错"做出价值判断。前概念是由学生在过去的学习或生活中提炼总结而成的，必然是能够解释某些问题才被学生纳入自己认知结构的，并对学生产生一定的影响。教师需要做的就是在教学活动开始之前，通过前概念来预测学生的行为并改进教学，而不是进行价值判断，以免减弱学生的自信心和安全感，从而提高教学效率和学生的学习效果。最后，教师要给予学生一些帮助，使学生在面对困难时获得经验和策略上的支持，提高接受认知干扰的可能性，最终达到概念的转化。

（二）让学习真实发生

1. 确立清晰的教学目标

以往的目标往往基于学科逻辑的育人目标确定，比较抽象、笼统。现在，我们要在这个基础上进一步提炼，使目标具体、简明。学习目标的行为主体一定是学生，知识技能目标应该是一节课必须解决的基本问题；情感态度目标要指向自我提升，汲取别人成功的经验丰富自己，达到立德树人的目的。教学目标既要考虑教学内容的要求，又要考虑学生的学情、学生的成长，在行为主体上要从教师转变为学生。

"认识三角形"一课的教学目标

①知识技能：理解三角形的定义，理解三角形的底和高的概念，知道三角形有三条高，能正确地画三角形（锐角三角形和直角三角形）的高。

②数学思考：用操作和语言比较清楚地表达思考过程与结果，感受数

---

① Schwabe L. & Wolf O. T., "Learning under Stress Impairs Memory Formation," *Neurobiology of Learning and Memory*, 2010（2），pp. 183-188.

学概念的严谨性和简洁性，体会三角形的底和高的对应关系，发展空间观念。

③问题解决：经历与他人通过合作交流解决问题的过程，善于解释自己的思考。

④情感态度：主动参与学习活动，培养乐于思考、认真倾听、勇于质疑与自我修正的良好品质，增强学习数学的兴趣。

新课程改革以来，我们特别倡导学生要勇于质疑，要有批判性思维。但是现实中还存在只学会批判别人、质疑别人，而忘却质疑自己、改进自己的现象。因此，要让学生学会汲取别人成功的经验，修正自己的观点。也就是要取长补短，不光把质疑和改进的目光指向别人，更要指向自己，及时反思评价。

2. 基于目标设计富有探索性和挑战性的学习活动

学习活动是基于对教学内容梳理而提炼出来的核心问题解决或活动任务，能促使学生主动探究和独立思考。

以"倍数与因数"一课为例，活动1要求学生利用12个小正方形摆长方形，但学的过程有了很大改变，即以操作任务的形式直接出示材料。教师没有任何提示，只给学生提供了可操作的材料，也就是小正方形和方格纸。这就给学生提供了较大的自主空间，置教学内容于有趣的操作活动之中，在现实情境中提取学材。教师在设计活动1时首先考虑的问题是怎样才能让教学真正基于学生。原教案的设计是由乘法算式引出因数、倍数的概念，但以教师告知、学生记述为主，使学生的思维处于模仿的层面。此处能不能留下学生学习的痕迹呢？教师又考虑放手让学生展示自己的思考过程，分别从画图、文字、乘法算式、除法算式四个层次进行展示。反思之后，这样会不会给学生带来思维上的干扰呢？对于"几倍"，学生在以前的除法算式中已经认识过，学生会不会认为只要有乘除法算式就能找到因数、倍数呢？比如，对于 $5 \times 2.4 = 12$，教师通常是直接告诉学生研究的是非0的自然数，这样2.4的问题就可以解决。但学生对于5为什么不是12的因数没有弄清楚。出于以上考虑，新的教学案没有过早给出乘法算式，而是借助直观图形，提供抽象的概念具体的背景，强化学生的实际操作过程。教学案中的"小贴士"实际上是基于学生立场的一种多元化的交流，让学生清楚地知道"我要怎么学"。在实际操作中，学生通过摆 1 排、2 排、3 排、4 排，认识因数、倍数的意义，有序思考。接着学生摆 5 排，发现摆不出长方形，得出 5 不是 12 的因数；追问长方形的长、宽是否可以为 0。接着教师自然引出研究的范畴——"非 0 的自然数"，让学生从具象的长方形的长、宽、面积之间的关系中感悟到因数、倍数相互依存的关系，使学生的思维实现从具体到抽象的提升。

3. 注重数学理解，读懂学生的思维

数学理解有两重含义：一是对数学知识内容、思想方法、技能策略的理解；二是数学化理解，即会从数学的角度看待、思考和处理现实问题。[①]数学理解是深度学习的基础，是强化数学记忆的工具，是活用数学知识的纽带，是完善认知结构的核心。判断一个学生是否已经获得了数学理解，只要看这个学生能否用自己的语言表达相应知识的数学内涵，对知识的内涵进行正确无误的解释和描述。[②] 从某种意义上讲，学生不仅要说出概念和规律是什么，还要知道它是怎样得出来的、是怎样运用的、与学过的知识之间存在什么样的联系。随着理解的不断生成，学生的数学知识不断扩充，数学能力不断增强，使已有的理解不断拓展和深化，相关的各种联结也更加稳固和牢靠。在日常教学中，教师应该关注学生是否理解知识、如何理解知识，并在知识的应用中引导学生不断巩固和深化理解。

有些教师面对学生的思维结果，只是简单地评价正确与否，不去分析成因，不能利用好其背后藏着的丰富的教学资源。尤其是学生思维中出现的错误往往是学生生活经验造成的迷思与误解。教师要冷静分析，帮助学生去伪存真，将学生的误解转化为对知识的真正领悟。

4. 设计基于目标的评价任务，检测学生对目标的达成度

评价任务的设计并非随意的，而应基于教学目标，兼顾与驱动问题、锚基任务的对应，考查学生对目标的达成情况。教学过程中再利用"小贴士"，引导学生的学习方向，以起到导学作用。

---

① 钟珍玖、庞彦福：《"数学理解"的内涵及教学价值探微》，载《中学数学（初中版）》，2014（14）。

② 陈新涛、张明红：《关注数学理解　回归儿童立场》，载《小学数学教师》，2019（10）。

在"倍数与因数"一课中，设计活动2的评价题时，教师将书本的例题和练习进行了整合，体现了层次性、多样性，进一步强化了数轴模型和集合模型思想。在找一个数的倍数的教学设计中，因为学生已经积累了丰富的找一个数的因数的活动经验，所以教师利用方法迁移，充分放手让学生自己探索寻找一个数的倍数的方法，认识一个数的倍数的特点。在设计任务时，教师注意到一些细节把握。比如，教授3的倍数时后面要注意省略号，教授2的倍数时利用数轴体验倍数个数的无限，教授5的倍数时给定了一个范围。这样让学生在观察、操作、思考、交流中获得积极的数感体验。

5. 重视学生的内在差异

对于处于不同学习水平的学生，其学力基础是有层次和差异的。面对同一个学习任务，不同学生参与的积极程度、思考的切入点、解决问题的方式都可能不同。若忽视学生的内在差异，将学生置于同一起跑线上，则难以保证不同学生获得相应的发展，学习的有效性往往不显著。

真正的学习着力追求学习"真"发生：教师尊重学生在知识、能力、品格等方面的层次与差异，因材施"评"；根据评价把握学生的真起点，为学生设置不同的学习坡度，并为学生不同的课堂生成提供个性化的指导，促使不同学生得到相应的提升。

三、教、学、评的一致性

在大力倡导以人为本的当今社会，学校教育如何把以生为本的理念贯彻落实到日常教育教学中，是首要和根本的问题。教师具有评价学生、反思与创新教学的意识和能力是实施有效教学、实现自身专业发展的重要前提。

（一）什么是教、学、评的一致性

教、学、评的一致性即教师的教、学生的学以及对学习的评价应该具有目标的一致性。清晰的目标是教、学、评的一致性的前提和灵魂。没有清晰的目标，就无所谓教、学、评的活动；没有清晰的目标，也就无所谓一致性。[1] 可以说，教学有效的证据在于目标的达成，在于学生学

---

[1] 崔允漷、夏雪梅：《"教—学—评—致性"：意义与含义》，载《中小学管理》，2013（1）。

习结果的质量，在于何以证明学生学会了什么。在教学中，目标是教学的支点，评价贯穿教学始终以促进目标的达成。但在实际的课堂教学中，有些教师没有系统考虑目标在其中发挥的重要作用，难以做到评价先行，教、学、评的一致性常常成为空谈。因此，处理好教、学、评之间的关系，对于推动教、学、评一体化的实施有着举足轻重的作用。解决教、学、评一致性问题的实质在于提高教、学、评的相关性，研究教什么、学什么、评什么的问题。《义务教育数学课程标准（2022年版）》针对内容要求提出了与之相对应的学业要求和教学提示，进一步细化了评价与考试命题建议。其核心正是注重实现教、学、评的一致性，不仅明确了为什么教、教什么、教到什么程度，而且强化了怎么教的具体指导，为教师落实教、学、评的一致性提供了清晰的指导。[①]

要落实"为什么教"就需要深刻理解课程的育人价值，准确把握学生需要培养的核心素养，明确学生的必备品格和关键能力，把立德树人的根本任务落实在教学中。要落实"教什么"就需要准确把握教学内容和教学活动，厘清知识结构，明确教学中需要培养的知识、能力、情感、态度与价值观，确定合理清晰的教学目标。要落实"教到什么程度"就需要整体理解和把握学习目标，把握学情，凸显学生的主体地位，充分发挥评价的功能，在使学生获得基础知识、基本技能、基本思想、基本活动经验的同时尽量满足学生多样化的学习需求，因材施教。要落实"怎么教"就需要进一步挖掘课程标准中内容要求、学业要求和教学提示所要传达的核心要义，整合教学内容，优化教学设计，变革教学方式，改进教学过程。

总之，落实教、学、评一致性的重点在于教学设计与教学实践。如何在教学设计中保障教、学、评的一致性，如何在实践中落实教、学、评的一致性，是促进教、学、评有效衔接的关键环节。

（二）以评促学，落实教、学、评的一致性

1. 辩证看待教学、评价与发展之间的关系

维果茨基认为教学要走在发展的前面。其原因有以下两种。一是教

---

① 中华人民共和国教育部：《义务教育数学课程方案（2022年版）》，4页，北京，北京师范大学出版社，2022。

学能够促进学生的智力发展，教学决定着学生的发展水平、发展速度；二是教学在发展中有着重要的主导作用，既要适应学生的现有水平，又要创造学生的最近发展区。因此，教师所设置的学习活动需要适应学生的最近发展区，其认知要求可以略高于学生目前已有的认知水平。这样的教学能够让学生不断跨越最近发展区，从而达到更高水平的发展。但对于学生的评价而言，评价任务的确定应当与既定的学习目标相适应，与学生的能力水平相匹配。教师在教学中应当辩证地看待教学、评价与发展之间的关系，关注核心素养的阶段性和各阶段间的一致性，把握教学内容与核心素养发展的一致性，以促进学生核心素养的发展。

2. 正确认识评价在教学中的重要地位

评价是教学的重要环节，应伴随教学始终，是影响教师教学的一条主线。单元教学设计更加强调评价设计先于教学实践。即当教师确定单元的教学目标后，应该随之形成与教学目标相适应的评价任务，形成与教学目标相匹配的学习任务。这样环环相扣的教学设计凸显着教、学、评的一致性。教师应该厘清基于评价的教学设计与基于成绩的教学设计之间的区别，打破唯成绩论、一考定终身的僵硬局面，突出评价的多维度、多元化、多样化，关注学生的情感、态度与价值观，关注学生应用意识和创新意识的培养。

3. 合理设计促进教与学的评价任务

以往的评价往往忽视了让学生经历知识发展的过程。而素养的形成需要学生经历数学活动经验积累的过程，让学生感受到学习数学的必要性。教、学、评的一致性的核心在于促使目标的达成，指向核心素养的培养；更强调以序列化的体验活动为评价任务，避免出现重知识、轻能力的误区。在单元教学设计中，教师可以精心选用或开发高质量的过程性评价、单元教学评价资源，如利用单元大任务、项目式学习等方式，不仅能对学生的基础知识和基本技能以及数学解题能力进行测评，还能对学生的核心素养与关键能力进行评价。

（三）换位思考，反思评价学生的学习

所谓换位思考是指教师一定要学会站在学生的角度想问题，了解学生的心理特征、生活经验、认知基础、思维障碍等。但在实际的教学中，有些教师又会犯主观经验错误，想当然地把自己的想法当成学生的需求、学生的困惑。有时候教师认为不是问题的问题却能使学生百思不得其解。我们应该清楚地认识到，一个班级中学生在认知水平和知识储备等方面存在差异。显然，单纯地从知识分类的角度进行分析还不够，还应关注学生学习的不同起点、过程和载体。[①]由于学生有着不同的经验基础、思维过程及其表征方式，在进行诊断式评价时，我们要充分考虑这些差异，预设产生的结果，思考如何促使这些差异进行碰撞、互补甚至融合，让学生不断补充并完善自身的认知结构。我们要从学生自身发展的角度出发对学生的已有知识经验、思维过程及其表征方式开展研究。

有关教师教学方式的研究表明，只有基于学生学习方式的理解，教师才能有效地教学。当然，这一点我国教师做得比较好。我国教师特别重视教学预设，倾向于事先了解学生容易犯错误的地方，并注重给予学生清晰的讲解。了解学生会犯什么错误是重要的，但了解学生的目的绝不是阻止学生犯错误，而是提供机会让学生充分地暴露错误。这样才有助于我们发现学生犯错误的原因是什么，从而在学生遇到困难时给予有效的疏导。

我们再来看一个真实的案例。有一次，教师让一个学生指出两个底角所对应的两条边。令人惊奇的是，这个学生竟然始终找不到。这使教师产生了很大的疑惑：角所对应的边难道是学生学习的难点？有了这样的疑惑，课后教师做了一次小测试：让学生绘制一个三角形，并标出 $\angle A$、$\angle B$、$\angle C$，然后标出 $\angle A$ 所对应的 a 边，$\angle B$ 所对应的 b 边，$\angle C$ 所对应的 c 边。测试结果显示，只有不到 44.4% 的学生能够正确找到，55.6% 的学生竟然找不到和角所对应的边。

通过测试，教师能够更加科学地反思和有针对性地弥补自己在教学中的不足。其实我们有时候会把教学重点放在我们通常认为重要的科学概念上，如什么是三角形的高，如何画出平行四边形的高等；没有意识到学生的学习困难往往出现在科学概念之前的日常概念上，如什么叫作角的对边，在教学时认为这就是一个日常概念，在理解上没有什么难度。

---

① 张春莉、刘怡：《基于学生学习路径分析的教学路径研究》，载《中小学教师培训》，2015（9）。

殊不知有些学生对什么叫作角的对边的理解，就是这个角的两条边。可见，教师不能想当然地认为学生哪里有困难，哪里没有困难，而是要读懂学生的思维和想法。只有真正知道学生的所思所想，才能对症下药，取得更好的教学效果。

什么是有效教学？不同教育家给出的回答都具有一个共同的特征，就是以学生为本、满足学生的需求，与学生的思维、语言和情感相融合。"问渠那得清如许？为有源头活水来。"对于教师的教学而言，这句富有哲理的诗句带给教师的启示就是，要想保持教学之树常青，教学就需要不断追求完善、追求创新；完善和创新的出发点和归宿点都是学生的发展。换句话说，有效教学要研究的真实问题来自课堂中的实际问题，有效教学适切的咨询方式是向学生请教，有效教学权威的评判标准是所教学生的学习效果。

我们主张从学生的需求出发去研究学生，在学生学习的过程中去研究学生，为促进学生的个性化发展去研究学生。这种意识构成了有效教学的前提，也是推动课堂教学改革、促进学生健康发展的核心理念。

从实际出发，明确学生的层次与差异，开展学情调研与分析是课堂教学必不可少的环节。它是因材施教、以生为本的前提，是确定教学目标的基础，也是设计教学内容的依据。在运用教学案的教学中，学情分析可以在课前实施。教师经过提前了解准确定位学习目标，设计适切的学习与评价任务。学情分析也可以在教学中实施。教师应开展具有开放性的、有梯度的活动，提供多样化的素材，鼓励学生在自主探究、小组活动中，根据自身的知识经验和能力水平进行经验连续、知识关联，开展真实的学习，获得不同的发展。在这个过程中，教师要尊重学生的个体差异，针对不同学生进行相应评价与提供个性化指导，使不同学生都逐步提升，最终都能达成学习目标。促进学生个性化发展的同时也促成学生集体中不同思维方式的碰撞，使学生思考问题的角度在课堂的交流中不断丰富，有助于培养学生的发散性思维与合作能力。

教师行动研究

"长方形和正方形的周长"单元整体教学设计

设计者：北京市通州区东方小学　饶光莹

一、单元学习主题分析

（一）核心概念分析

"长方形和正方形的周长"这一单元属于第一学段图形与几何领域的图形的认识与测量部分的内容，学段之间的内容相互关联并逐段递进。图形的认识主要是对图形的抽象，让学生在经历实际物体抽象出几何图形的过程中认识图形的特征，了解点、线、面、体的关系，积累观察和思考的经验，逐渐形成空间观念。图形的认识与图形的测量有着密切联系。图形的测量重点是确定图形的大小，让学生经历使用统一度量单位的过程，感受统一度量单位的意义。在这一学段，学生在认识长方形、正方形的过程中感悟四边形的共性与区别。借助用直尺测量的方法，学生自主探索、归纳出长方形和正方形及其周长的特点。在探索的过程中，学生逐步积累操作的经验，形成量感和初步的几何直观。

依据《义务教育数学课程标准（2022 年版）》，本单元涉及的数学核心素养主要有量感、几何直观、空间观念、推理意识。数学认知方面的内容主要有认识长方形和正方形的基本特征，感悟图形的共性与区别。学生在经历图形测量的过程中知道了什么是图形的周长，这是学习长方形周长和正方形周长的重要条件。其中，化曲为直的数学思想是本单元学习的一个大概念，长方形和正方形的周长都是在化曲为直的数学思想的指导下进行测量的。

（二）教学内容分析

本单元的内容是学生在已经初步认识什么是长方形和正方形，以及认识角的基础上进行学习的。本单元继续认识长方形和正方形的特征、认识周长以及学习长方形、正方形的周长计算方法。

在学习认识长方形和正方形的内容时，学生的认知基础是可以从各种图形中区分出长方形和正方形，在此基础上通过一系列数学活动进一步认识长方形和正方形的基本特征。教材通过呈现一些规则和不规则的实物和图形，让学生在描、指、围等实践活动中感悟和理解周长的实际含义，感悟数学与生活的密切联系，形成与发展空间观念。

在学习长方形和正方形的周长内容时，学生在学习长方形、正方形的特征和图形的周长等知识后，开始学习图形的测量的内容。这部分内容要让学生经历长方形、正方形周长计算方法的探索过程，从而理解长方形和正方形的周长公式。关键是引导学生交流讨论每种计算方法后隐藏的思考过程，不必限定学生必须用哪种方法解决问题，而是让学生在解决实际问题的过程中感受不同方法的优越性，灵活应用知识解决实际问题，了解数学的价值。

"长方形和正方形的周长"单元的知识结构图如图 6-1 所示。

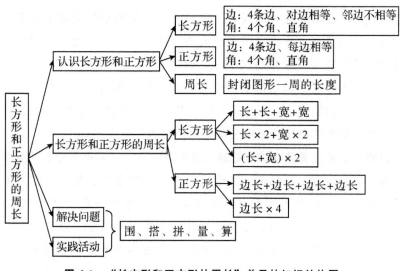

图 6-1 "长方形和正方形的周长"单元的知识结构图

1. 认识长方形和正方形

本单元借助生活情境图"客厅的一角"，引出长方形和正方形，使学生体会长方形和正方形是我们日常生活中常见的图形；再通过例题把学生带入探究长方形和正方形特征的数学活动。本单元通过数、比、折、量等数学活动引导学生探究发现长方形、正方形的边与角的特征，并引出长方形的长和宽、正方形的边长的概念；引导学生进一步观察、思考，找到长方形和正方形的异同之处，发现并总结长方形和正方形的关系。

2. 长方形和正方形的周长

本单元在具体编排上呈现了描一描、指一指和围一围三个活动。描一描活动让学生感知何谓"一周"，由物抽象出形，感受周长与物的形状、大小等没有直接关系，只与其从起点开始再回到起点的边线的长度有关；指一指活动帮助学生进一步加深对周长"一周"的理解；围一围活动让学生更加深入地理解图形周长的含义，建立周长的概念，即围成图形边线的长。

通过计算画框的周长问题，三名学生分别展现了用三种不同的计算方法来计算长方形画框周长的场景，并思考"为什么这样计算"。教师组织学生讨论，使学生通过讨论进一步建立长方形的周长和特征之间的关系，理解算式的含义，掌握周长的计算方法。本单元利用"长方形周长通常可以这样计算"的情境呈现了一个公式。事实上，正如本单元用的"通常"一词，本单元不强求学生用哪种方法计算，而是要让学生根据具体情境选择适合的方法。

最后，本单元呈现了一个正方形，以正方形的特征引入，引导学生运用特征和通过迁移找到求正方形周长的方法。

3. 解决问题及实践活动

本单元要求学生根据实际情况选择合适的测量工具，掌握恰当的测量方法，通过实践活动发展认知能力，加强对长度的直观感受，加强空间观念，积累数学活动经验。

（三）学生情况分析

本单元是在一年级认识长方形和正方形的基础上做的进一步探究。三年级学生对图形的特征有一定的认知基础，但有些学生对周长概念的认识不够明确。因此，本单元对三年级 10 个班的学生关于周长的相关知识掌握情况进行了学情前测，并对个别学生进行面对面的访谈。测试内容如下。

描出图 6-2 中图形的周长，任选一个图形量出周长。

图 6-2　不同图形的周长测量

测试情况 1：初步理解周长的含义，能够用线准确描出图形轮廓的一周为周长，并能量出其中一个图形的周长（83.5%）。

测试情况 2：初步理解周长的含义，能够用线准确描出图形轮廓的一周为周长，对不规则图形则没有思路测量其周长（8.5%）。

测试情况 3：对周长的概念不够明确，将图形内部的线段与图形周长混淆（7.0%）。

测试情况 4：对周长的含义一无所知（1.0%）。

根据学情前测可知，学生对于周长的认知程度存在较为明显的差距。大部分学生能正确描述周长在具体情境中所表示的含义。然而还有部分学生对周长概念的认识模糊。基于对学生认知差异的认识，以实际生活情境为基础，用实践建构化曲为直的数学模型，来帮助学生理解周长的含义，更符合学生的已有认知经验。

基于单元学习内容和学生情况以及学习进阶的理论，对学生关键能力进行水平层级的划分。表 6-1 为"长方形和正方形的周长"单元的学习进阶。

表 6-1 "长方形和正方形的周长"单元的学习进阶

等级	空间观念	推理	应用
水平一	能判断基本图形的形状及适用的周长公式	利用猜想验证推导周长公式，能说算理	会根据数据用周长公式计算长方形和正方形的周长
水平二	可以根据长方形和正方形的特征，正确计算周长；对不能用周长公式直接求解的不规则图形可以分析其错误的原因	结合推导过程和原有的旧知识进行简单的解释与分析；对生活中的一些简单问题能说明简要道理	会寻找相关数据，利用周长公式计算长方形和正方形的周长，能解决生活中的一些简单问题
水平三	能发现组合图形和不规则图形与学过图形的组合与分解	能清晰地解释与分析，准确表达自己的思考过程，有理有据，值得推广	能综合运用有关长方形、正方形的知识，融会贯通，用反思的态度发现问题、分析问题，并能正确解答生活中的问题

我们基于以上分析对"长方形和正方形的周长"单元教学内容进行整体建构，并调整了课时安排。图 6-3 为"长方形和正方形的周长"单元教学内容的整体建构。表 6-2 为"长方形和正方形的周长"单元的课时安排。

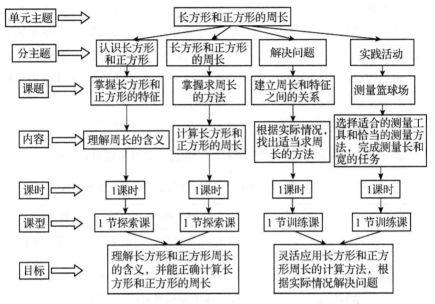

图 6-3 "长方形和正方形的周长"单元教学内容的整体建构

表 6-2 "长方形和正方形的周长"单元的课时安排

教学建议（5 课时）		单元学习设计（4 课时）
认识长方形和正方形（1 课时）		认识长方形和正方形（1 课时）
长方形和正方形的周长	例 1 描出图形的边线（0.5 课时）	长方形和正方形的周长（1 课时）
	例 2 理解求长方形周长的方法（0.5 课时）	
	例 3 理解求正方形周长的方法（1 课时）	
解决问题（1 课时）		解决问题（1 课时）
实践活动（1 课时）		实践活动（1 课时）

二、单元学习目标设计

第一，利用数一数、比一比、围一围等观察、操作活动，初步认识长方形和正方形的特征，理解周长的含义。

第二，理解长方形和正方形周长的含义，并能正确计算长方形和正方形的周长。

第三，经历观察、测量、计算、思考和交流等活动过程，渗透数学思想，积累数学活经验，发展空间观念。

第四，感受数学知识间以及数学与实际生活之间的联系，并渗透相互联系、相互转化的辩证唯物主义观点，培养数学学习的兴趣；在自主探究和合作交流的过程中培养积极探究和大胆尝试的自主学习能力、协作互助的意识、解决简单的实际问题的能力。

三、单元学习历程设计

表 6-3 为"长方形和正方形的周长"单元的学习历程设计示例。

表 6-3 "长方形和正方形的周长"单元的学习历程设计示例

课时	驱动问题	锚基任务	诊断性评价
第 1 课时	长方形和正方形有什么相同点和不同点	以小组为单位，学生进行画一画、围一围的动手实践，在交流中形成共识，提出设计方案	提问与追问：你们是用什么方法围的；什么是周长 反馈：图形边线的长度
第 2 课时	防撞条需要多长呢；利用学具摆出算理，想一想为什么这样计算	创设真实情境，探究长方形周长的算理	提问与追问：为什么这样计算 反馈：两条长和两条宽的和 追问与提问：谁影响了周长的变化 反馈：长和宽
第 3 课时	用铁丝围了一个边长为 40 厘米的正方形，如果用这根铁丝围一个宽是 30 厘米的长方形，这个长方形的长是多少厘米	通过动手操作，探究长方形周长的计算方法，并研究它们之间的关系	提问与追问：在围长方形的过程中什么没有变 反馈：利用画图的方式发现长方形的周长没有变

四、关键课时教学实录

（一）在观察中建立周长的概念

师：（出示问题情境图，见图 6-4）妈妈想给长方形的茶几安装防撞条。要想知道这个防撞条的长度，需要先知道哪些条件？

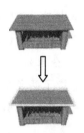

图 6-4　问题情境图

生 1：需要知道这一周的长度。

师：这个同学的意思是需要知道这一周四条边的长度才行，有不同的意见吗？

生 2：我认为只需要知道一条长、一条宽的长度就可以了，因为这张桌子是长方形的，长方形的对边相等。

师：谁听明白了，能总结一下吗？

生：我们知道长方形的对边相等。所以只需要知道一条长、一条宽的长度就能求这个茶几的周长。

点评：学生知道长方形的特征，即对边相等。学生通过观察发现茶几的形状是长方形，判断求茶几的周长只需知一条长、一条宽的长度。学生通过结合生活实际观察，将数学知识迁移到生活中，巧妙地解决问题。

（二）在实践中理解周长的本质

师：请同学们借助手中的学具摆一摆、算一算。你们有几种算法？摆完可以和同桌交流摆法。

层次一：通过实践验证算理，求出长方形的周长。

活动要求：利用小组合作，借助学具摆出算理，并思考为什么这样计算。

方法一：10＋6＋10＋6＝32（分米）

学生板演并分析算法：学生分别量了长方形四条边的长度，然后把它们加起来就是长方形的周长。因为长方形有四条边，所以四条边的长度和就是长方形的周长。

方法二：10×2＋6×2＝32（分米）

学生板演并分析算法：因为长方形的对边相等，所以学生只量了两条边，然后用长和宽分别乘以2再相加，也得到了长方形的周长。

方法三：（10＋6）×2＝32（分米）

学生板演并分析算法：学生量了两条边，长方形有两条长和两条宽。所以也可以先求出长与宽的和，然后再乘以2，就可以求出长方形的周长。

师：同学们想出了解决问题的方法。在这些方法中，你们更喜欢哪一种方法呢？为什么？

层次二：基于长方形的特征，用长、宽两条边求出长方形的周长。

师：你能给大家出一道求长方形周长的题吗？

师：你能根据这些算式提炼出一个规律吗？

生1：长方形的周长＝长＋宽＋长＋宽。

生2：长方形的周长＝长×2＋宽×2。

生3：长方形的周长＝（长＋宽）×2。

师：通过研究，我们找到了长方形的周长计算方法，帮助妈妈解决了求茶几周长的问题。

师：请计算下面图形的周长。

长16分米	长20分米	长10分米
宽4分米 ▭	宽4分米 ▭	宽5分米 ▭

生1：（4＋16）×2＝40（分米）。

生2：20×2＋4×2＝48（分米）。

生3：（10＋5）×2＝30（分米），或10×2＋5×2＝30（分米）。

点评：学生学会用长和宽来描述求周长的方法（建立模型）。学生深刻地体会了利用图形的特征解决生活中的周长计算问题的过程。为了不将学生的思维限制住，让学生从具体的数学问题抽象出数学公式是学生建模的一个重要过程，对于学生的发展有着重要的作用。在具体情境中，学生巩固了长方形的周长计算方法，并感受到方法二和方法三很好地利用了图形的特征，只需量两个数据就能解决问题，体会其优越性。

五、教学反思

教师结合学生身边熟悉的情境——给茶几安装防撞条，让学生直观感知周长的概念，经历动手操作求周长的过程，理解周长的意义，撬动学生的思维之门，发展学生的空间观念和想象能力。

在探索长方形周长公式的过程中，学生充分利用希沃白板软件的互动优势，通过学科工具的"复制""旋转"等功能，更真切、直观地去感受图形的变化，更大胆地去猜想并发现规律。学生在动态的"教"与"学"过程中不断进行知识的自主获取，不断地与教师进行信息的交互，进而在互动学习过程中养成自主探究意识，提高自主获取知识的能力，提高学习的主动性与积极性。学生真正做到在解决图形周长的实际问题过程中，逐步积累操作的经验，形成量感和初步的几何直观。

计算长方形和正方形的周长是计算图形周长的一种特例。对于初次接触图形周长的学生来说，是把重点放在周长公式的计算结果上，还是注重引导学生探索具体图形的周长的过程上，是两种不同教育观的反映。

在教学过程中，教师并没有采用传统的"公式—例题—习题"的教学模式，而是采用新课程倡导的"问题情境—猜想—建立模型—验证与解释—应用与拓展"新型教学模式。另外，在探讨长方形的周长公式时，学生通过讨论与交流，想出了"长方形的周长＝长＋长＋宽＋宽""长方形的周长＝长×2＋宽×2""长方形的周长＝（长＋宽）×2"三种方法。教师没有简单地加以肯定或否定这些方法，而是通过小组交流，让学生从实践的角度对其可行性加以思考、比较与取舍。这不仅验证了这些方法是否合理，还让学生从中领悟到解决问题的新方法。正如数学教育专家郑毓信所说，所选用的策略在教师眼中或许有优劣之分，但在孩子眼里并没有好坏之别；只要解题过程及答案具有合理性，就值得肯定。因此，教学既要强调数学思想方法的渗透，又不应该追求任何强制的统一。这真正体现了"算法的多样化"和"让不同的人学不同的数学"的新课程理念。

六、案例评析

在"长方形和正方形的周长"单元整体教学中,教师通过组织学生进行图形观察、动手操作和交流讨论等活动,让学生充分探究长方形和正方形的特征。本单元属于第一学段的图形与几何领域,涉及的大概念是化曲为直,对接的核心素养为量感、几何直观、空间观念、推理意识。整个教学设计紧紧围绕"化曲为直"这一思想展开,让学生认识长方形、正方形,探索四边形的共同点与差异,从而让学生能够自主探索、归纳出长方形和正方形的特征及其周长公式,培养学生的几何直观、发展学生的推理意识、形成学生的量感。在内容结构上,在教学之前,教师对学生关于周长的知识做了学情前测,并对部分学生进行了访谈,深入了解了学生的学力基础,找到了本单元教学的关键点和学生学习的困难点,为本单元的教学搭建了支架。

在学前的诊断性评价中,教师发现大多数学生对周长有一定的认识,可以量出一个图形的周长,但仍有少数学生对周长的认识模糊。因此,教师在安排教学活动时,一开始让学生找出长方形和正方形,从复习图形的认识过渡到探索两个图形的特征,帮助学生构建清晰的学习路径,进而让学生产生主动学习的内驱力。在学生探究学习的过程中,教师将学生在一年级学习的长方形和正方形的知识拓展延伸,让学生逐渐内化周长的含义,从而对周长有比较客观的认识,为接下来学习其他图形的周长奠定基础。

在学习进阶方面,教师首先组织学生探究长方形、正方形的边与角的特征,再寻找长方形和正方形的异同之处;在理解图形周长含义的基础上,帮助学生掌握周长的计算方法。最后,教师以正方形的特征引入,引导学生运用已知的正方形特征,通过知识迁移找到求正方形周长的方法。从学习任务上说,在教学设计中,教师将学习任务进行了序列化分解,让学生在解决问题的过程中一步一步理解周长、总结长方形和正方形的周长公式,体现了学习的渐进性。

在问题串方面,教师借助提问诊断学生的学习结果,为是否进入下一个锚基任务提供依据。教师先利用情境图引出长方形和正方形,让学生对日常生活中的图形产生好奇心,感受数学与实际生活的联系;再引导学生区分长方形和正方形，辨析长方形和正方形的差异，探究长方形和正方形的特征，在解决问题中探究学习、调动思考。

在学生表现方面，学生能够在茶几周长问题这一例题中用不同的方法解决问题。这说明学生已经理解了周长的含义和周长计算方法，但不能体现学生是否了解周长的含义。若是在解决茶几周长问题后，教师让学生提出在生活中需要运用周长的相关知识解决的问题，并让其他学生来解答，就能充分暴露学生的学习困难，使学生深入了解周长的含义及本质。这便于学生更好地将数学知识迁移到生活中，认识到数学的价值，并能为下一课时教学中解决实际问题提供一个比较良好的过渡。探讨长方形的周长公式时，教师没有对学生提出的三种方法进行肯定或者否定的评价，而是引导学生合作交流、解释自己的想法，重视学生多样化的解决方法，使学生在小组讨论中的不同思维产生碰撞。在交流中，学生根据自身的知识经验和能力水平进行经验连续、知识关联，以便获得不同的发展。

教师在教学设计中设置了与教学目标相匹配的评价任务，将学习评价融入教学过程。大部分情况是教师运用评价的结果来检测学生的学前情况或学习结果。在课堂中，由于学生是学习的主体，教师应当让学生参与学习评价，引导学生做出自己的学习决策，培养学生自我评价的能力，让学生在学习时有比较明确的学习方向，进行有效的自我监控。同时，学生可以通过评价了解自己的真实水平与目标水平之间的差距，根据具体情况来查漏补缺，改善学习方法，发展自我学习能力和责任感。

第七章 "数与代数"案例解读

本章概述

数与代数是《义务教育数学课程标准（2022 年版）》中和图形与几何、统计与概率、综合与实践并重的四大领域之一。《义务教育数学课程标准（2022 年版）》提出，数学课程要培养学生的核心素养，具体表现在会用数学的眼光观察现实世界，会用数学的思维思考现实世界，会用数学的语言表达现实世界。核心素养的培养具有一致性、整体性、阶段性的特点，在不同阶段有不同的侧重点，在小学阶段侧重经验的感悟。数与代数领域相关的核心素养主要有数感、量感、符号意识、运算能力等。

为了促进学生更好地理解数学知识，帮助学生以更加合理、更加主动的方式构建知识，加强学生对数与代数的感悟，单元整体教学势在必行。然而，由于各地基础教育改革的落实程度不同，学校的育人理念、学情存在差异，单元整体教学设计就变成了一个既需要宏观引领又需要因地制宜的命题。为了更好地培养学生的核心素养，提高教师对教材的整体把握水平，帮助教师理解单元整体教学的实践样态，本章聚焦数与代数领域，从全国高质量的单元整体教学设计案例中选取了三个典型案例进行呈现与解读，其中小学一、二、三学段各一个，希望能为教师落实单元整体教学设计提供启示与借鉴。

案例一：表内除法

案例导读

《义务教育数学课程标准（2022年版）》指出，对于小学一、二年级的课程要注重活动化、游戏化、生活化的学习设计。四则运算是小学数学数与代数领域的重要基础内容。其中，鉴于表内除法与表内乘法之间的关系，教师在教学中需要重视对学生逆向思维的培养。因此本单元是数与代数领域在第一学段的重点和难点。

如何让处于第一学段的学生经历从对生活中平均分的简单认识到熟练运用除法算式表示均分的过程，进而运用平均分和除法的思想解决数学问题，将非正式的想法逐步转变为复杂的数学概念？如何让学生从对知识的被动接受转变为对知识的主动建构，从而对逆向思维等数学思想产生更加深刻的感悟？

下面这篇单元整体教学设计就是一个很好的案例。

案例呈现

"表内除法"单元整体教学设计

设计者：北京市通州区潞河中学附属学校 张乐

一、单元学习主题分析

（一）核心概念分析

"表内除法"这一单元属于第一学段数与代数领域中数与运算部分的内容。数与运算大概念包含以下五点。

第一，四则运算是对具有共同特点的实际情境的抽象；四则运算之间存在联系。

第二，利用数的意义和联系、运算的意义和联系等可以寻求合理的运算方法。

第三，寻找通法是很重要的。标准算法是基于对数位和计数单位个数的理解推理得到的。

第四，从基本事实出发也可以推理得到标准算法。

第五，以上过程能发展学生的运算能力和推理能力，让学生体会到算法思想。

结合本单元的知识，本单元涉及的具体概念包括以下四点。

第一，在分东西的活动中，学生亲身经历分一分、画一画的动手操作过程，体会分法的多样性；理解什么是平均分，积累平均分的活动经验。

第二，学生有了平均分的基础，从平均分的活动中逐步抽象出除法算式，形成符号意识。

第三，学生联想乘法算式的 2 个含义，推理除法算式的 2 个含义。

第四，学生经历算法多样化的过程，逐步发现用乘法口诀求商的比较便捷的方法，从而形成运算能力。

依据《义务教育数学课程标准（2022 年版）》，本单元涉及的数学核心素养主要有符号意识、运算能力、应用意识。

（二）教学内容分析

本单元是学生在已经理解加法、减法和乘法意义的基础上进行学习的。本单元一方面可以进一步完善学生对四则运算的认识，为后续学习奠定基础；另一方面可以帮助学生进一步积累对数量关系的认识，培养学生用数学眼光观察现实生活的意识，提高学生应用所学知识解决问题的能力。乘、除法的计算在生活中有广泛的应用。表内乘、除法口算是学习多位数乘、除法的基础，同 20 以内加法和减法的口算一样，不管从后续学习的角度还是从应用的角度，都是学生必须练好的基本功。

"表内除法"单元的知识结构图如图 7-1 所示。

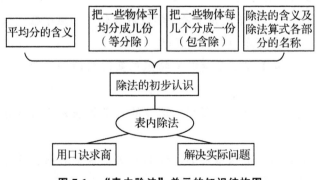

图 7-1　"表内除法"单元的知识结构图

基于教材内容的编排，表内除法的教学可以分为四大模块。第一，认识平均分，包括平均分的含义，把一些物体平均分成几份（等分除），把一些物体每几个分成一份（包含除）。第二，除法的含义及除法算式各部分的名称。第三，用口诀求商。第四，解决实际问题。

对不同版本数学教材的对比发现，北京版数学教材、人教版数学教材、北师版数学教材都有以下三个共同点。

第一，三个版本数学教材都是在分东西的活动中帮助学生理解什么是平均分，积累平均分的活动经验，明确用什么样的方法进行平均分。接着，从具体的平均分活动中，逐步抽象出除法算式，使学生经历符号化的过程。三个版本数学教材都注重学生对平均分活动经验的积累，能帮助学生建立除法的概念。

第二，三个版本数学教材在设计乘法口诀求商这一内容时，都注重计算方法的交流，进而让学生逐步发现用乘法口诀求商更简洁，通过乘法口诀求商，进一步沟通乘、除法之间的关系。

第三，三个版本数学教材对表内除法内容的架构基本都是相同的。其不同之处是北京版数学教材和北师版数学教材都设计了用倍解决实际问题、研究倍的数量关系问题，而人教版数学教材没有涉及这些内容。

综上所述，学生在分东西的活动中，利用分一分、画一画等多种活动发展几何直观能力；在积累丰富的活动经验后，从活动过程抽象出除法算式，发展符号意识；在充分交流表内除法的算法后，认识到用乘法口诀求商更加便捷，加深对乘、除法之间关系的认识，发展运算能力；在解决实际问题的过程中，发展应用意识。

（三）学生情况分析

为了解学生在本单元学习之前的知识水平和具体情况，学习前教师对本校二年级（1）班的 46 名学生进行了纸笔测试。

1. 测试内容

①把 8 本书分给 2 个小朋友，可以怎样分？

②圈一圈，画一画，写一写。依据图 7-2，给每只小猫分 3 条鱼，可以分给几只小猫？

图 7-2　给小猫分鱼

③你见过除法算式吗？如果见过，写一个除法算式，并画一画、说一说它能解决生活中的哪些问题。

2. 测试结果分析

在题①中，参与测试的有 46 人。具体比例按四舍五入处理。

等分的有 40 人，占总数的 87.0%。

①用画图直接表示结果的有 26 人，占总数的 56.5%。

②用文字表达这种分法同样多、公平的有 2 人，占总数的 4.3%。

③列出减法算式的有 4 人，占总数的 8.7%。

④列出乘法算式的有 4 人，占总数的 8.7%。

⑤列出除法算式的有 4 人，占总数的 8.7%。

不等分的有 4 人，占总数的 8.7%。

分法错误的有 2 人，占总数的 4.3%。学生认为是按照 2 个 2 个地去分。

在题②中，参与测试的有 46 人。具体比例按四舍五入处理。

①借助圈画直接得到答案的有 31 人，占 67.4%。

②列出乘法算式 $3 \times 4 = 12$ 的有 10 人，占 21.7%。

③列出除法算式 $12 \div 4 = 3$ 的有 5 人，占 10.9%。

在题③中，参与测试的有 46 人。具体比例按四舍五入处理。

①没见过除法算式的有 26 人，占总数的 56.5%。

②举例正确但不知道意思的有 14 人，占总数的 30.4%。

③举例错误的有 2 人，占总数的 4.3%。

④举例正确并且解释正确的有 4 人，占总数的 8.7%。

可见，从年龄特点来看，小学二年级学生的思维以具体形象思维为主，好动、好表现、喜欢自己感兴趣的事物。学生的学习要借助大量的操作活动，使所学的新知识不断内化到已有的认知结构中。

根据以往教学经验,学生在接触学校的"正规数学"之时,头脑中都有着一些和"正规数学"不一样的"日常数学"。这些"日常数学"可能会促进也可能会阻碍学生对"正规数学"的学习。

关于平均分,学生会有如下认识。

①学生有一定的关于平均分的生活经验,而且对平均分这个概念并不陌生,可以通过自己的生活经验来解释和理解。

②虽然有的学生用除法解决平均分的问题,但不能把平均分与除法建立联系。

基于单元学习内容和学生情况以及学习进阶的理论,本单元对学生的关键能力进行水平层级的划分。表 7-1 为"表内除法"单元的学习进阶。

表 7-1 "表内除法"单元的学习进阶

等级	符号意识	运算能力	应用意识
水平一	在认识怎样分是平均分的基础上认识除法,从平均分的具体操作中抽象出除法的运算	会读除法算式,知道除法算式各部分的名称,并理解除法是建立在平均分的基础上的	能将现实世界现象与除法算式对应,并解释其中的意义
水平二	能在四则运算中理解除法是记录平均分的简洁方式,并且能解决两种除法问题	在具体情境的对比下,了解除法的两种情况(等分除和包含除),能根据算式来解释其对应的意义	在具体情境中能正确运用除法算式来解决问题
水平三	理解并运用符号表示数量关系,知道使用符号能进行运算,体会符号的使用是数学表达和进行数学思考的重要形式	在熟记 2~5 乘法口诀的基础上,初步体会乘、除法的关系,并利用口诀求商	能灵活运用所学的乘、除法知识,解决生活中的问题,积累用画图、语言叙述等方式解决实际问题的经验,培养分析问题、解决问题的能力及应用意识

我们基于以上分析对"表内除法"单元教学内容进行整体建构,并调整了课时安排。图 7-3 为"表内除法"单元教学内容的整体建构。表 7-2 为"表内除法"单元的课时安排。

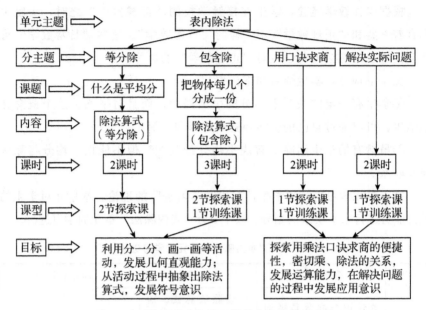

图 7-3　"表内除法"单元教学内容的整体建构

表 7-2　"表内除法"单元的课时安排

教学建议（10 课时）	单元学习设计（9 课时）
平均分的含义（1 课时）	等分除（2 课时）
把一些物体平均分成几份（等分除）（1 课时）	
把一些物体每几个分成一份（包含除）（1 课时）	包含除（3 课时）
除法的含义及除法算式各部分名称（2 课时）	
用口诀求商（2 课时）	用口诀求商（2 课时）
解决实际问题（3 课时）	解决实际问题（2 课时）

二、单元学习目标设计

第一，在分东西的活动中，亲身经历分一分、画一画的动手操作过程，体会分法的多样性；理解什么是平均分，积累关于平均分的活动经验。

第二，从平均分的活动中逐步抽象出除法算式，会读写除法算式，知道除法算式各部分的名称，增强符号意识。

第三，在解决问题的过程中，积累用画图、语言叙述等方式解决实际问题的经验，联想乘法算式的2种含义，总结除法算式的2种含义，提高分析问题、解决问题的能力。

第四，在探索运用口诀求商的过程中，感受用口诀求商的简便性；在解决问题的过程中体验生活中处处有数学，培养积极动脑思考与主动探索的精神，获得乐于与同伴合作、交流的积极情感体验。

三、单元学习历程设计

表7-3为"表内除法"单元的学习历程设计示例。

表7-3 "表内除法"单元的学习历程设计示例

课时	驱动问题	锚基任务	诊断性评价
第1课时	怎么分是平均分	以小组为单位，通过分一分、说一说找到分法的异同点，知道每份分得同样多叫作平均分	提问与追问：哪种分法比较特殊，为什么对比不同的分法，有什么不同点；哪些地方相同
第2课时	平均分的过程可以写出什么样的算式	利用画一画、写一写等方式表达平均分，研究不同算式表达的意思，在算式对比中感受除法算式的简洁性	提问与追问：每种算式分别表示什么含义 反馈：加法、乘法求的是合起来的总数；在减法和除法对比中除法更简洁地表示了平均分的情况
第3课时	一个乘法算式表示2种含义，一个除法算式是不是也表示2种含义	利用画图、举例表示除法算式的不同含义；在对比、分析、总结的基础上感悟1个除法算式也能表示2种不同的含义	提问与追问：两个除法算式表达的含义有什么不同 反馈：在学习乘法算式的时候，我们知道了每个乘法算式对应2种不同的含义；现在我们通过举例、对比又发现了同一个除法算式也能表示2种不同的含义

续表

课时	驱动问题	锚基任务	诊断性评价
第4课时	怎样计算除法算式更快捷准确	利用分一分、画一画、写一写等来解决问题，对比不同方法，找到它们之间的联系，再对比不同，进行算法优化，最终达成共识：用乘法口诀求商比较快捷	提问与追问：这几种不同的方法之间有什么联系 你更喜欢哪一种方法，为什么 反馈：看来用乘法口诀求商更快捷准确

四、关键课时教学实录

问题1：把8朵花插在2个花瓶里，可以怎样插？（见图7-4）

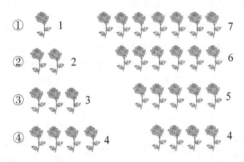

图7-4　把8朵花插在2个花瓶里的4种方法

师：你们能对上述方法进行分类吗？说一说理由。

生：前三种方法为一类，因为2个花瓶里花的数量不一样；最后一种方法为一类，因为2个花瓶里花的数量一样。

师：数量一样，在数学上就可以说成同样多。那我们就可以说成每份分得同样多。

点评：教师让学生在动手分8朵花的过程中，从任意分聚焦到等分的情况，从而引出"平均分"，由一般现象认识特殊现象。教师在引导学生比较不同分法的特点的过程中，强调"2个花瓶里花的数量一样"的这种方法，使学生获得对平均分的初步认识。

问题2：6支铅笔可以分成几份，且使每份分得同样多？

活动建议：

①将铅笔分一分，分完之后思考你分成了几份？每份是几根？

②与同桌交流你的分法。

生1：把铅笔分成6份，每份1根。

生2：把铅笔分成3份，每份2根。

生3：把铅笔分成2份，每份3根。图7-5为铅笔的3种分法。

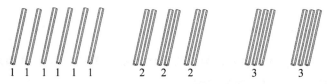

图7-5 铅笔的3种分法

驱动问题：3种分法有哪些不同点，有哪些相同点？

不同点：

生1：每一份的数量不同。在第1种分法中，每一份都是1根；在第2种分法中，每一份都是2根；在第3种分法中，每一份都是3根。

生2：分的份数不同。第1种分成了6份；第2种分成了3份；第3种分成了2份。

相同点：

生1：都是用6根去分。

生2：每份分得同样多。

师：像这种每份分得同样多，我们又可以说成是平均分。谁来用自己的话说一说什么是平均分？

点评：通过这个活动，学生在分一分的基础上体会到分法的多样性。在对比不同的分法中，学生找到了它们之间的异同点，从而更深入地理解不管分成几份，只要每份分得同样多就是平均分，加深了对平均分的理解。

问题3：把12块糖分给4个小伙伴，平均每人分几块？

活动建议：

①想一想，你打算怎样分？

②小组合作分一分，并说一说你是怎样分的。

生1：每次分1块糖，分3次，最后每人得到3块糖。

生2：第一次每人分1块糖，第二次每人分2块糖，最后每人也得到3块糖。

生3：我一次就分每人3块糖。

课件演示：同学们，不管怎样分，分的结果都一样，都是平均分。

点评：在实践活动中，学生充分利用已有的生活经验，体会分的过程，在初步感受平均分方法的同时感受学习平均分方法的必要性，加深对概念的理解。

五、教学反思

（一）单元视角下的知识整合与重构为提升学生的知识建构水平与教师的教学质量奠定了扎实的基础

通过这次活动，教师尝到了单元整体教学的甜头，也更加深入地理解了单元整体教学的有利之处。今后的教学要整体看待单元框架，不能孤立地看待课时。单元整体教学不是画出一条线，而是在编织一张网。这张网不一定"泾渭分明"，但是有这样几条线：数学核心素养，教材的文本、主题和结构，数学能力，数学特点，年龄学段特点，教学方式等。这些要素共同编织一张数学学习的网，由师生共同演绎生动的课堂。在以往的教学中，这节课的编排都是让学生先学习两种平均分的方法，再学习用除法算式表达。在这次单元整合重构的过程中，学生认识等分除后直接学习除法算式，在认识包含除后直接学习用除法算式表示。学生的认知水平在知识整合的过程中得到了提升。学生学得开心，教师教得轻松，达到了双赢的效果。

（二）依据学生的认知水平设计数学活动，有助于学生积累数学活动经验，促进学生的数学理解

朱德江在《小学生数学素养培养策略与案例》一书中提出，学生对数学知识的理解源于自我的活动经验，并且学生在学习过程中自主地建构对知识的理解。源于数学活动的原始认识和表象是数学理解的基础。所以本节课着重设计了三个学习活动。在把8朵花插在2个花瓶里的活动中，学生开始动手分花，在展示分的结果的过程中聚焦分法同样多的情况，从而认识平均分。在初步了解平均分的基础上分6支笔的过程中，学生深入理解不管分成几份，只要每份分得同样多就是平均分。在把12块糖平均分给4个小伙伴的过程中，学生再次深入理解不管怎样分，只要保证每次都是平均分，最终结果肯定是平均分。在三次分的活动中，

学生积极参与操作，对平均分的认识不断加深。也正是这些丰富的活动经验促进了学生对数学知识的深入理解。

本节课注重"学生应是一切教学设计的起点与归宿"的教育理念，将所学知识与学生的生活经验、已有的知识基础紧密结合，设计富有趣味和有意义的活动，利用大量动手操作使学生的认识从终点平均分的结果又回到了起点平均分的方法，让他们获得了对平均分的真正理解，使他们有更多机会从周围熟悉的事物中学习数学和理解数学，感受学习数学的必要性，满足学习需求。

案例解读

要想获得能体现教师的育人理念与教学思想，响应课程标准中教学内容结构化、教学过程活动化和游戏化要求的教学设计，首先要求教师对课程标准有独到的理解，对教学内容的结构、教学目标的要素有细致而全面的分析。对于低年级学生数学意识的培养，必须牢牢把握学生的生活经验，利用生活化的、逻辑清晰的学习过程促进学生的主动建构，将学生零散的、非正式的想法逐步转变为结构化的知识体系。

从单元学习主题分析看，教师首先对单元的大概念进行了准确而有条理的提炼与分析，既关注四则运算的相关知识本身，又关注寻找合理的运算方法、寻找通法等学生思维进阶的过程。随后从大概念出发，步调分明、逐步进阶，从生活到抽象，再通过对比加深印象，最后提炼升华的教学设计理念，既明确中心思想，又让实际操作有迹可循。准确的大概念、合理的学习进阶过程正是帮助学生将非正式的想法逐步转变为复杂的数学概念的第一步。合理的前测分析能帮助教师更好地了解学生的已有经验，从而有针对性地开展教学。教师和学生的精彩互动以及教师对学生层层递进的引导，是在了解学生原有认知的基础上设计的。只有这样的教学设计才能真正触动学生的思维，促进学生思维的发展。[①] 所以接下来在学情分析部分，教师设计了三个巧妙的问题，把握了学生对基础概念的掌握情况。这三个问题体现了从现实情境到数学概念，从简单问题到数形结合，再到抽象规律的逻辑顺序。教师编制了基于核心素

---

① 张泽庆、吴加奇、张春莉：《学习者视角下的教学设计研究》，载《教育视界》，2018（8）。

养三个维度的学习进阶表，依据学生前概念中存在的问题进行了课时安排，牢牢把握了学生思维的可塑之处。这也印证深入了解和分析学生能够帮助教师增强教学方法及其过程的针对性和预见性，使教学方法及其过程建立在客观的、符合学生实际的基础上。[1]

从单元学习目标设计和单元学习历程设计上看，教师关注学生的自主探索，利用丰富的数学活动促进学生的理解，在第 1 课时教学中加入了组内交流、组间比较等活动。教师设计的问题情境很好地利用了学生的学习基础，实现了与学生已有经验的综合交互。这样的问题情境能够充分激发学生的好奇心和求知欲，引发学生的深层兴趣，促使学生携带自己对学习内容的已有理解卷入学习活动。[2] 同时，教师利用插花、铅笔（小棒）、糖等多种教具，设计了从任意分到平均分几份再到每份有多少的递进过程，使思维外显化，使学生的数学理解实现了从简单到复杂的转变。第 2 课时教学的锚基任务的设计让学生将生活经验应用于数学世界，让学生拥有利用画一画、写一写等多种方式表达自我的机会，是对课程标准中会用数学的语言表达现实世界的呼应，使学生从对知识的被动接受转变为对知识的主动构建。随后第 3 课时、第 4 课时的教学层层递进，教师提出的"两个除法算式表达的含义有什么不同""你更喜欢哪一种方法"等问题，引导学生主动进行知识体系的构建与完善。同时关键课时教学清晰体现了教、学、评的一致性，利用丰富的提问与追问手段，及时地对学生的学习水平进行检测和反馈，对学生理解的证据进行收集，保障学生思维的顺利发展。如果能让学生变学会为会学，变苦学为乐学，也就使学生真正成为课堂学习的主人，让学生的思维实现有意义的发展。[3]

---

[1] 张春莉、李冬红：《增强学生意识 实施有效教学》，载《教育科学研究》，2014（11）。

[2] 张春莉、王艳芝：《深度学习视域下的课堂教学过程研究》，载《课程·教材·教法》，2021（8）。

[3] 张春莉、李冬红：《增强学生意识 实施有效教学》，载《教育科学研究》，2014（11）。

案例二：数的运算

案例导读

数学源于现实，是现实世界的抽象与思维表达的结合。《义务教育数学课程标准（2022年版）》强调学生与现实世界的联系。相较于2011版的课程标准，《义务教育数学课程标准（2022年版）》提出关注真实情境，要求学生能够在探索真实情境所蕴含的关系中发现问题和提出问题，运用数学和其他学科的知识与方法分析问题和解决问题。

如何对单元内容进行合理的整合，从单元整体教学设计或大单元设计的结构与重构中受益？如何在从一位数运算到两位数、三位数运算的思维进阶的过程中关注学生，在学与教的对接过程中让学生主动调动已有经验促进数学理解？如何从数学的角度组织现实世界，让学生在认识与尝试改造客观世界的过程中，运用数学思想和方法来分析和研究客观世界，用数学的方式来解释世界，用数学的思想构建逻辑？下面这个案例就给了我们很好的示范。

案例呈现

"数的运算"单元整体教学设计

设计者：北京市东城区灯市口小学 谢田田

一、单元学习主题分析

（一）核心概念分析

"三位数乘两位数"和"除数是两位数的除法"这两个单元属于第二学段数与代数领域中数与运算部分的内容。从把握整体意义关联、促进思维结构发展的视角优化设计，把这两个单元重组成新的大单元。《义务教育数学课程标准（2022年版）》指出数与运算部分包括整数、小数和分数的认识及其四则运算。数是对数量的抽象，数的运算重点在于理解算理、掌握算法，数与运算之间有密切的关联。学生经历由数量到数的形成过程，理解和掌握数的概念；经历算理和算法的探索过程，理解算理，掌握算法。学生初步体会数是对数量的抽象，感悟数的概念本质上的一致性，形成数感和符号意识；感悟数的运算以及运算之间的关系，体会数的运算本质上的一致性，形成运算能力和推理意识。数是运算的基础，运算是数的应用。小学学习的运算就是数的运算，二者不可分割。所以，要从该内容结构的整体性上认识数的一致性。《义务教育数学课程标准（2022年版）》强调课程内容组织的重点是对内容进行结构化整合。对数与运算内容进行结构化整合，就是要重视对数的概念与数的运算的整体理解，抓住共同的核心要素，沟通知识的内在关联。这是探索发展学生核心素养的重要路径。

本单元涉及的数学核心素养主要有运算能力、推理意识、应用意识。数学认知主要有三方面的内容。一是三位数乘两位数，主要是三位数乘两位数的笔算、积的变化规律、常见的数量关系。二是除数是两位数的除法。本单元在课程实施之前安排了两个例题的口算和估算学习，其目的是为学习后面的试商做铺垫。笔算除法的内容利用"想乘算除"和"除法估算"，帮助学生掌握除数是整十数的算理和算法。三是解决问题，即发现问题、提出问题，培养学生的创新能力。其中，结构化的思想是本单元学习的一个大概念。本单元通过学习内容结构化、学习方式结构化，促进学生在学习活动中实现知识结构化、方法结构化、思维结构化的转变。

（二）教学内容分析

为了促进学生的全面发展，培养其关键能力，教师沿着两条主线来推进教学。一条主线是计算学习，体现为本单元中知识性的探究活动，使学生在自主探究、合作交流中经历"法清理明"的过程，积累学习经验，促进学生计算能力的提升。另一条主线是问题解决，体现为数学问题的提出和项目化实践课程的实施，使学生经历从实际背景中抽象出数学问题、构建数学模型、寻求结果、解决问题的过程，积累实践经验，促进思维进阶。这两条主线相互影响、相互促进，随时调整，鼓励学生发现"真问题"、实现"真探究"、收获"真结论"。此过程还要不断培养学生的反思意识和创新意识。

1. 数学理解层面

这两个单元是让学生在已经理解乘、除法的含义，已经掌握一两位数的乘除法的计算方法的情况下,尝试运用类比迁移的思想方法,尝试探索计算方法,要求学生具有一定的知识、计算能力、解决问题能力的储备。"三位数乘两位数"单元的知识结构图和"除数是两位数的除法"单元的知识结构图分别如图 7-6、图 7-7 所示。

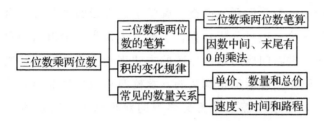

图 7-6　"三位数乘两位数"单元的知识结构图

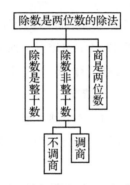

图 7-7　"除数是两位数的除法"单元的知识结构图

一方面,教材的编排遵循学生的认知逻辑。从数学学科的角度看,数的运算是基础,培养运算能力有助于学生理解运算的算理,寻求合理简洁的运算途径解决问题。除法又是乘法的逆运算。在学习三位数乘两位数和除数是两位数的除法之前,学生已经有一两位数乘除法计算的基础。

另一方面,教材的编排遵循运算的内在逻辑。根据学生对算理的理解程度及计算能力,让学生理解面对具体的情形是否需要计算,继而确定需要什么样的计算方法。口算、笔算、运用计算器、计算机计算和估算都是供学生选择的计算方式,都可以达到计算的目的。这强调的是助力学生学会提出问题、学会分析问题、学会反思、学会联系等,承载多元育人价值。

2. 问题解决层面

数学的核心就是"用"。由于部分学生缺乏经历完整实践探究的过程，创设真实的学习情境就显得尤为重要。本单元就是利用参与冬奥会、解决冬奥会中的数学问题，调查了解学生最喜爱的冬奥会项目并用条形统计图表示出来；通过分析数据，了解学生最喜欢的滑雪项目，引导学生提出问题，并将问题用思维导图的方式表达出来，进而激发其解决问题的兴趣。这个实践活动是真实的。学校四年级学生都参与了这个问题解决的过程，后续跟踪了冬奥会奖牌的获得情况，激发和培养了爱国情怀。

（三）学生情况分析

为了更好地了解学生对整数乘、除法算理的理解程度和算法的掌握程度，学习前对本校四年级 42 名学生进行了前测。

口算"$180 \div 30$"这道题时，有 36 人口算正确，但他们的思考过程并不完全相同。主要有以下三种情况。

第一，采用画图方式，画了 18 个圆，把 18 个圆平均分成 3 份，每份是 6 个，进一步进行文字解释，即有这样的 10 组，每组都是得 6，所以 $180 \div 30 = 6$。

第二，直接采用文字叙述，先不看 180 和 30 末位的"0"，即 $18 \div 3 = 6$，所以 $180 \div 30 = 6$。

第三，因为 6 个 30 就是 180，所以 $180 \div 30 = 6$。

从以上情况来看，除数是整十数的口算对学生来说并不困难。在回答正确的 35 人中，除 2 人利用除法意义画图解决外，其余学生都用口诀或想乘算除的方法。通过对计算错误的 5 人的访谈发现，他们无一例外地想到了利用口诀计算"$18 \div 3 = 6$"，但看到被除数和除数末位都有一个"0"时，认为商的末位也要有一个"0"，出现了"$180 \div 30 = 60$"的错误。从学生的反馈中我们可以看到，不管采用何种方法，口算结果正确与否，他们都能根据表内乘、除法的学习经验解决新的问题。知识的同化现象在学生进行新的学习前已然发生。

计算"6×24，$168 \div 6$，$168 \div 24$"时，42 人计算"6×24"全部正

确。能用竖式准确计算"168÷6＝28"的有39人，其中34人对于商的位置及过程含义的分析准确无误。这说明经过三年级上学期的学习后，学生对除数是一位数除法的笔算方法掌握扎实，对算理的理解也较为清晰。对比"168÷6"，计算"168÷24"时学生的解答和分析就呈现出较大的差异。主要有以下几种情况。第一，有9人用文字表达，还没做过除数是两位数的题，不会做。第二，有13人知道除数是两位数，就先看被除数的前两位。16÷24不够除，要看前3位，但是不能直接看出168里面有几个24，不能确定商几。第三，有4人借想乘算除的方法确定商的范围。分析认为24×5＝120，120小于168，24×10＝240，240大于168，所以168÷24的商肯定在5～10。其中有2人在此基础上运用乘除法的互逆关系，笔算了24×6，24×7，24×8后，得出168÷24＝7。第四，有7人用旧知类比新知，将除数是两位数除法转化成除数是一位数除法进行计算。先用168÷6＝28，再算28÷4＝7。第五，有9人直接用竖式计算。完全正确的有7人，商的位置书写有误的有2人。其中有7人的竖式能清楚看出调商的过程。访谈这部分学生得知，他们有被家长教过的经历等。

由前测可见，学生对于三位数乘两位数方法的掌握普遍好于除数是两位数的除法方法，其中想乘算除是需要在学习过程中重点讨论的。借助除数是整十数的口算、估算学习，获得用四舍五入法进行除数非整十数试商的经验迁移；通过除数是一位数和商是两位数的计算体验理解除数是两位数除法和商是两位数除法的算理，实现笔算方法的同化也同样重要。学生是在将原有认知与现实问题不断关联的过程中逐渐构建新知的。结合小学阶段整数除法运算的知识结构，学生能借助已有经验把新知的解决方法纳入旧知。这是学生认知发展中的同化现象。在这一现象中加速实现新旧知识转化的正是类比迁移的思想方法。在同化现象和类比迁移的思想方法的相互作用下，学生会逐渐打通本单元的知识体系，在自我学习、自我反思、自我认识中构建整数除法运算的同法通则。当然，也要防止负迁移的发生，为今后进行更多数位的乘除法运算奠定基础。表7-4为"数的运算"单元的学习进阶。

表 7-4　　"数的运算"单元的学习进阶

等级	运算能力	推理意识	应用意识
水平一	能按照一定的程序和步骤进行运算	在合适的应用背景下，会意识到可以用估算解决	能通过理解问题情境，筛选有效信息；能通过对情境的理解掌握数量关系，确定算法
水平二	会根据法则、公式等进行正确运算，并理解算理	结合数量单位，可以正确掌握估算的方法	能通过画图等表征策略分析问题，明确数量关系，达到对问题结构进行分析，进而解决问题的目的；甚至可以尝试一题多解
水平三	能在正确运算的基础上，找出更合理、更简洁的运算途径	可以估算出问题的上界或者下界，先思维判断，后准确计算；对生活中的事物有直观的判断力	能综合运用知识确定解决问题的方法，并能确定多种解决问题的方法；综合理解运用选择最优解

　　基于以上分析对"数的运算"单元教学内容进行整体建构，并调整了课时安排。图 7-8 为"数的运算"单元教学内容的整体建构。表 7-5 为"数的运算"单元的课时安排。

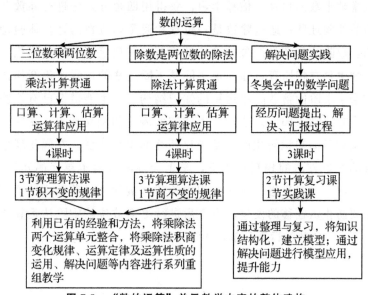

图 7-8　"数的运算"单元教学内容的整体建构

表 7-5 "数的运算"单元的课时安排

教学建议（11 课时）	单元学习设计（11 课时）
口算与估算（1 课时）	冬奥会中的数学问题（1 课时）
三位数乘两位数笔算（2 课时）	
积商的变化规律（2 课时）	乘除法的口算、笔算、估算及变化规律，进一步简算；综合练习整合（9 课时）
除数是整十数（1 课时）	
除数非整十数（2 课时）	
商是两位数（1 课时）	
整理与复习（2 课时）	整理与应用（1 课时）

二、单元学习目标设计

第一，让学生理解三位数乘两位数的笔算算理，会计算三位数乘两位数；掌握两、三位数除以两位数的计算方法。

第二，让学生经历探索积的变化规律、商的变化规律的过程，理解规律的内涵，并运用规律使一些计算简便。

第三，让学生更好地理解和掌握路程问题、总价问题等，培养学生解决问题的能力。

第四，培养学生灵活运算、优化解题的意识，促进学生会用数学的眼光观察、会用数学的思维思考，培养学生的合作交流能力和语言表达能力。

三、单元学习历程设计

表 7-6 为"数的运算"单元的学习历程设计示例。

表 7-6 "数的运算"单元的学习历程设计示例

课时计划	驱动问题	锚基任务	诊断性评价
课前准备	如果你和家人要去张家口滑雪，需要考虑哪些因素	以小组为单位讨论，并将自己感兴趣的问题用思维导图的方式表示出来	提问与追问：这些问题之间有哪些联系 预设：行程、费用、衣食住等

续表

课时计划	驱动问题	锚基任务	诊断性评价
完整课时	1. 小雪一家从北京到张家口，选择自驾好还是坐高铁好 2. 小雪要带回 37 个冬奥会纪念徽章，怎样买更划算 小雪一家在旅行期间平均每顿正餐花多少钱	有自主思考、两人交流、小组交流等多种形式的思考和表达；全面思考，一题多解，比较优化，自主思考	1. 提问与追问：为什么坐高铁更好呢 预设：因为时间更短，价格更便宜 2. 提问与追问：怎么计算更加简便 预设：应用运算律
课后跟进	根据历届冬奥会的得奖情况统计，预测此次冬奥会的得奖趋势	利用对数的计算和总结预测趋势	提问与追问：根据历届冬奥会的获奖情况，能预测出此次冬奥会的情况吗 预设：能，数据在增加，中国的表现一定越来越好；还增强了爱国情怀

四、关键课时教学实录

(一) 创设大情境，独立思考并提出问题，筛选信息

在冬奥会即将开幕的情境下，教师播放与冬奥会相关的视频，激发学生的学习兴趣。

师：同学们，我们一直都在默默倒计时，期待着冬奥会的到来。我们唱响冬奥会，书画冬奥会，了解冬奥会的相关知识等，都是为了更好地迎接冬奥会。

（播放视频《冬奥会激动人心的比赛项目场面》）

师：考考大家，冬奥会的七大比赛项目都有哪些？

生：滑雪、滑冰、冬季两项、雪橇、雪车等。（出示冬奥会的七大比赛项目示意图）

师：我们在课前调查并收集了班级同学喜爱的冬奥会项目的数据。请看下面的统计图（见图 7-9），你发现了什么？

生：喜欢滑雪的同学最多。

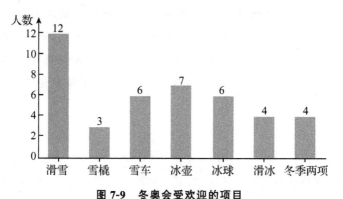

图 7-9 冬奥会受欢迎的项目

紧接着，教师向学生提问，引发学生思考并提出问题。

师：大家知道滑雪比赛的场馆设在哪个城市吗？

生：张家口。

师：没错，就在张家口，云顶滑雪公园。你们想去张家口滑雪吗？

生：想。

师：如果你和家人要去张家口滑雪，需要考虑哪些因素？

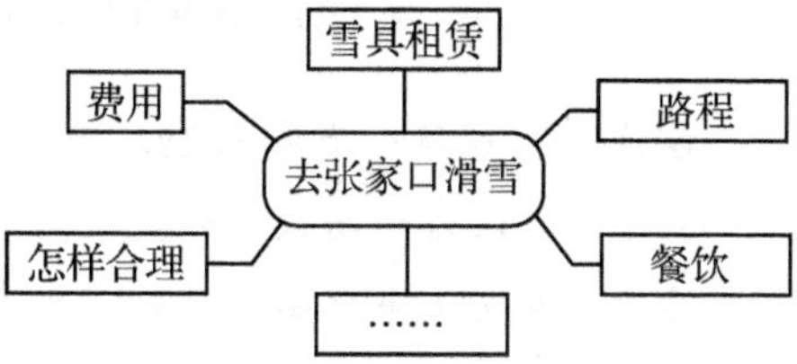

图 7-10 思维导图

生：雪具租赁、路程……

多个学生表达观点，形成思维导图（见图 7-10）。

点评：学生面对冬奥会主题大情境，如同身临其境，学习热情饱满。学生积极地调研，提出问题，经历筛选和整合信息的完整过程，了解比较简单的数量关系，理解进行整数运算和小数运算时只是计数单位不同，进一步理解运算的本质实际上就是计数单位个数的累加和细分，感悟数的运算的一致性。另外，利用对实际情境的创设，让学生有参与感，并认识实际问题的提出和解决的全过程；培养学生独立思考、从全局分析问题的能力。

（二）具体问题具体分析，一题多解

教师结合前面问题的思维导图，开展探究活动，让学生尝试解决具

体的问题，经历具体情况具体分析的全过程。

师：小雪是一个四年级的小学生，她和爸爸妈妈在计划一次张家口的滑雪之旅。在选择出行方式的时候，她遇到了困难。她根据网络调研的情况，发现了两种比较合适的出行方式。请你根据任务单上的资料，想一想小雪一家从北京到张家口，选择自驾好还是坐高铁好？（见图 7-11）

图 7-11   自驾和坐高铁两种出行方式的比较

层次一：仅从一方面考虑，如比时间、比价格等。

生 1：我认为坐高铁更好，因为经过我的计算，坐高铁更便宜。

生 2：我也认为坐高铁更好，坐高铁更省时。

生：我认为自驾更好，到那边还可以使用，不用花打车的费用。

学生有自己独立的思考和表达。

层次二：发现两种方式各有优势，要具体情况具体分析。

经过表达和交流，学生总结出各种方式都有其优势和劣势，要具体情况具体分析。

点评：利用一题多解、对比分析进行方法优化，引导学生寻找最优解。学生探索更为复杂的数量关系，独立计算、精准验算、总结算法、分享算理，进一步体会并理解小数乘法、小数除法的本质就是把计数单位的个数进行分与合；通过对比小数乘法、小数除法的区别与联系，感悟小数乘除法都可以转化成整数乘除法进行计算，感悟转化和迁移的数学思想。估算、简算的环节也在不断地迁移运用整数乘除法的估算方法和运算律，将转化和迁移的数学思想贯穿始终，实现思想方法的结构化。

(三) 对比思考,优化方法

师:小雪要带回 37 个冬奥会纪念徽章,怎样买更划算?一个 4 元,10 个一组 30 元,每盒 25 个 30 元。

师:小雪一家在旅行期间平均每顿正餐花多少钱?

学生总结表达了自己的比较方式。

点评:教师在方法的择优中让学生体会除法的应用价值——先算出不同包装中纪念品的单价,再来确定选购方案就有了明确的方向,也就能更加准确地找到划算的方案。教师通过一题多算、一题多变、一题多用达到以算促用、以用促算的目标,多途径培养学生灵活解决问题的能力。

五、教学反思

本单元主要是引导学生理解算理、掌握算法、会用合适的方法准确灵活地计算和解决实际问题。依据《义务教育数学课程标准(2022 年版)》中数的运算的一致性,这部分内容的结构化学习既是知识的结构化,又是思想方法的结构化,要回归数学知识本质,让学生的知识结构、认知结构、思维结构全面成长,进而培养学生的数学核心素养。本节课只是将"三位数乘两位数"和"除数是两位数的除法"两个单元重组成一个新单元解决问题。重组后的新单元还会将乘除法积商变化规律、运算定律及运算性质的运用、解决问题等内容进行系列的结构化整合。

(一) 准确把握和凝练单元大概念

《义务教育数学课程标准(2022 年版)》强调重视数量关系的把握和内容结构化的整合。数的认识与数的运算均要以计数单位为核心要素来统领。由此,本单元把"计数单位""数量关系""结构化"确定为单元大概念的关键要素。审视现在的课堂,本单元在实现由教学散点化转变为由大概念统摄,由学习浅表化转变为思维不断进阶发展,由知识碎片化转变为有结构相关联,最终达到由教知识技能转变为落实核心素养的过程。数的运算的一致性大概念统领的单元整体教学让学生学会了有逻辑地思考、有系统地推理和有依据地表达。

（二）从割裂到关联，彰显联系的本质之重

问题链的设计是个很好的抓手。借助问题链进行有效的课堂提问，基于大单元视角构建以核心素养为导向的课堂教学。本节课重视学生的自主探究、合作学习，通过问题的逻辑链深入引导，将学生的思维一步步引向更深处，进而打破算理和算法的鸿沟。例如，在学生呈现出不同的方法后，引导学生聚焦画图法，让学生思考这些方法有什么共同的特点；在学生找到共性之后，又引导学生从计数单位的角度来思考小数乘除法与整数乘除法之间的联系，通过关键问题一次次促进学生的深度思考。

（三）从散点到结构，突出单元的整体之意

整体的、结构的、深度的学习能帮助学生理解知识之间的内在联系，构建知识体系，发展数学核心素养。综观整节课，学生在知识、思想方法上都有收获。由此可见，本节课帮助学生建立结构化认知已初见成效。学生能将已有的认知和新学的知识关联起来，能将转化迁移的数学思想运用到数学学习中来。结构化复习能有效帮助学生感受知识之间、知识结构之间以及思想方法之间的关联，在不断寻找关联的过程中培养学生自主探究的能力和习惯，从而让学生把握知识的本质，促进思维的结构化发展。

案例解读

本单元的亮点既在于对课程结构的合理重组，又在于对生活情境的运用和改造。教师以人教版数学教材为例，对小学四年级两个不相邻的单元进行了有机整合，创设了让学生感兴趣的现实生活情境，并将其贯穿整个教学过程。正是这种令学生感觉熟悉、亲切的情境使学生实现了对单元知识的主动建构。《义务教育数学课程标准（2022年版）》强调推进单元整体教学设计，体现数学知识之间的内在逻辑关系，以及学习内容与核心素养表现的关联。要想设计出合理的、把握整体意义关联的单元教学并从中受益，教师应对大概念进行准确认识与把握。在本单元中，教师聚焦数感、运算能力、应用意识三大核心素养，将结构化思想确立为本单元的大概念，并以此为指导，对知识之间的关联、思维的递进过程产生了独特的分析与理解，从整体视角搭建了单元结构。"三位数乘两位数"和"除数是两位数的除法"的核心都在于对学生运算能力的培养。同时乘法和除法之间关系紧密，互为逆运算。所以将两部分合为一个单元进行结构化教学是合理的。如果知识之间有核心概念的统领和重要概念的生发，相比于浅表碎片化的知识点，核心概念统领下的结构化知识渗透着数学知识的本质和深层逻辑，是抽象的、不可见的，却是数学的根本与法则。本单元对教材内容进行了分析整合，对学生的认知过程进行了合理拆分，台阶式地关注学习这两个单元体现了学生认知过程的进阶。

从教学设计的整体思路看，教师以学习内容与核心素养表现的关联架起了单元教学设计与教、学、评一致性之间的桥梁。[①] 把三位数乘两位数的笔算、积的变化规律等内容当作首要基石，为后续除数是两位数的除法中试商、想乘算除等内容做了思维和方法上的铺垫；同时以真实的情境开展教学，发展学生发现问题、提出问题、解决问题的能力，促使学生全面发展。对于教学内容，教师分两条主线并列式开展分析：一条是"知"的发展，即数学基础知识、数学基本方法的学习；另一条是问题解决能力，也就是"用"的发展。同时，教师关注到了学生认知逻辑上的递进关系。根据《义务教育数学课程标准（2022年版）》在第二学段数与代数领域的内容要求，教师先让学生学习多位数的乘法，使学生在之后学习除数是两位数的除法部分能够从已有的乘法角度思考，形成由未知转化为已知的思想。真实情境为学生真实地学习数学提供了可能性。学生面对实际情境中的"真问题"时会产生主动解决问题的内在动力。

教师对于关键课时的设计是本单元的又一亮点。教师以真实的冬奥会为背景，采取类似项目式学习的方式组织学习任务，激发学生的学习兴趣，合理地划分教学任务；在驱动问题上层层递进，逐步从两位数过渡到三位数，让学生充分调动已有的生活经验，促进学生的数学理解。在此基础上，教师以锚基任务为辅助，发展学生小组合作、多种方式表

---

① 杨雪、张春莉、刘冠男：《教、学、评一致性：贯穿单元整体教学的设计与实施——对〈义务教育数学课程标准（2022年版）〉的一些思考》，载《小学教学研究》，2022（25）。

达数学的能力，并穿插了一些统计的知识。在教学片段展示部分，教师十分关注学生的自主探索过程。教师先将学生的答案排列为思维导图，再通过一题多变培养学生的辨异思维，让学生提出猜想并逐步检验，最终以解决问题收尾。教师在此过程中引导学生关注生活，认识数学的意义与价值。教师关注学生的数学表达，在任务和问题的设计上既符合学生的认知过程，又遵循学生运用数学思想和方法研究客观世界数学现象的过程。教师对零散的内容进行了整体组织，以合理的逻辑关系构建知识结构，提升了学生的数学理解水平。

准确的大概念统摄、与核心素养的精准对接、生动的情境、丰富的活动、合理的知识结构、及时的追问评价使教学设计充实而饱满，使教学热烈而精彩。

案例三：分数的意义和基本性质

案例导读

《义务教育数学课程标准（2022 年版）》除对 2011 年版课程标准中的十大核心素养做了补充外，还强调数学和现实生活的联系。所以教学案中教学路径的设计要与理解的层级发展相一致，以学习者的自身经验为理解的起点。这样的理解有时会存在一些迷思与误解，体现了强个性化、模糊性等特征。[①] 由于现实世界中的真实情境不一定总能为抽象数学符号提供直接依据，因此学生对不同内容的理解可能存在隔阂。

如何在分数的教学设计中涵盖倍、比、小数等多方面内容，关注学生的最近发展区，充分调动学生的学习积极性，为学生跨越学习困难搭建支架？对于分数的问题，不同学生可能会有不同的理解。如何让不同学生产生观点的交流和碰撞，促进学生多角度的数学理解，让学习真实发生？这就是下面这个案例要重点回答的问题。

---

① 陈薇、顾新佳、孙谦等：《转型与创生：小学数学教学设计新探》，75 页，南京，江苏凤凰教育出版社，2021。

案例呈现

"分数的意义和基本性质"单元整体教学设计

设计者：北京市通州区中山街小学　刘真、王娜、穆健

一、单元学习主题分析

（一）核心概念分析

"分数的意义和基本性质"单元是北京版数学教材五年级下册的内容，属于第三学段数与代数领域，是对学生的数的概念的一次扩展，是充实、完善学生认知结构的重要组成部分。数的概念教学的首要任务就是培养学生的数感。《义务教育数学课程标准（2022年版）》指出，数感主要是指对于数与数量、数量关系及运算结果的直观感悟。我们可以将数感理解为对数的一种感悟，既"感"又"悟"，实现从外界感知到思维方法的领悟。分数的数感是人对分数的一种感悟，是对分数的现实意义产生了一种敏感，从而能把分数与现实生活联系起来的一种自然而然的感悟。分数由于其自身的独特性，所蕴含的数感是独一无二的。在三年级对分数初步认知的基础上，五年级又从关系、度量、运算过程、运算结果等多方面对分数进行再认识。多角度的认识相辅相成，共同承担了对分数内涵丰富性认识的多次建构。分数由倍而生，是整数学习的一种延伸，同时是认识小数的基础，更是建立倍比关系的桥梁。具有不同表征形式但数值相等的数之间有着错综复杂的联系。学生需要具有辨别数字模式和数字关系的能力，才能形成对数字的洞察力，其数感才会随之建立起来。

在"分数的意义和基本性质"单元的学习中，"分"与"度量"在现实问题情境中会引发学生的认知冲突，激发学生的探究欲望，进而让学生感受到分数产生的必要性。好奇心可以唤起学生的创新意识，激发学生的创新动机，推动学生进行创新思维活动。因此，教师要鼓励学生联系生活实际创设真情境，提出"真问题"，展开"真探究"，从而多角度、全方位地理解分数的意义，表达数量及数量之间的关系，在提问、质疑、讨论、探究中发挥创新潜力和聪明才智，培养创新能力。

（二）教学内容分析

1. 课程标准分析

在数的概念的学习中，学生不断体会到现实生活与数学的联系，构建数的认识结构，感悟数的概念本质上的一致性，随之慢慢形成数感。分数的学习是数的概念的一次重要扩展，更是学生对数的概念认识的一次飞跃，对于学生构建数的认知结构具有承上启下的作用。从整数扩充到分数是人们认识现实世界数量关系的需要，也是数学用来表征现实事物、解释现实世界复杂性功能的扩展。《义务教育数学课程标准（2022 年版）》指出，要在实际情境中理解分数的意义，感受分数单位的重要性，能够进行整数、分数、小数、百分数间的相互转化，进而体会不同表征间的相互关系。

"分数的意义和基本性质"单元的学习要基于学生在现实情境中产生的问题，让学生探究分数的意义，在质疑、讨论、探究中点燃学生思维的火花，激发学生的创新活力。

2. 教材分析

（1）分段递进学习，加深对分数的理解

通过对北京版一至六年级数学教材的梳理，我们发现分数的学习可以追溯到二年级除法的初步认识。在二年级，学生接触了平均分，这是分数产生的基本前提。学生在平均分的基础上体会"份"的概念，沟通"份"和"倍"之间的联系，明确"倍"是表达两个数量之间关系的一种方式，初步感受两个数量之间的关系。在三年级，在学习平均分的基础上，学生经历了从"够分"到"不够分"的直观认识过程，感受产生分数的必要性。"够分"与"不够分"的直观现象背后隐藏着抽象的部分与整体的关系。在五年级，运用分数的需求从分物扩充到测量，从部分与整体的关系扩充到集合与集合元素之间的关系。在六年级，百分数是分数的另一种特殊的表示形式，比是对数量关系的进一步深化。

由此可见，分数既传承了整数的数量功能，又凸显了数量之间的关系功能，体现了数量之间部分与整体的依存关系。"1"由自然数"1"扩展到单位"1"；单位"1"由一个物体扩展到一些物体；分数由表示部分和整体的一个关系扩展到部分与整体、部分与部分的一些关系。其中，每份数与份数是架构分数意义的两个支脚，是学生建构分数意义整体认知的思维支撑。

（2）凸显几何直观，关注问题的解决

教材是如何引导学生再次探究分数的呢？通过比较分析北师版、人教版、北京版的数学教材发现，它们通常会借助几何直观，从平均分物体入手，让学生再次理解分数的意义。北师版数学教材强调借助分图形的过程让学生从不同的角度理解分数的意义，由部分思考整体，从逆向的角度理解分数的意义。人教版数学教材强调借助面积模型的四分之一唤醒学生对分数的已有认识，在分实物的过程中引发学生对分数的再思考，让学生理解把多个物体看成一个整体，进行平均分得到分数，感受分数的部分与整体的关系。北京版数学教材强调在分苹果的过程中让学生理解单位"1"，由纸条的部分去推理整体，感悟分数单位的价值。

通过对教材的分析，我们发现分数的意义和基本性质的探究学习一方面有助于学生在初步认识的基础上丰富和加深对分数的理解，认识整数、小数和分数的内在联系，提升思维的抽象水平；另一方面为学生进一步学习分数的混合运算、解决相关实际问题打下良好的基础，增强学生对现实生活中数量关系的理解。

（3）多个角度探究，丰富分数的意义

张丹教授指出，对于分数意义的理解应关注两个维度（比和数）和四个方面（比率、度量、运作和商）。它们相辅相成，共同承担着学生对分数意义丰富性认识的多次建构。而分数单位的价值和度量意义容易被忽略。对比三个版本的数学教材发现，人教版数学教材编排了一个历史"度量"情境。即古人测量物体时，剩下的部分不足一节绳子怎么办？北师版数学教材以四个问题串凸显度量，要求学生用纸条度量数学教材的长、宽，感受分数单位的产生是实际度量的需要。其中，北京版和北师版数学教材都借助分数墙的直观模型，让学生理解分数单位的意义和价值。这样的安排增加了从度量的层面深入理解分数的意义的内容，突出了分数的核心本质。从多个角度认识分数的意义，也为后面学习其基本性质奠定了基础，又可以进一步帮助学生建立并丰富数感。

（三）学生情况分析

"分数的意义和基本性质"单元是学生在三年级已经学习平均分一个

物体和初步认识分数的基础上进行的学习。此阶段在学生脑海中留下的就是"分"和"取"的印象，他们可能会认为分数就一定是分子比分母小。五年级学生对分数进行再认识时又会产生怎样的困难呢？比如，在对多个物体进行平均分的时候，是否能够顺利地从具体数量的表达过渡到相对份数的表达？在这个平均分的过程中，多个物体的数量是否会对学生分的过程造成影响？比如，平均分成 4 份时，整体数量为偶数和奇数的难度是否相同？带着这样的思考，我们对所教班级的 88 名学生进行了学情调研。

1. 调研设计

（1）调研意图

要对物体进行平均分，将整体由三年级的"1 个"变为"多个"，且整体的数量不是份数的整倍数时，学生将会如何平均分？通过两次平均分，我们了解了学生如何呈现每次平均分之后的结果与总体数量之间的关系。

（2）调研问题

①把 8 块巧克力平均分给 4 个小朋友时，每人分到了（　　）块巧克力，每人分到的巧克力占总数的（　　）。

②把 6 块巧克力平均分给 4 个小朋友时，每人分到了（　　）块巧克力，每人分到的巧克力占总数的（　　）。

③请你用画图的方法表示出 $\frac{5}{4}$。

2. 调研结果

（1）学生具有分物的生活经验并能正确表达平均分的结果

当巧克力数是人数的倍数时，动手平均分对于所有学生来说都不太难。学生在对 8 块巧克力等分 4 份时需要经历两次完全相同的过程（见图 7-12）。从中可以看出学生对于动手"分"的活动经验比较丰富。

图 7-12　学生分 8 块巧克力的情况

(2) 单位"1"数量的选择会影响学生对分数意义的理解

从学生呈现的结果中可以看出，整体数量的选择会影响学生的平均分，进而影响学生对分数意义本质的理解。当巧克力数不是人数的倍数时，在"分"上部分学生会出现困难。在这一过程中，学生等分4份同样需要经历两次分的过程，但两次分的过程不完全相同；在第二次分之前，学生需要先把剩余的2块巧克力等分成4份，详见图7-13、图7-14。通过访谈发现，问题确实出现在这里，学生不能把剩下的巧克力先加工等分成4份后再去分配，出现了思维路径上的障碍。这也提示我们要更多关注学生平均分多个物体的过程，进而帮助学生理解数量和份数之间的关系。

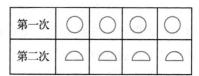

图7-13 学生分6块巧克力的情况一　　图7-14 学生分6块巧克力的情况二

(3) 学生还没有从具体数量的表达过渡到相对份数的表达

如表7-7所示，在第二个调研问题上，选择数量与数量比较的人数比较多。因此，在分数的再认识过程中，我们要引导学生从数量与数量的比较中逐渐发展到用份数与份数之间的关系来进行表达，从而理解分数的意义。

表7-7 学生的表达方式及样例

	正确					错误	
	数量比	份数比					
	$\frac{1.5}{6}$	$\frac{1}{4}$	$\frac{6}{24}$	$\frac{3}{12}$			
表达	42人	13人	9人	3人	21人	比较位置颠倒：$\frac{6}{1.5}$　5人	
						比较方法不对：$\frac{1.5}{4}$　3人	
						用数的值表示：1.5　2人	
						空白　11人	

（4）"取"出的分数阻碍了学生对假分数的理解

表 7-8 为学生对假分数的理解情况。

表 7-8　学生对假分数的理解情况

出现情况	正确		错误	有困难
具体结果	整数＋真分数	两个整体	40.2％	27.8％
比例	18.5％	13.5％		

由于学生头脑中存留的一直是"分"和"取"的印象，再受部分与整体关系对分数意义理解的影响，他们更多将分数理解成一种包含除的关系，不明白为什么会有假分数。这也是学生贯通分数认识的一个主要障碍。活动设计一方面要让学生有意识地关注到这个整体是他们理解假分数意义、打通真分数与假分数联系的关键；另一方面可以借助分数单位的累加来让学生理解真分数与假分数意义的一致性。

综上所述，三年级学习分数的初步认识时，虽然是采用分物的形式引入分数，但研讨的整体对象一般是一个图形或实物，对分数的呈现还停留在部分与整体的关系意义上，造成了学生对假分数的理解存在困难。基于学情，我们要多层次、多角度地丰富学生对分数内涵的理解。我们既要对"1"的意义从整体上有所超越，扩充到抽象表达意义上的理解，又要从度量的现实情境中产生运用分数的需求，实现数的认知结构的统一；同时需要从数量和关系两个维度来进行表达。

我们基于单元学习内容和学生的学习情况以及学习进阶的理论，对学生的关键能力进行水平层级的划分。表 7-9 为"分数的意义和基本性质"单元的学习进阶。

表 7-9　"分数的意义和基本性质"单元的学习进阶

等级	数感	推理能力
水平一	"1"由自然数"1"扩展到单位"1"，单位"1"由一个物体扩展到一些物体；至少能用数量比表示出分数，并了解它的含义	利用猜想、验证、推导分数的基本性质，能进行简单的说理

续表

等级	数感	推理能力
水平二	对于分数的认识从数量比过渡到份数比；了解分数从表示部分和整体的一个关系扩充到部分与整体、部分与部分的一些关系	根据推导过程和原有的知识经验，能对分数基本性质的应用（约分、通分）进行详细的说明，并能解决生活中的实际问题
水平三	充分感受两个数量之间存在的多种关系，加强"倍""分数"之间的联系，最终走向对"比"的认识；明白关系的不同取决于以哪个数量为单位"1"	能清晰且有逻辑地解释分析，清楚表达自己的思考过程，做到举一反三，知其然并知其所以然

我们基于以上分析，对"分数的意义和基本性质"单元教学内容进行整体建构，并调整了课时安排。图 7-15 为"分数的意义和基本性质"单元教学内容的整体建构。表 7-10 为"分数的意义和基本性质"单元的课时安排。

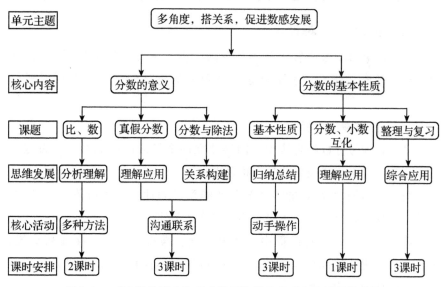

图 7-15 "分数的意义和基本性质"单元教学内容的整体建构

表 7-10 "分数的意义和基本性质"单元的课时安排

课时	分主题	学习内容
第 1 课时		分数的再认识（一）
第 2 课时		分数的再认识（二）
第 3 课时	分数的意义	真分数和假分数
第 4 课时		分数与除法的关系
第 5 课时		分数解决现实问题
第 6 课时		分数基本性质
第 7 课时		分数基本性质应用（一）
第 8 课时		分数基本性质应用（二）
第 9 课时	分数的基本性质	综合应用（一）
第 10 课时		综合应用（二）
第 11 课时		整理与复习（一）
第 12 课时		整理与复习（二）

二、单元学习目标设计

基于以上对学习内容以及学习者的分析，在大概念的引领下，站在单元整体教学的视角，我们确定了本单元的整体教学目标和课时教学目标。

（一）整体教学目标

第一，通过分数的再认识，能够建立两个量之间的关系，并将这一关系拓展延伸至六年级比的学习构建中。

第二，借助"分"，能够理解分数的意义和性质，明白单位"1"可以是一个物体，也可以是由多个物体组成的整体。

第三，在"分"的过程中，基于观察、操作、猜想、推理和交流，体会分数所表达的部分与整体、部分与部分之间的关系，构建分数与数及分数内部的结构关系。

第四，感受分数在实际生活中的应用价值，提高综合运用数学知识和方法解决简单实际问题的能力。

（二）课时教学目标

表 7-11 为"分数的意义和基本性质"单元的课时教学目标。

表 7-11 "分数的意义和基本性质"单元的课时教学目标

课时	学习内容	课时教学目标
第 1 课时	分数的再认识（一）	经历分与合的过程，理解单位"1"的变化，感悟部分与整体、部分与部分之间的关系
第 2 课时	分数的再认识（二）	从度量的角度丰富对分数内涵的理解，体会分数单位的作用，经历分数单位累加的过程
第 3 课时	真分数和假分数	经历假分数的形成过程，能够辨别真、假分数，再次体会分数单位的累加
第 4 课时	分数与除法的关系	利用动手操作，建立分数与除法的关系，知道可以用分数表示除法算式的商并进行计算
第 5 课时	分数解决现实问题	体会分数的实际应用价值，拓展对分数的多角度认识
第 6 课时	分数基本性质	经历猜想、验证、发现的学习过程，推理、分析、概括分数的基本性质
第 7 课时	分数基本性质应用（一）	在现实情境中发现与求最大公因数有关的实际问题，理解约分和最简分数的含义，掌握约分的一般方法
第 8 课时	分数基本性质应用（二）	能利用最小公倍数进行通分，在异分母分数的大小比较中理解通分的意义，掌握通分的基本方法，体会通分的必要性
第 9 课时	综合应用（一）	借助分数和小数的意义以及分数的基本性质，理解并掌握分数和小数互化的方法
第 10 课时	综合应用（二）	基于分数和小数的互化，发展发现问题、提出猜想、探索验证的能力
第 11 课时	整理与复习（一）	利用归纳整理串联知识构建网络，灵活解决一些生活中的简单实际问题，体会数学的价值，提高数学素养
第 12 课时	整理与复习（二）	结合现实生活，探究两个量之间存在的联系，构建其关系网络

三、单元学习历程设计

表 7-12 为"分数的意义和基本性质"单元的学习历程设计示例。

表 7-12 "分数的意义和基本性质"单元的学习历程设计示例

课时	驱动问题	锚基任务	诊断性评价
第 1 课时	1. 你能结合生活，讲一个关于 $\frac{1}{4}$ 的故事吗 2. 开学初，学校给各年级准备了一些办公用品，其中有 6 盒磁力扣，要分给 4 个班来固定文化墙上的作品 你们说我的故事里有 $\frac{1}{4}$ 吗	1. 你能试着画出关于 $\frac{1}{4}$ 的故事吗 想一想怎样讲给大家听 2. 小组合作探究，分一分、画一画，表示出故事中的 $\frac{1}{4}$	1. 追问：为什么 1 盒半磁力扣就是 $\frac{1}{4}$ 预设：将 1 盒半磁力扣看成 1 份，总共有这样的 4 份，其中的 1 份也就是一盒半，就是 $\frac{1}{4}$ 2. 追问：分的磁力扣盒数不同，为什么都可以表示 $\frac{1}{4}$ 呢 预设：都是把所有的磁力扣看成单位"1"，平均分成了 4 份，其中的一份就是 $\frac{1}{4}$ 追问：讲了这么多关于 $\frac{1}{4}$ 的故事，你能用一幅图表示所有的故事吗 预设：可以
第 6 课时	1. 你能从分数墙中找出相等的分数吗 2. 在验证的过程中，你们有什么发现	仔细观察分数墙，能从图中找出相等的分数吗，能否进行验证	追问：观察相等的这组分数，分子、分母发生了什么变化 预设：从左往右观察发现分子和分母同时乘以一个数，分数大小不变；从右往左观察发现分子和分母同时除以一个数，分数的大小不变

续表

课时	驱动问题	锚基任务	诊断性评价
第12课时	五（1）班有 6 个学生加入了学校管乐团，有 12 个学生加入了书美社团，其中有 4 个学生加入的是书法小组 你能结合分数知识，表示出数量之间的关系吗	独立思考这些数量之间有什么关系，把它们表示出来	1. 追问：为什么相同的两个数量却有不同的关系呢 预设：因为单位"1"不同 2. 追问：什么影响着这些数量的关系呢 预设：关系的不同取决于以哪个数量为单位"1"

四、关键课时教学实录

（一）讲 $\frac{1}{4}$ 的故事，感知关系

师：同学们都已经完成了，一起来分享一下大家的故事。

生1：把 1 个蛋糕平均分成 4 份，每份是 $\frac{1}{4}$。（分 1 个物体）

生2：把 4 块糖平均分成 4 份，每份是 $\frac{1}{4}$。（分 4 个物体）

生3：把 8 个苹果平均分成 4 份，每份也是 $\frac{1}{4}$。（分 8 个物体）

追问：为什么 2 个苹果也可以表示 $\frac{1}{4}$？

生：这是把 8 个苹果看成一个整体去分的。

……

追问：通过这三个同学的故事，你发现有什么不同？

预设：有的是分一个物体，有的是分几个物体。

师：观察真细致，谁能再来说一说？

小结：我们可以去分一个物体，也可以把多个物体看成一个整体去分，在数学上被称为单位"1"。

点评：利用画图讲 $\frac{1}{4}$ 的故事，唤起学生对已有经验的回忆，从分 1 个物体到分 4 个物体，再到分 8 个物体。首先，拓展部分与整体之间的关

系概念，突破从一个到一些的旧有认识。其次，感悟数的概念的一致性，即计数单位的传承作用，从而将新意义与旧知识相联系，激发学生的探究兴趣。

（二）找 $\frac{1}{4}$ 的故事，理解关系

师：大家讲的故事都特别精彩，我能讲一个吗？

开学初，学校给各年级准备了一些办公用品，其中有 6 盒磁力扣，要分给 4 个班来固定文化墙上的作品。你们说我的故事里有 $\frac{1}{4}$ 吗？

……

师：为什么 1 盒半磁力扣就能表示 $\frac{1}{4}$？

生：把 1 盒半磁力扣看成 1 份，一共有这样的 4 份，其中的 1 份就占 4 份的 $\frac{1}{4}$。

师：那要分 8 盒，它的 $\frac{1}{4}$ 又怎么表示呢？

生：把 2 盒磁力扣看成 1 份，一共有这样的 4 份，其中的 1 份就占 4 份的 $\frac{1}{4}$。

师：那 10 盒呢？（用课件展示分 10 盒的过程）

生：把 2 盒半磁力扣看成 1 份，一共有这样的 4 份，其中的 1 份就占 4 份的 $\frac{1}{4}$。

师：大家看，我们明明分了不同的盒数，为什么都可以表示 $\frac{1}{4}$ 呢？

生：因为不管有多少盒，都是看成单位"1"，把它们平均分成 4 份，其中 1 份就是 $\frac{1}{4}$。

小结：看来我们无论分成多少份，只要把它看成单位"1"，平均分成 4 份，那么 1 份就是 $\frac{1}{4}$。

点评:在真实的情境中再一次分 $\frac{1}{4}$,逐渐引导学生从关注分数的数量比过渡到关注份数比,从另外角度类比与强化前后关系的异同,从而让学生淡化数量,感受部分与整体的关系。

(三)画 $\frac{1}{4}$ 的故事,拓展关系

师:大家讲了这么多关于 $\frac{1}{4}$ 的故事(用课件出示各种关于 $\frac{1}{4}$ 的图),你能用一幅图表示出所有的故事吗?

生:无论分比萨还是分其他物品,无论分 1 个还是分多个,只要平均分成 4 份,每 1 份都可以表示 $\frac{1}{4}$。(利用课件演示过程)

点评:回顾整节课,教师引导学生发现,再次学习分数。突出单位"1"和份数比,让学生感受不管分数初步认识的"一个"中的关系,还是"一些"中的关系,虽然情境不同、角度不同,但关系的本质是一致的,都是部分与整体的关系。

五、教学反思

(一)多角度认识分数,搭建关系网络

1. 认识关系

多角度认识分数的内涵,搭建两个数量之间的关系是本单元学习的一个重要目标。学生结合生活画出各种有关 $\frac{1}{4}$ 的故事,既能为单位"1"的研究提供丰富的资源,又能在辨析的过程中加深对单位"1"的理解。其中,在把 6 盒磁力扣平均分给 4 个班的故事中,学生最初没有意识到 $\frac{1}{4}$ 的存在,经过同桌讨论后找到 $\frac{1}{4}$。但在教师巡视过程中,有个别学生追问 1 盒里面有多少个磁力扣。这说明这些学生还着眼于具体数量。在经过小组交流、全班分享以及对 8 盒、10 盒磁力扣的研究后,学生逐渐淡化数量,关注份数,感受到部分与整体的关系。

在度量的实际操作中,学生借助绳子测量课桌、书本、门等物体,在动手操作中体会分数单位产生的实际需要,再次感受部分与整体的关系。

在分月饼的实际操作中，学生理解了分数可以表示两个数量之间的关系，也可以表示一个结果，从多角度丰富了对分数内涵的理解，为后面构建关系网络打下了基础。

2. 构建关系

本单元的复习课在学生熟悉的社团情境中出示了 3 个数量，可以让学生发现 10 种关系。通过分享交流，学生对所有关系进行分类得到了部分与整体、部分与部分的关系以及两个不同的量之间的关系。在这些关系中，学生发现有些是原来学习的"倍"，有些是现在学习的"分数"。在讨论什么影响不同的关系时，有些学生不太理解，在教师的引导下逐渐清晰以单位"1"为标准去度量确定得到的是倍还是分数，"调"出脑海中已有的倍知识，并与现在的分数相联系，为比的学习奠定了基础。在构建关系网络的同时，学生的抽象思维能力得到发展，数感得以建立。

（二）充分利用直观图，重视操作，建立数感

1. "画"起来

学生结合生活画出关于分数的故事以及对假分数的描述图，生成了内容丰富、形式多样的研究素材，在分享交流中以图论数、以数解图，实现了数到图、图到数的转化，从不同的角度实现了对单位"1"的认识，充分发挥了形象思维对抽象思维的支撑作用。学生数感的形成进一步降低了学生的认知难度。

2. "动"起来

本单元注重给学生充分的动手操作空间，让学生借助绳子测量教室里的物体，体会分数单位的价值；在动手分月饼中感悟分数与除法的关系，通过动手分获得对结果的新表达；学习约分时，为学生提供有关糖果的图片，在多样的分法中找到共性。整个单元的活动设计充分借助直观模型，重视积累解决问题的经验，让学生在动手操作的体验式学习中逐步建立数感。

（三）分数墙构建难，利用不充分

1. 分数墙构建难

在五年级，学生再次认识分数，从度量的角度去体会分数产生的必要性，从而建立数的结构的一致性。本单元要求学生通过一根绳子来测量教室里的各种物体,在不同物体的测量中构建分数墙。但是在实际操作过程中,大多数学生都是通过对折绳子找到新的标准即分数单位去测量的。有的学生对折 1 次得到 $\frac{1}{2}$,有的学生对折 2 次得到 $\frac{1}{4}$,有的学生对折 3 次得到 $\frac{1}{8}$。对于分数单位的获得比较有限,如 $\frac{1}{3}$ 和 $\frac{1}{5}$ 等不容易被学生想到和找到。所以构建分数墙容易出现困难,而且在操作中存在一定的误差。这些都需要在教师的引导下才可以完成。

2. 分数墙利用不充分

虽然最终构建起来了分数墙,但是对于分数墙的利用明显不够充分。本单元仅在分数基本性质的学习中引入了分数墙。其实学习真、假分数时可以通过分数墙让学生体会假分数就是 1 后面跟着一个分数集团,突破学生对单位"1"的认识限制;再将分数墙变压成数线,让学生对分数进行分类,进一步体会分数产生的意义。分数比大小这个环节可以借助分数墙让学生直观感受同分母、异分母分数的大小比较;还可以借助分数墙让学生理解分数加、减法的算理以及分数单位的累加过程。因此,"分数的意义和基本性质"单元教学要注意对分数墙的建构和利用,让学生感受到自己创建的分数墙具有重要的价值,获得学习的成就感。

案例解读

教学设计应始终从学生的角度出发,关注学生的发展。从认知的角度来看,就是要关注学生对已有知识的理解和思维的提升。理解的目标不是通过一次性活动就能完成的,而是个体认知逐渐深化的过程。因而在不同的时间、地点,学生理解的深度也不一样。[1] 由于分数的知识在第二学段就有涉及,让五年级学生对分数有一个多角度、多方位的再认识,是这一教学设计的核心理念所在。

从单元学习主题分析上看,教师兼顾度量、小数、倍数、比的知识,使学生能通过多种表征形式获取数学信息,全面培养学生的数感。只有

---

[1] 余瑶:《数学理解层级模型的构建及教学实践研究》,博士学位论文,北京师范大学,2019。

充分认识到学生的主体性，为学生突破学习困难搭建支架，才能使学生获得良好的学习效果。因此，教师基于课程标准、教材与学生的实际情况，将核心素养中的数感作为本单元学习的大概念。在教学内容的分析中，教师首先参照课程标准，对内容和学习要求进行了一个总体性的把握，接着对北京版一至六年级数学教材中涉及的分数内容进行了逐一分析，把握了教材编写的纵向递进关系，了解了分数在小学数学学习中的重要性，在真实情境的创设和几何直观的应用上对北师版、人教版、北京版三版数学教材进行了横向对比。之后，教师通过三个简单的分数问题，考查了学生在物品数是人数的整数倍，以及物品数不是人数的整数倍时假分数的理解情况，并进行了详细的分析统计，确定了以数感、推理能力为维度的学习进阶和进行了单元教学内容的整体建构。教师从大概念出发，经过详细的学情分析，确定合理的目标，并对学习任务进行序列化分解，体现出学习的渐进性。这便于牢牢把握学生的主体性，帮助学生突破学习困难。

数学教学目标需要聚焦在培养学生的数学思维上，帮助学生获得基本的数学思想方法，让学生初步学会运用数学的思维方式去观察、分析现实社会，去解决生活中遇到的复杂的、未知的问题，并逐渐使思维的品质得到提升。

从单元学习目标设计上看，教师的整体教学目标牢牢地扣住"关系"一词，既指问题当中两个量之间的关系，又指让学生感悟到的整体与部分的关系。聚焦每节课的目标设计，教师设计了单位"1"、度量、假分数与真分数等内容，螺旋叠加，逐步深入，为学生认知结构的形成与完善添砖加瓦，构建其关于分数知识的高楼大厦。在关键课时教学实录部分我们可以看到，教师注重生成，关注学生创造性、个性化的成果，从"讲故事"（引人入胜），让学生自己"找故事"（自主探究），最后再到让学生"画故事"（数学表达），逐层递进，不仅在知识排列上呈现多角度的特点，也在教学顺序上体现丰富、多维度的优点。同时教师在教学设计中合理利用了小组讨论等多种教学方式。正是教师对生成性资源的关注、对学生思维路径的关注、对繁杂任务由浅入深的排列，才使学生能够在螺旋上升的课程内容中实现多角度的数学理解，让学习真实发生！

第八章 "图形与几何"案例解读

本章概述

图形与几何是义务教育阶段学生数学学习的重要领域。在《义务教育数学课程标准（2022年版）》中，图形与几何领域将原来的四个知识子领域统整为两个知识子领域，即将"图形的认识""测量""图形的运动""图形与位置"统整为"图形的认识与测量""图形的位置与运动"。小学阶段的"图形的认识与测量"和"图形的位置与运动"两个主题，在三个学段之间的内容上相互关联，螺旋上升，逐段递进。

《义务教育数学课程标准（2022年版）》增加了许多新要求，如在图形认识与测量的过程中形成初步的空间观念和量感，会用直尺和圆规作一条线段等于已知线段等。具体来说，学生在第一学段要能恰当地选择长度单位（米、厘米）描述生活中常见物体的长度；在第二学段要会计算长方形、正方形的周长和面积；在第三学段要学会计算更复杂的图形的面积，能用相应公式解决简单实际问题。可见，《义务教育数学课程标准（2022年版）》更强调"生活""实际"。正如威金斯和麦克泰格所言，学校教育的目标是使学生在真实世界能得心应手地生活。[①]

随着基础教育改革的深入，单元整体教学应运而生，其更符合《义务教育数学课程标准（2022年版）》的理念。单元整体教学不仅有助于单元知识的整合，而且注重大概念的理解和运用，而非单纯对事实性

---

① ［美］格兰特·威金斯、［美］杰伊·麦克泰格：《追求理解的教学设计》第二版，闫寒冰、宋雪莲、赖平译，14、75、87页，上海，华东师范大学出版社，2017。

知识的掌握，因而成为落实核心素养的研究重心、教研的主要模式。

如何对单元内容进行合理的整合，让教师和学生从单元整体教学中受益？如何使学生在具体的情境中主动调动相关的知识、技能去创造性地解决问题？为了回答这些问题，我们从小学三个学段各选取了一个单元整体教学案例以供参考。这些案例充分体现了《义务教育数学课程标准（2022年版）》对图形与几何这一领域的要求，体现了基于学习进阶理论的教学观，希望能给广大力求进步的教师带来一些启发。

案例一：测量

案例导读

二年级"测量"这一单元为初入小学第一学段的学生提供了第一次正式"测量"的机会。学生会经历统一度量单位的过程，比较测量的结果，感受统一长度单位的意义。

在图形的认识与测量的教学中，如何结合低年级学生的年龄特点，充分利用学生在幼儿园阶段积累的有关图形的经验？如何创设合适的生活情境鼓励学生动手操作，引导学生经历测量的过程？如何帮助学生加深对长度单位（米、厘米）的理解？如何让处于第一学段的学生形成初步的空间观念和量感，帮助学生将非正式的想法转变为日益复杂的数学概念？

下面呈现的是一个很好的单元整体教学设计案例。

案例呈现

"测量"单元整体教学设计

设计者：首都师范大学附属小学　葛少芬

一、单元学习主题分析

（一）核心概念分析

"测量"这一单元属于第一学段图形与几何领域的重要内容，给予学生第一次认识计量单位的机会。长度单位是小学阶段学生较早接触的、基本的计量单位。《义务教育数学课程标准（2022 年版）》指出，要让学生经历统一度量单位的过程，感受统一度量单位的意义。度量是用一个数值来表示物体的某一属性，从而形成某个具有特殊含义的"量"，如长度、面积、容积、体积、角度、重量（质量）、方位、温度、时间、货币等。

在这一单元，学生第一次通过测量来描述物体的长度，第一次选择不同的测量工具，第一次借助工具正确读出测量物体的结果。可以看出，本单元是学习度量的启蒙阶段，培养学生的量感是义务教育阶段数学课程的重要目标。学生在学习过程中合理选择度量单位、度量方法和度量工具，从非标准到标准、从多元到统一，感受测量工具的多样性，感受统一单位的必要性，感受长度单位的累加。本单元的核心概念是经历利用不同方式测量物体长度的过程，感受度量单位的统一性和多样性。

（二）教学内容分析

在本单元的教学中，教师提供了多次测量的机会，鼓励学生选择不同的方法进行测量，让学生经历统一度量单位的过程，感受统一度量单位的意义。学生在认识长度单位、面积单位和体积单位的过程中逐步积累测量经验，在解决问题过程中不断发生知识迁移，体会到一维图形的大小用长度描述和二维图形的大小用面积表示，感悟测量的本质是度量单位的累加。图 8-1 为学生空间观念的建立过程。

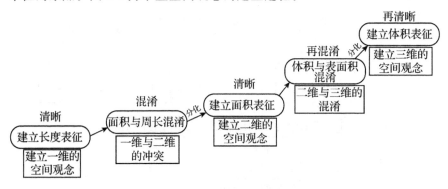

图 8-1 学生空间观念的建立过程

从图 8-1 中我们看到，学生经历从建立一维的空间观念、一维与二维的冲突，建立二维的空间观念、二维与三维的混淆，到建立三维的空间观念，并参与迁移、想象、推测、验证、反思等活动，在清晰—混淆—

清晰—再混淆—再清晰的过程中形成度量意识，发展量感，积累测量活动经验，为后续学习更大的长度单位做铺垫。教师要帮助学生顺利建立长度表征，建立一维的空间观念。

度量的基本方法是统一度量单位不断累加，将多个度量单位组合在一起产生工具。从数学理解层面考虑，度量是对现实生活中事物某方面属性的刻画，能使学生感受度量单位的多样性，发展学生的量感、推理能力、直观想象力。从解决问题层面考虑，统一度量单位使度量从个别、特殊的测量活动成为一般化的活动，便于学生在更大范围内应用和交流，有助于学生思考问题，培养学生解决问题的能力及创新意识。

1. 数学理解层面

"测量"单元共包括三项操作内容。第一项操作内容是测量指定量，自选单位，感受测量方式的多样性，体验用非标准长度单位测量的过程。第二项操作内容是测量较短的物品，体会选择的工具不一样，测量的结果就不一样，感受统一单位的必要性。第三项操作内容是测量较长的物品，产生测量的需要，思考为什么测量、用什么测量、怎样测量、如何记录。教师借助几何直观可以把复杂的问题变得简明、形象，有助于学生探索解决问题的思路，帮助学生更顺利地理解数学知识。"测量"单元的知识结构图见图 8-2。

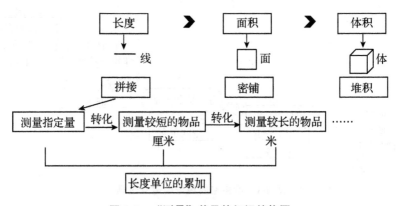

图 8-2　"测量"单元的知识结构图

如何帮助学生选择适当的测量单位和工具进行测量，积累测量的经验？在学习测量的相关知识过程中，教师通过生生之间不同策略的交流，使学生加深对量及其单位实际意义的理解。在量一量的过程中，学生需要明确测量标准，选择合适的测量工具，准确读出测量结果，在实践中积累选择测量单位和测量工具的经验。

2. 问题解决层面

在尝试用1厘米小棒测量口罩长边的活动中，学生通过将一小段一小段叠加起来，建立"1厘米"的表象，发现得出的测量结果就是测量单位的累加。有了认识长度单位1厘米的经验，就可以迁移到认识长度单位1米。通过操作、反思、提问、答疑、调整，学生经历解决问题的全过程，其数学思维得到培养，并感受到度量单位的统一性和多样性。

(三) 学生情况分析

在学习本单元之前，有些学生可能知道用测量工具测量物体的长度，却不知道什么是长度单位，常用的长度单位有哪些，它们之间有什么关系，以及如何用测量工具准确测量物体。在实践过程中，教师要引导学生感悟数学度量的方法，逐步积累测量经验，运用测量知识和方法解决问题，同时让学生对测量误差有初步体会。为了更好地了解学生已经掌握的测量知识和容易出现的问题，本单元设计了如下针对本校二年级学生的前测调研。

调研对象：二年级（2）班的36名学生。

调研方式：纸笔测试。

调研内容：见表8-1。

表8-1　调研内容

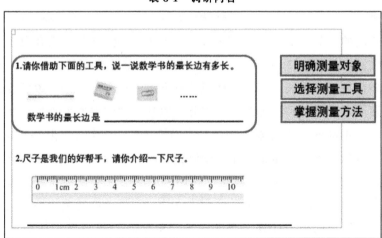

调研数据分析：调研问题 1 主要了解学生对测量工具的选取情况。95.6％的学生都能够选择恰当的测量工具测量数学书的长度，并采用了多种测量方法。

调研问题 2 主要了解学生对尺子这个工具的熟悉程度。二年级学生对尺子并不陌生，但是对尺子的了解程度不尽相同。表 8-2 为学生对尺子的了解程度。

表 8-2　学生对尺子的了解程度

了解程度	比例
关注尺子的用途	50.4％
关注尺子的形状和尺子上的数字	19.5％
深入介绍尺子	16.7％
不知道尺子	13.4％

在真实情境中，合理选择度量单位、度量方法和度量工具是具备量感的重要表现。在测量数学书长度的过程中，学生需要考虑选择什么工具、如何准确测量等问题，尺子是学生在学习生活中容易接触到的测量工具。在调研问题 2 中，有 50.4％的学生关注尺子的用途，但仅仅停留在知道尺子可以画直线的层面。19.5％的学生关注尺子的形状和尺子上的数字。16.7％的学生可以深入介绍尺子。13.4％的学生不知道尺子。

通过前测数据得出，大部分学生在实际生活中已经对物体的长度、测量长度的工具和方法等有了初步的认识和经验。《义务教育数学课程标准（2022 年版）》指出，图形的测量重点是确定图形的大小。在推导一些常见图形周长、面积、体积计算方法的过程中，感悟数学度量方法，逐步形成量感和推理意识。因此，教师在教学中要着重呈现多种测量方法（正确的、刻度未对齐的、有重叠的），先帮助学生顺利建立 1厘米的表象，再教学生正确用尺子测量物品，发展学生的空间观念。基于此，"测量"单元的进阶起点为认识平面图形，通过实物和模型辨认简单平面图形，结合实际生活体会建立统一度量单位的重要性。其进阶终点包括图形的周长计算，能进行长度单位之间的换算，体验不规则图形长度的测量方法,在图形认识与测量的过程中形成初步的空间观念和量感。我们基于单元学习内容和学生的情况以及学习进阶的理论,对学生的关键能力进行了水平层级的划分。"测量"单元的学习进阶见表 8-3。

表 8-3 "测量"单元的学习进阶

等级水平	量感	空间观念	应用意识
水平一	能通过平面图形的特征认识厘米和米,能估测一些常见物体的长度	能辨认一些简单的立体图形和平面图形,选择不同的工具进行测量	建立 1 厘米、1 米的表象,体会厘米的实际意义,寻找身边的 1 厘米、1 米
水平二	体会 1 厘米、1 米的实际意义,并会用尺子测量;掌握 1 米 = 100 厘米的知识,并会进行简单的单位换算	创设测量课桌的长度等生活情境,借助手的长度、铅笔的长度、尺子等不同方式测量,经历测量过程,比较测量的结果	能借助身边的"尺子"估测实际生活中一些物体的长度;能恰当地选择长度单位描述生活中常见物体的长度
水平三	能用刻度尺测量长度(限整厘米),能用"断尺"测量物体的长度,能推出其他长度单位的换算方法	在测量活动中了解测量方法的多样性,总结测量方法,体会统一度量单位的价值和作用	能运用测量知识和技能测量生活中物体的长度,解决生活中有关测量的相关问题;体会测量长度在日常生活中的重要意义,形成初步的空间感和量感

(四)单元整体课时安排

我们基于以上分析和学习进阶的理论,对"测量"单元教学内容进行整体构建,如图 8-3 所示。

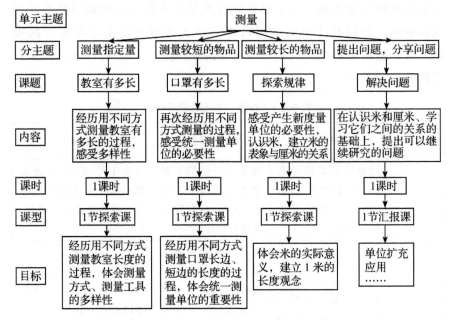

图 8-3 "测量"单元教学内容的整体建构

基于对教材和学情的分析,"测量"单元尝试进行大单元教学,调整了课时安排,如表 8-4 所示。

表 8-4 "测量"单元的课时安排

教学建议（5 课时）	单元学习设计（4 课时）
教室有多长（1 课时）	教室有多长（1 课时）
课桌有多长（1 课时）	口罩有多长（1 课时）
1 米有多长（2 课时）	探索规律（1 课时）
练习四（1 课时）	解决问题（1 课时）

二、单元学习目标设计

第一,在多次测量活动中,了解测量方法的多样性,能用不同方式测量物体的长度,体会统一度量单位的价值和作用。

第二,在实践活动中认识厘米和米,体会厘米和米的实际意义,知道 1 米＝100 厘米,并能进行简单的单位换算。

第三,能估测一些物体的长度,能用尺子准确测量物体的长度,画出指定长度的线。

第四，能选择恰当的单位表示物体的长度，能解决生活中简单的测量问题，通过观察、操作、交流发展量感和空间观念。

三、单元学习历程设计

表 8-5 为"测量"单元的学习历程设计示例。

表 8-5 "测量"单元的学习历程设计示例

课时	驱动问题	锚基任务	诊断性评价
第 1 课时：教室有多长	如何测量教室的长度	以小组为单位，动手实践，选择合适的测量工具测量教室的长度，分享汇报	提问与追问：你是怎样测量教室长度的；测量的过程中需要注意什么 反馈：做好标记，一个紧挨着一个摆放，统计一共量了多少次
第 2 课时：口罩有多长	量一量、摆一摆，口罩的长边有多长，口罩的短边有多长	1. 小组合作，从学具中选择其中的一种作为测量工具，在和口罩形状完全相同的纸片上量一量口罩的长边有多长 2. 用长度为 1 厘米的小棒量一量口罩的长边有多长	提问与追问：你选择的是哪种测量工具；测量结果是多少；为什么测量工具不同，测量结果就不一样 反馈：认识长度单位 1 厘米，体会选择的标准不一样，测量结果就不一样，感受统一工具的必要性
第 3 课时：探索规律	想一想，100 根 1 厘米的小棒接起来有多长呢	通过小组合作，建立 1 米的表象，尝试用稍大的长度单位"米"测量黑板的长度	提问与追问：剩余的部分不够 1 米怎么办 反馈：可以用几米几厘米来表示，把所学的长度单位米和厘米结合起来运用

四、关键课时教学实录

（一）第一次测量引发冲突，统一度量单位

师：为了保持卫生，大家平时可以准备一个口罩盒，用来盛放自己的口罩。你在准备口罩盒的时候会考虑什么问题？

生1：我会考虑口罩盒的颜色和样式，要是自己喜欢的。

生2：我会考虑选择一个轻一点的便于携带的口罩盒。

生3：我会要考虑口罩的大小，长边有多长，短边有多长，要能装得下口罩。

教师出示口罩，引导学生找一找、指一指口罩的长边、短边分别在哪里。学生需要小组合作，在教师提供的学具中选择其中的一种学具作为测量工具，在和口罩形状完全相同的长方形纸片上测量长边，得到的结果就是口罩长边的长度。

师：你选择的是什么工具？测量结果是多少？

生1：我选择的工具是赞卡，测量结果是2个多一点。

生2：我用的工具是曲别针，测量结果是5个多一点。

生3：我用小木块测量，测量结果是8个少一点。

师：想一想，你们测量同一物体的长度，得到的结果为什么不同？

生：也许是因为测量工具不同，所以测量结果就不一样。

师：测量结果不一样，交流起来会遇到什么问题？

生：交流起来不好描述，不方便，说完了大家都不明白到底是多长。

师：你认为可以怎样做？

生：或许可以统一测量工具，这样测量结果就一样了，交流起来也会方便很多。

点评：学生在第一次测量时对度量单位的学习重在经历确定单位的过程。这时教师创设真实的情境，引导学生尝试找同一单位长度的物品测量口罩长边的长度，让学生感受到统一工具的必要性，感悟数学度量方法，初步形成量感。

（二）第二次测量聚焦本质，认识厘米

师：用我提供的长度为1厘米的小棒再量一量和口罩同样大小的白纸长边的长度，并说说你是怎么测量的。

生1：我是这样摆的。一共有15根小棒，白纸长边的长度是15厘米。

生2：我是把一个红的和一个黄的摆在一起，颜色不同更容易观察计数。测量结果也是15根小棒。白纸长边的长度是15厘米。

生3：我也是把一个红的和一个黄的摆在一起，这样更容易观察。但是我们组已经标上数了,一眼就可以看出白纸长边的长度是 15 厘米。

师:大家观察生 3 的作品,你们能联想到什么学习用具?

生:这个很像尺子!

师:很好,联想到的学习用具是尺子。现在观察尺子上有什么,并在尺子上找一找 1 厘米。

生:尺子上有 0 刻度,有大格、小格,有数字。在尺子上,每相邻两个数字之间的距离都是 1 厘米。

师:想一想,生活中还有哪些物体的长度是 1 厘米?

生:……

点评:学生在第二次测量时尝试用长度为 1 厘米的小棒测量口罩长边的长度。在测量过程中,学生充分体会一小段一小段叠加起来的过程,从非标准到标准,从多元到统一,逐步在头脑中建立起 1 厘米的表象,感受长度单位的累加就是测量的本质。学生的思维不断被激发和唤醒,推理能力和应用意识得到发展。

(三)第三次测量辨中有感,用尺子测量

师:用尺子在学习单(见表 8-6)上量一量口罩的短边有多长。

表 8-6 学习单

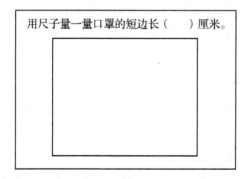

用尺子量一量口罩的短边长( )厘米。

生:用尺子测量口罩短边的长度是 9 厘米。

师:你认为尺子应该如何正确使用?试着总结在测量过程中需要注意的事项。

生 1:尺子的 0 刻度应该和这条线的起始点对齐。

生 2:尺子这条边要和测量的线对齐,尺子上对应的数字就是这条线的长度。

师：很好！如果是一把折断的尺子，该如何得到9厘米长的线？请说一说你的方法。

生1：用尺子从0开始画，画到9，这条线的长度是9厘米。

生2：不从0开始，画9个1厘米也可以得到9厘米。

生3：直接在尺子上找到距离有9厘米的两个刻度，就可以得到9厘米。

点评：学生在第三次测量时用尺子去测量口罩短边的长度。这要求学生正确掌握用尺子测量的方法，引导学生解决测量中的误差问题，让学生对测量误差有了初步体会。教师引入"断尺"，注重发展学生的知识迁移能力，同时加深学生对度量意义的理解。教师需要再一次引导学生运用测量知识和方法解决问题，逐步积累测量经验，发展学生的空间观念。

（四）练一练，概念升华，总结所学

师：试着比较长度等于3个3厘米的回形针的总长的木条和长度等于3个5厘米的回形针的总长的木条，哪个更长？为什么？

生1：这两根木条的长度都是3个回形针的总长，所以它们一样长。

生2：虽然两根木条的长度都是3个回形针的总长，但是回形针的长短不同。长度为3个5厘米的回形针的木条更长。

点评：在课堂最后对学生进行提问，利用练一练培养学生的分辨能力与应用能力。

五、教学反思

本单元围绕"累积单位""统一单位"和"工具使用"三个过程整体规划和设计教学。每课时的教学要使学生不断巩固单元的核心内容，加深对知识本质的理解。结合低年级学生的年龄特征，教师创设贴近学生生活的实际情境，引导学生不断感悟度量的基本方法是统一度量单位不断累加，将多个度量单位组合在一起产生工具。在课堂上，学生利用丰富的教具测量有棱有角的物体，较容易地找到测量物体的端点，从而测量物品的长度，得出结论。课后部分学生尝试测量一些不规则图形的长度；部分学生在测量不规则图形长度的过程中会出现拼接尺子不规范、做标记不准确、合作测量分工有困难等现象。所以，本单元需要再放慢

从非标准单位测量到标准单位测量的过程，帮助学生更清晰地理解单位制定是从多元走向统一、从粗略走向精细的过程，是一个漫长的过程，重在把握数学功能和本质特征。在今后的教学中，教师要继续帮助学生深入理解度量的意义，理解统一度量单位的必要性，让学生知道度量是过程，测量是结果。学生能够从真实情境中选择合适的度量单位进行度量，会在同一度量方法下进行不同单位的换算。通过单元整体学习，学生不断发展量感、推理能力、直观想象力，积累测量经验，发展解决问题的能力。

案例解读

　　在导课环节，教师紧贴生活情境，激发学生的学习兴趣，引发学生的讨论。在正式上课环节，教师组织学生开展了三次测量活动。在第一次测量活动中，教师提供不同的工具，让学生自己选择工具动手测量口罩的长边，让学生初次体验测量活动，成功引发学生的认知冲突，让学生思考测量的是同样的口罩，为什么大家得到的答案不同。学生的头脑中开始产生了一个初步的印象，即不同的测量工具会带来不同的测量结果。在第二次测量活动中，教师给学生提供了统一的度量工具——若干长度为1厘米的小棒，由此让学生认识长度单位"厘米"，且让学生发现0刻度到1刻度之间的长度为1厘米。教师善于调动学生已有的知识，并引导他们把旧知识与新知识有机结合，建立1厘米的概念。这也是本节课的重点和难点。教师还让学生找一找生活中哪些物品的长度接近1厘米。学生通过联想和交流，真切体会到1厘米有多长，从而建构清晰、牢固、鲜活的1厘米的长度表象，并且感受到生活中处处有数学。这一设计使抽象的概念具体化、生活化，便于学生的理解和运用。在第三次测量活动中，教师让学生使用尺子进行统一测量，使学生体会统一标准的计量单位在测量中的意义。活动是培养学生量感的重要载体。学生在这三次环环相扣的测量活动中发展测量技能，形成量感，感悟测量的本质。这样学生感受到了数学的有用性。

　　教师在课堂最后设置了练一练环节，为学生提供了思辨的机会——让学生比较长度等于3个3厘米的回形针的总长的木条和长度等于3

个 5 厘米的回形针的总长的木条中哪个更长。放置思辨的土壤，让学生在比较辨析中发展量感。教师通过学生对这个问题的不同回答，可以检验学生对知识的理解层次，让学生在比较的体验中获得对 1 厘米这个长度单位独特、丰富、准确的感受，帮助学生把感性知识上升为理性知识。

正如孙维刚先生所言，数学学习应是八方联系，浑然一体；漫江碧透，鱼翔浅底。这种数学认知加工的方式能够让学生将所学的知识构建成相互联系的知识体系。若课堂中还有时间，可穿插秦始皇统一度量衡的故事，在数学教学中渗透数学文化，让学生进一步体会统一度量单位的重要性。

案例二：面积

案例导读

"面积"单元教学设计是"测量"单元教学设计的进一步延伸与拓展，这样的教学安排符合学生的认知发展规律。学生在第一学段先学会测量长度；在第二学段学习面积。从线到面，是从一维空间过渡到二维空间，是空间形式认识发展的一次飞跃。因此学生对面积概念的理解较难把握。

在"面积"单元教学中，教师要让学生在熟悉的情境中直观感知面积的概念，经历选择合适的面积单位进行测量的过程。如何调动自己的经验促进学生理解面积的意义，形成量感？如何引导学生明确面积研究的是"大小"这一属性，帮助处于第二学段的学生在头脑中建构面积的正确表象？如何设置动手活动使学生区分面积和周长？

下面呈现的是一个很好的单元教学设计案例。

案例呈现

"面积"单元整体教学设计

设计者：北京景山学校远洋分校 韩雪

一、单元学习主题分析

（一）核心概念分析

"面积"单元是第二学段图形与几何领域的重要内容，是促使学生的思维从一维空间转向二维空间的核心内容。长度、面积和体积都体现了对图形的度量。面积的学习在沿袭长度的学习中对度量核心要素和度量方法的认识的基础上，又有所发展。因此，从学科价值看，把握度量的本质结构，发展度量意识，对今后学习体积的内容（包括角的度量等内容）起着承上启下的重要作用。

核心概念起着统领具体数学内容及其教学的作用，使众多数学知识之间相互联系、相互作用、相互影响。依据《义务教育数学课程标准（2022年版）》，本单元涉及的数学核心素养主要包括量感和空间观念。大概念背景下"面积"单元的具体概念有以下四点：①理解和把握度量单位的实际意义，感悟度量结果；②针对真实情境恰当选择度量单位、工具和方法进行度量；③初步感知度量工具和方法引起的误差，合理得到或估计度量的结果；④探索基本图形和不规则图形的面积，加深对度量意义的理解。

（二）教学内容分析

1. 知识本质

我们纵向梳理人教版数学教材中平面图形面积的教学发现，三、五、六年级分三个年段完成了由直边到曲边的平面图形面积教学。图 8-4 为"面积"单元的知识结构。

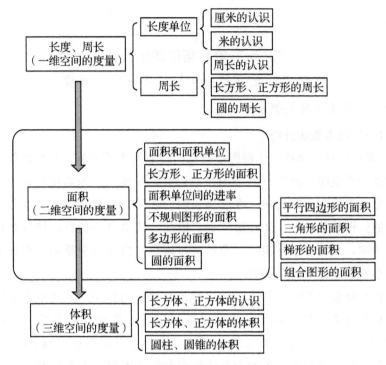

图 8-4　"面积"单元的知识结构

　　"面积"单元是在学生经历长度的度量过程，掌握长方形和正方形的特征及其周长计算的基础上进行教学的。在图形的测量中，从一维的长度到二维的面积，再到三维的体积，是发展学生空间观念的一条线索；长度单位的累加到面积单位的密铺，再到体积单位的堆积，是学生发展量感的又一线索。可见，面积在其中起到了承上启下的重要作用。

　　2. 思维本质

　　在小学阶段，度量的对象主要是线段、角、常见的平面图形和立体图形。长度、面积、体积是基本的度量几何学的内容。长度、面积、体积这三者除图形的维度不同外，作为一种度量的过程，其本质是一样的。图 8-5 为"面积"单元的核心要素进阶。

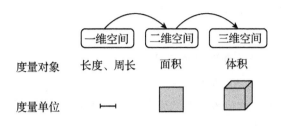

图 8-5 "面积"单元的核心要素进阶

从度量的核心要素来理解，面积的度量就是恰当地选择面积度量单位、工具和方法进行测量的过程。学生从学习长度到学习面积，是空间观念发展上的一次飞跃。它主要表现为度量对象由一维空间的"线段"变为二维空间的"面"；度量单位由"线段"变为"正方形"；度量方法除基本度量法外，还可以用公式计算法计算图形的面积。通过面积的学习，学生感悟度量的本质结构。面积的学习不仅有利于发展学生的量感和空间观念，也将为学生学习三维空间的体积、容积积累更丰富的度量活动经验。

（三）学生情况分析

"面积"单元是图形与几何领域中图形的认识与测量部分的内容。在学习"面积"单元之前，学生对面积概念的认知水平如何？学生是否有意识地将度量长度的经验迁移到度量面积中？学生已有的量感和空间观念两方面能力的发展水平如何？基于以上思考，我们对本校三年级学生进行了前测，试图了解学生的学习起点和学习需求，整体评估学生的认知水平及学习效果，从而找准教学起点，优化教学方式与过程，制订科学、合理、有效的教学方案。

调研对象：本校某三年级学生 39 人。

调研节点：所有参加测试的学生均未接受"面积"单元教学。

调研方式：纸笔测试、访谈。

调研内容：

为了防止后面题目对前面题目的影响，测试分为两部分，做完第一部分才能拿到第二部分。

第一部分

1. 你听说过"面积"这个词吗？

听说过（　　）　　没听说过（　　）

如果听说过，你认为什么是面积呢？把你的想法写一写或画一画。

我是这样想的：_____

第二部分

2. 请你比较下面图形面积的大小，写一写你是如何比较的。

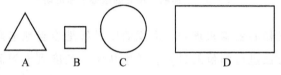

我是这样比较的：_____

3. 下面两个图形哪个面积更大？写一写你是怎样比较的。

我是这样比较的：_____

调研数据分析：

测试题目 1 主要了解学生对面积概念理解水平的真实情况。在前测中发现，虽未真正学习面积的概念，但多数学生听说过"面积"这个词语。其中，7.8%的学生不能表达对面积的理解或将面积与周长的概念混淆；55.3%的学生能说出"表面"或"大小"这样的词语，或用涂阴影的方式表示面积；36.9%的学生能明确说出面积是平面图形的大小或用不同表征方式表达自己对面积的理解，能区分"面"和"面积"，但不能用语言准确表达面积的定义。

测试题目 2 主要了解学生在面积比较水平方面的情况。我们发现，97.4%的学生能正确比较四个图形面积的大小。其中，81.1%的学生是通过直接观察比较出来的；16.3%的学生是通过重叠的方法比较出来的。

测试题目 3 主要了解学生的度量意识。94.7%的学生能对两个图形的面积大小进行比较，但比较的方法有所不同。其中，直接观察比较的学生占 13.9%；割补重叠比较的学生占 55.6%；借助图形单位或数方格比较的学生占 19.4%；计算比较的学生占 11.1%。对采用计算比较的学生进行访谈发现，他们虽然能通过"长×宽"的面积公式进行计算比较，但他们并不明白公式背后的原因。

通过前测数据不难发现，首先，学生对"面"和"面"的大小有着丰富的生活经验和直观感知，能较好地理解面积的概念；其次，当"面"的大小不易观察比较时，学生能够主动改变策略。一部分学生经过前期积累长度度量的经验，已经有了度量的意识。这些知识与经验都是学生研究面积的思维生长点。同时，我们不难发现，大部分学生还是难以将面积的学习与长度的学习建立联系的，缺乏对度量的本质理解。因此，能否在这一单元中进一步感悟度量的本质，发展量感和空间观念正是学生思维发展的难点。

（四）单元整体课时安排

我们基于单元学习内容分析和学生的学习情况以及学习进阶的理论，对学生的关键能力进行水平层级的划分。表 8-7 为"面积"单元的学习进阶。

表 8-7 "面积"单元的学习进阶

等级水平	量感	空间观念
水平一	能准确表达什么是面积，能直观、感性地比较图形面积的大小	能将实物或模型中面的大小抽象成平面图形的大小，并能进行直观、感性的比较
水平二	在比较图形面积大小的过程中，知道度量的意义，能理解统一面积单位的必要性	能将两个图形重叠来比较面积的大小，理解比较图形面积的大小就是比较相同面积单位个数的多少
水平三	会针对实际情况选择合适的面积单位进行度量，能进行不同面积单位间的换算	能建立不同面积单位的表象，并能借助已知量的不断累加，理解不同面积单位间的进率
水平四	不仅能用合适的面积单位度量基本图形的面积，而且能灵活解决现实情境中的估测问题，合理得到或估计度量的结果	理解面积单位、面积单位个数与图形各要素之间的关系，推导基本图形的面积公式，并能灵活解决实际问题

基于以上分析对"面积"单元教学内容进行整体建构，并调整了课时安排。图 8-6 为"面积"单元教学内容的整体建构。表 8-8 为"面积"单元的课时安排。

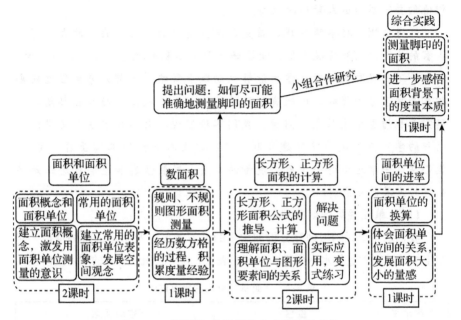

图 8-6 "面积"单元教学内容的整体建构

表 8-8 "面积"单元的课时安排

教学建议（8 课时）	单元学习设计（7 课时）
面积和面积单位（3 课时）	面积和面积单位（2 课时）
长方形、正方形面积的计算（2 课时）	数面积（1 课时）
面积单位间的进率（1 课时）	长方形、正方形面积的计算（2 课时）
解决问题（1 课时）	面积单位间的进率（1 课时）
整理与复习（1 课时）	综合实践（1 课时）

二、单元学习目标设计

（一）单元总目标

第一，借助研究度量长度的经验与方法，研究平面图形面积的度量。

第二，能积极参与探索面积大小的活动，积累度量的学习经验；理解面积的本质是图形包含相同面积单位的个数，理解应用长方形、正方形面积公式的意义，联系长度与面积的学习。在观察、操作、想象、描述、表示和交流等数学活动中发展量感和空间观念。

第三，理解面积和面积单位的含义；熟悉面积单位间的进率，并能进行单位换算；理解长方形、正方形面积公式的推导过程，并会用公式解决相关的实际问题。

第四，感受面积在生活中的应用价值，感受数学之美，体验探究过程的乐趣，增强应用意识与创新意识。

（二）具体课时目标

表 8-9 呈现了"面积"单元的具体课时目标。

表 8-9 "面积"单元的具体课时目标

教学内容		具体课时目标
面积和面积单位	第 1 课时：面积概念和面积单位	建立面积概念，激发用面积单位度量的意识
	第 2 课时：常用的面积单位	建立常用的面积单位表象，发展空间观念
数面积	第 3 课时：规则、不规则图形面积测量	经历数方格的过程，积累度量经验
长方形、正方形面积的计算	第 4 课时：长方形、正方形面积公式的推导、计算	理解面积、面积单位与图形要素间的关系
	第 5 课时：解决问题	实际应用，变式练习
面积单位间的进率	第 6 课时：面积单位的换算	体会面积单位间的关系，发展面积大小的量感
综合实践	第 7 课时：测量脚印的面积	进一步感悟面积背景下的度量本质

三、单元学习历程设计

基于以上分析，"面积"单元的学习历程设计示例见表 8-10。

表 8-10   "面积"单元的学习历程设计示例

课时	驱动问题	锚基任务	诊断性评价
第 1 课时：面积概念和面积单位	如何借助第三个图形比较两个图形的大小	利用不同形状面积单位测量的过程，讨论并确定用正方形作面积单位合适	提问：你是怎样比较的 反馈：先用圆形、三角形、正方形等拼摆，再数一数这些图形的个数 追问：哪种图形合适 反馈：正方形
第 2 课时：常用的面积单位	统一规定的面积单位是什么形状的；它的边长是多少	丰富对面积单位实际大小的感性认识，形成面积单位表象	提问与追问：1 平方厘米、1 平方分米、1 平方米有多大；怎样估测物品的面积 反馈：动手画、剪、围出面积单位；对常用物品面积先估测，再实际测量，并记住测量结果 以这些结果做标准，再估计其他物品的面积
第 3 课时：规则、不规则图形面积测量	怎样得到一个平面图形的面积	利用数一数、估一估等活动，用数面积单位个数的方法测量图形的面积，发展量感	提问：你是如何得到这个图形的面积的 反馈：先确定一个面积单位，然后再数一数有几个这样的面积单位，图形的面积就是多少
第 4 课时：长方形、正方形面积公式的推导、计算	为什么长方形的面积＝长×宽	利用动手操作，探究面积单位与要素间的关系，推导出长方形、正方形的面积公式	提问：怎样得到长方形的面积；你发现了什么 反馈：密铺、只摆一行一列、用直尺；面积单位的总个数＝每行个数×行数，每行个数就是长，行数就是宽，所以长方形的面积＝长×宽

四、关键课时教学实录

(一)从已有认知入手,聚焦研究对象

师:为了了解同学们对长方形面积的认识情况,课前我们完成了一个调查,得到如下数据(见图 8-7)。

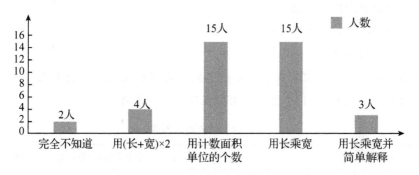

图 8-7 得到长方形面积的方法

师:从上述数据中你了解到哪些信息?

生:我们班一共有 39 人。其中,2 人完全不知道如何得到长方形的面积;4 人错用长方形的周长公式求面积;15 人用计数面积单位的个数得到长方形的面积;15 人用长乘宽计算得到长方形的面积;3 人不仅用长乘宽计算长方形的面积,还能进行简单解释。

师:大家觉得用长乘宽计算长方形的面积对吗?你是怎么知道的?

生:对,我是从书上看到的,听家长也说过。

师:在"关于长方形的面积,你还想了解什么"在这个问题的调查过程中,大多数同学想了解的问题是"为什么长方形的面积=长×宽"。你觉得为什么长方形的面积=长×宽?接下来你想怎样研究?

生 1:前面我们学过用边长 1 厘米的小正方形可以得到一个图形的面积。我想是不是也可以用这个工具在长方形上拼一拼、摆一摆,或许会有发现。

生 2:如果长方形的长是 4 厘米,宽是 2 厘米,长可以摆 4 个小正方形,宽可以摆 2 个小正方形,所以面积就是 8 平方厘米。

生 3:可以看看长方形的长、宽与小正方形的个数之间有没有关系。

师:看来大家想借助边长是 1 厘米的小正方形先拼一拼、摆一摆,

再看看长方形的长、宽与小正方形的个数之间有没有关系。

点评：之前学生已经有了学习面积、面积单位和数面积的经验。学生明确度量对象后，能选择适当的度量单位，设计合理的度量方法进行研究。

（二）操作实践探究，突出度量本质

教师组织以下活动。

活动要求：以 4 人为小组开展合作研究。每组都有若干边长是 1 厘米的小正方形塑料片，以及三个大小不同的长方形。其中，①号长方形每组都相同；②号和③号长方形每组不同。请用合适的方法得到每个长方形的面积（见表 8-11），并写一写研究过程中的发现。

表 8-11　长方形的面积

长方形	长	宽	1 平方厘米小正方形的个数	长方形的面积
①				
②				
③				

师：每个长方形的面积是多少？你是怎样得到的？

（每组以①号长方形为例重点汇报）

水平一：通过密铺，用面积单位度量长方形的面积（见图 8-8）。

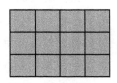

图 8-8　用面积单位度量长方形的面积

生：我们用边长是 1 厘米的小正方形将①号长方形铺满。数了数，一共有 12 个这样的小正方形，所以这个长方形的面积是 12 平方厘米。

师：为什么单位是平方厘米？

生：因为每个小正方形的面积是 1 平方厘米，有 12 个这样的小正方形，所以①号长方形的面积就是 12 平方厘米。

水平二：只摆一行一列，用更少的面积单位度量长方形的面积（见图 8-9）。

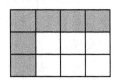

图 8-9　用更少的面积单位度量长方形的面积

生：我们觉得不用铺满，只需要横着摆 4 个，竖着摆 3 个，就可以知道①号长方形的面积是 12 平方厘米。

师：4 表示什么？3 表示什么？12 表示什么？

生：4 表示长方形的长是 4 厘米，也表示每行可以摆 4 个边长是 1 厘米的小正方形；3 表示宽是 3 厘米，也表示每列可以摆 3 个边长是 1 厘米的小正方形。只需要摆这样的一行一列就可以得到①号长方形的面积是 4 厘米×3 厘米＝12 平方厘米。

水平三：用直尺测量，用长度单位度量长方形的面积。

师：你们小组没有用小正方形摆，怎么也得到了①号长方形的面积是 12 平方厘米？

生：我们用直尺量了①号长方形，发现长是 4 厘米，宽是 3 厘米，长可以摆 4 个 1 平方厘米的小正方形，宽可以摆 3 个 1 平方厘米的小正方形。我们没有摆，直接就能想象出来面积是 12（4×3）平方厘米。

……

师：用小正方形拼摆和在头脑中想象得到①号长方形的面积有什么共同点？

生：都需要知道每行小正方形的个数和行数。

师：其他两个长方形是不是也可以用类似的方法得到面积呢？请你说一说。

生：我们组发现，②号长方形的长是 5 厘米，宽是 2 厘米。每行摆 5 个小正方形，可以摆这样的 2 行，一共可以摆 10（5×2）个 1 平方厘米的小正方形，面积是 10 平方厘米。③号长方形的长是 8 厘米，宽是 1 厘米。每行摆 8 个小正方形，可以摆这样的 1 行，一共可以摆 8（8×1）个 1 平方厘米的小正方形，面积是 8 平方厘米。

（师生对比②号和③号长方形一起看）

点评：利用面积单位的不断累加可以得到图形的面积，这也是长方形面积公式形成的基础。在交流分享中，学生发现虽然在长方形中拼摆面积单位时的操作方法不同，但都是在计算面积单位的个数，从而感悟面积计算的本质就是对二维面积的度量，进一步提升量感。

（三）沟通一维、二维的联系，推导面积公式

第一层：推导长方形的面积公式。

师：你是怎样计算得到长方形的面积的？

生：每行面积单位的个数×行数就是一共有几个 1 平方厘米的正方形，长方形的面积就是几平方厘米。

师：课前大多数同学都认为长方形的面积＝长×宽，现在你知道为什么了吗？

生：长是几厘米，每行就可以摆几个；宽是几厘米，就可以摆这样的几行。

师：你们的意思是每行摆 5 个，摆这样的 3 行，长方形的长是多少？宽是多少？每行摆 8 个，摆这样的 2 行，长方形的长是多少？宽是多少？反过来，如果长方形的长是 12 厘米，宽是 4 厘米，就说明什么？你发现了什么？

生 1：我发现每行面积单位的个数就是长，行数就是宽，边长是 1 厘米的小正方形的总个数就是长方形的面积。

生 2：我还发现每行面积单位的个数×行数＝长方形的面积，因此长×宽＝长方形的面积。

第二层：推导正方形的面积公式。

师：下面长方形和正方形的面积（见图 8-10）是多少？说一说为什么？

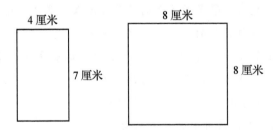

图 8-10　长方形和正方形的面积

生 1：长方形的面积是 28（4×7）平方厘米。因为每行可以摆 4 个 1 平方厘米的正方形，可以摆 7 行，所以一共有 28 个 1 平方厘米的正方形，面积就是 28 平方厘米。

生 2：正方形的面积是 64（8×8）平方厘米。每行可以摆 8 个 1 平方厘米的正方形，可以摆 8 行，所以一共有 64 个 1 平方厘米的正方形，面积就是 64 平方厘米。

师：现在你知道怎么求正方形的面积了吗？

生：正方形的面积＝边长×边长。

点评：学生亲历拼摆的操作过程，理解长方形的长、宽与每行面积单位的个数、行数之间的对应关系，搭建一维线段与二维面积之间的桥梁，由特殊到一般归纳概括长方形的面积公式，发展空间观念。

五、教学反思

数学基本活动经验是学生数学学习的必要前提。在教学实践中，教师要让学生在数学活动过程中形成感性认识、情绪体验和观念意识，最后使其发展为较高层次的数学活动经验。如何在数学活动中助力量感的形成和空间观念的发展，本节课有如下体现。

（一）加深理解度量的意义，提升量感

基于度量长度的经验，一开始学生就能根据长方形的大小合理选择 1 厘米的小正方形作为面积单位进行度量。在操作活动中，学生充分经历"摆"长方形面积的过程。无论密铺还是只铺一行一列，抑或是用直尺度量，不同学生都能得出长方形的面积。这样的学习活动正是学生进一步积累度量经验的有效途径。对现实生活中"量"的理解不应停留在数值上，我们还需要帮助学生理解数值对应的量的意义。在交流讨论中，学生探究长方形的长、宽与每行面积单位的个数、行数之间的对应关系，推导长方形的面积公式，发现在计算长方形的面积时长和宽两个长度单位相乘产生了面积单位，这个新的"量"正是面积单位不断累加得到的。

（二）经历多层次的操作活动，发展空间观念

建立长方形面积模型的关键就是数小正方形的操作活动。一方面，学生在活动中思考如何选择合适的小正方形、如何计算小正方形的个数。小正方形鲜活的具象特征自然被深深地印在了学生的头脑里，成为他们在观察、选择之后进行想象、推想、表述等理性思考的重要表象支撑，成了他们把握知识本质的重要载体。另一方面，学生在活动中理解长方形的长、宽与每行面积单位的个数、行数之间的对应关系，搭建一维长度单位与二维面积单位之间的桥梁，不断帮助学生在脑海中建立一系列空间对应关系，构建数学模型，发展空间观念。

案例解读

教学伊始，教师给学生提供了一个前测结果统计图，并且放手让学生去尝试，让学生自己来解读图中的数据信息，运用数据进行说理。这一环节锻炼了学生的读图、识图能力，既培养了学生的数据意识，又总结了前测的调研结果。前测的调研结果发现，大部分学生在课前基本都想到了用长乘宽得到长方形的面积。在之后的教学过程中，教师巧设问题引导学生深入思考。教师设置的问题表述清晰且层层递进，使学生能准确理解问题并且逐步提升，有利于教学目标的达成。教师问题设计的密度适中，为学生留有思考的空间。比如，教师通过提问给学生充分自由选择的空间。学生深入思考、参与讨论得到问题的答案，通过观点的表达锻炼了语言表达能力，增强了自信心。

在小组合作、动手操作中，学生经历用不同形状面积单位测量的过程，讨论并确定用正方形做面积单位是否合适。接下来的教学让学生体验测量面积的方法，明确面积研究的是"大小"这一属性。首先，教师让学生使用1厘米的小正方形塑料片进行小组合作探究，让学生通过剪一剪、拼一拼、做一做、猜一猜，在选择和解释中进一步区分面积和周长测量对象的不同。其次，教师合理智慧地将学生的探究结果分为三个水平。教师通过延迟判断、学生评价、互相启发等手段让学生开展了一场小型辩论会。学生在讨论争辩中深化了对长方形面积计算方法的理解，感悟面积计算的本质就是对二维面积的度量。在推导面积公式的教学过程中，教师运用类比推理的思想方法，启发学生探究长方形的面积和1厘米的小正方形的个数有什么关系，让学生从旧知识出发，寻找新知识的生长点。正方形面积公式推导是对长方形面积公式推导的一种正迁移。学生已有探究长方形面积公式的经验。教师适时地提问和追问，耐心倾听、从容等待，开启了学生推理意识的大门，最终引导学生顺利归纳出正方形的面积公式。

上述案例展现出的不是安静的课堂、听话的学生，也不是教师讲、学生听的一言堂，而是一个师生共同探讨的生态课堂。教师设置的课堂提问有效促进了师生、生生之间高质量的思维互动。我们被这样鲜活的、你来我往的课堂感动了。

案例三：多边形的内角和

案例导读

该单元教学设计的核心问题是通过对平面图形性质的认识，体验数学说理的过程。在学习多边形的内角和之前，学生已经认识三角形，并归纳总结出三角形的内角和。本单元要遵循学生的认知规律，让第三学段的学生再次经历探索三角形内角和的过程，为学生探索及发现多边形的内角和提供学习经验，引导学生进行知识正向迁移，帮助学生利用转化思想解决问题。

关于测量多边形内角和的方法，不同学生有不同见解。在这一探究过程中，如何发挥主导作用，将学生的课堂讨论和自主探究引向对知识的深入理解？设置怎样的问题与情境可以鼓励学生动手拼一拼、剪一剪、分一分，提升学生的自主学习能力？多边形是几何图形，其内角和是数值，如何帮助学生建立图形和数之间的联系？

下面呈现的是一个很好的单元整体教学设计案例。

案例呈现

"多边形的内角和"单元整体教学设计

设计者：北京市丰台区长辛店第七小学 孙妍

一、单元学习主题分析

（一）核心概念分析

"多边形的内角和"这一单元属于第三学段图形与几何领域中图形的认识与测量部分的内容。多边形内角和的探索和应用不仅有利于学生理解三个内角之间的关系和三角形的本质特征，而且让学生经历从一般到特殊的合情推理过程，对进一步培养学生的空间观念和推理能力大有好处。依据《义务教育数学课程标准（2022年版）》，本单元涉及的数学核心素养主要有空间观念、推理意识、应用意识。本单元主要学习以下两个方面的内容。一是三角形的认识。这是组成多边形的基本图形，任何一个多边形都可以被分割成若干个三角形，任何一个多边形的问题都可以被分解成三角形的问题来解决。二是三角形的内角和。这是三角形的重要性质和核心基础。学生经历探索三角形的内角和的过程，为探索及发现多边形的内角和奠定基础。其中转化思想是本单元学习的一个大概念，多边形的内角和的探索都是在转化思想的指导下进行的。

（二）教学内容分析

本单元是北京版数学教材五年级上册的相关内容。如果想深入学习，就要到中学才会有关于图形内角和问题的深入研究。多边形的内角和是多边形的基本性质。在后续学习中，它属于图形与几何领域中图形的认识与测量部分的重要内容。本部分的教学内容既包括知识性的学习，又包括能力性的探究。学生在发现问题、自主探究、合作交流中积累学习经验，获得数学理解。本单元分为如下三大环节。第一环节是提出问题。第二环节是探究四边形。这个环节主要是想把探究四边形的内角和作为从三角形到多边形的一个转折；想在探究四边形的内角和的过程中让学生积累探究多边形的内角和的经验，认识到三角形的内角和是探究多边形内角和的一把钥匙。第三环节是继续探究多边形，并得出结论。

在开展本单元教学时，学生在低年级已经直观地认识长方形、正方形、三角形、圆和平行四边形，知道两条直线之间的位置关系有相交、平行和垂直；认识角、会量角，对长度单位有一定的了解。同时在研究过长方形、正方形的特征的基础上进行教学时，学生具有一定的知识储备。"多边形的内角和"单元的知识结构图如图 8-11 所示。

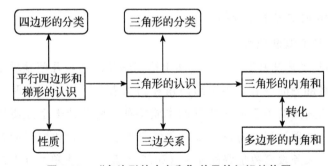

图 8-11　"多边形的内角和"单元的知识结构图

在教材内容的编排上，北京版数学教材对图形的认识更注重让学生从生活中寻找图形的原型,利用已有的知识借助动手操作认识图形,通过旧知识与新知识的内在联系学习有关图形的知识。通过对不同版本数学教材的横向梳理,我们发现对本部分内容有如下相同点和不同点。

不同版本数学教材的相同点有以下三点。

第一,教材内容的安排体现了从生活到数学、从直观到抽象的特点。

第二,图形分类是认识图形的重要工具,能帮助学生很好地捕捉图形的特点。

第三,利用画图深入理解图形的本质特征,培养学生的尺规作图能力。

不同版本数学教材的不同点有以下三点。

第一,人教版数学教材和北京版数学教材都是先认识平行四边形、梯形,再认识三角形;北师版数学教材和苏教版数学教材是先认识三角形,再认识平行四边形和梯形。

第二,北京版数学教材是将图形的认识和图形的测量放在五年级上册,其他版本数学教材都是分两册教学。

第三,除北京版数学教材外,其他三个版本数学教材学习三角形的内角和之后,安排了四边形的内角和以及多边形内角和的知识。

综上所述,一方面,本单元遵循学生的认知逻辑。从数学学科角度看,三角形的内角和是 180°是三角形的一个重要性质,有助于学生理解三个内角之间的关系。学生经历探索三角形的内角和的过程,为探索及发现多边形的内角和奠定基础。学生通过探索三角形的内角和进一步形成空间观念和推理意识。另一方面,本单元遵循平面图形的内在逻辑。本单元教学围绕三节核心课展开。

1. 平行四边形和梯形的认识

①以四边形的分类为基本活动,在分类中认识平行四边形、梯形,并能正确辨认平行四边形和梯形。

②分类活动为后面四边形的分类、三角形的分类积累了活动经验。

③无论四边形的认识还是三角形的认识,分类都能帮助学生很好地捕捉图形的特点。

④在认识平行四边形和梯形的过程中,注重学生的动手操作,为后

面认识三角形积累活动经验。

2. 三角形的认识

①三角形是组成多边形的基本图形，任何一个多边形都可以被分割成若干个三角形，任何一个多边形的问题都可以被分解成三角形问题来解决。

②认识三角形的核心任务就是知道三角形是由三条线段围成的图形，其关键要素是边，角是由边构成的。

③三角形的三边关系主要通过探索、实验、发现、讨论、交流等活动来完成，其活动经验为三角形的分类和三角形的内角和的研究奠定了基础。

3. 三角形的内角和

①经历量一量、拼一拼、折一折等数学活动，探索、发现三角形的内角和等于180°，为后续探究提供知识基础。

②利用猜想、验证与交流等数学活动，使学生积累数学活动经验，发展空间观念和推理能力。

（三）学生情况分析

五年级学生具有活动参与性强、思维活跃、可塑性强的特点。在三角形的内角和的学习中，学生已经积累通过量一量、拼一拼、叠一叠和推理的方式探究内角和的活动经验，为本节课的学习打下了一定的基础。在本节课开始前，通过一些开放习题可以看出，学生对四边形的内角和有一定的想法，但是对多边形的内角和基本没有了解。

学习前对本校五年级98名学生进行了纸笔测试。测试内容如下。

①同学们，我们之前已经研究过三角形的内角和是180°。除研究三角形的内角和外，你还想研究什么呢？

②如果要研究其他图形的内角和，你想怎么研究？（可以画一画、写一写等）

③你有什么方法能得到正五边形的内角和吗？

测试结果：

57%的学生有想继续探究四边形、五边形的内角和的想法。学生目前的研究方式主要有用量角器测量再相加、撕一撕再拼一拼等。76%的学生能正确得到四边形的内角和；12%的学生将五边形转化为三角形和四边形进行研究。

测试结果分析：

从前测数据得出，表面上看探究四边形的内角和对于五年级学生来说是没有困难的，部分学生已经通过各种方式得到四边形的内角和为360°。但对于继续探究五边形的内角和，学生遇到了一定的困难。为什么学生会在五边形的内角和的探究中遇到困难呢？由此反思得到，学生在转化思想的运用上没有取得有效、统一的衔接。在四边形的内角和的探究过程中，搭建出任意四边形都能转化为两个三角形的基本模型，从而解决问题。教师以三角形的内角和为基础，进一步开发学习任务，即利用三角形的内角和的探究过程深入研究学生的思维活动，发展学生的推理能力。

（四）单元整体课时安排

我们基于单元学习内容和学生的学习情况以及学习进阶的理论，对学生的关键能力进行水平层级的划分。表8-12为"多边形的内角和"单元的学习进阶。

表8-12 "多边形的内角和"单元的学习进阶

等级水平	空间观念	推理意识	应用意识
水平一	认识三角形，并在量一量、折一折、拼一拼、画一画的过程中认识三角形的内角和	能通过量一量、折一折、拼一拼、画一画的方式得到三角形的内角和为180°的结论	能利用三角形的内角和的知识点解决求三角形任一角的实际问题
水平二	可以正确把握从特殊四边形到一般四边形和三角形之间的转化关系，能发现任意四边形都能转化为两个三角形	结合转化思想推导出任意四边形的内角和均为360°，能对转化过程和结果进行正确、简洁的解释与说明	能利用三角形的内角和的知识解决生活中的一些简单问题
水平三	能发现多边形可以转化为边数少的三角形，从而发现多边形的内角和的求和方法	能清晰地解释与分析，准确表达自己的思考过程，有理有据	能综合运用多边形和三角形的相关知识，融会贯通，用反思的态度发现问题、分析问题，并能正确解答生活中的多边形问题

我们基于以上分析和学习进阶的理论对"多边形的内角和"单元教学内容进行整体构建，如图8-12所示。

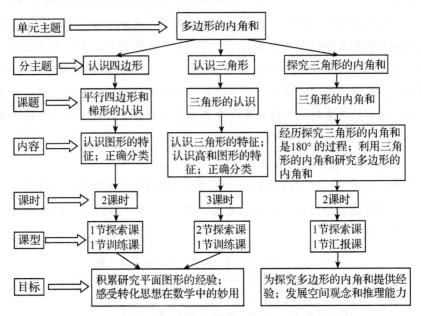

图8-12　"多边形的内角和"单元教学内容的整体建构

基于以上分析，我们尝试进行"多边形的内角和"单元教学，并调整了课时安排。表8-13为"多边形的内角和"单元的课时安排。

表8-13　"多边形的内角和"单元的课时安排

课题	内容	核心活动	课时安排
平行四边形和梯形的认识	认识图形的特征	给下面的四边形分类，说一说你是怎么分的；在交流辨析中认识平行四边形和梯形	1课时
	正确分类	能给这些四边形分类吗；在折一折、撕一撕、比一比的过程中认识直角梯形和等腰梯形；会用图表示四边形之间的关系	1课时

课题	内容	核心活动	课时安排
三角形的认识	认识三角形的特征	尝试画三角形,并说说三角形有什么特点;在交流讨论中认识三角形各部分的名称;通过摆一摆验证怎样的三条线段可以围成一个三角形	1课时
	认识高和图形的特征	利用塑料扣条搭建任意多边形,拉一拉发现了什么;借助课件观察点的移动过程,认识高	1课时
	正确分类	请给这些三角形分类,把分类的标准和结果记录下来(按角分和按边分);折一折、比一比,进一步认识不同类型的三角形	1课时
三角形的内角和	经历探究三角形的内角和是180°的过程	每人准备一个三角形,在量一量、折一折、拼一拼、画一画的过程中认识三角形的内角和	1课时
	利用三角形的内角和研究多边形的内角和	在自主探究的过程中认识多边形的内角和,然后总结求多边形的内角和的方法	1课时

二、单元学习目标设计

第一,经历从现实生活中抽象出平面图形的过程,认识平行四边形、梯形和三角形的本质特征,理解构成图形的要素之间的关系。

第二,经历观察、分类、分析、表示等活动,进一步认识构成图形的要素的特征,发展空间观念。

第三,积累研究平面图形的经验,感受数学与生活的联系,激发学习数学的兴趣。

三、单元学习历程设计

"多边形的内角和"单元的学习历程设计示例如表8-14所示。

表 8-14 "多边形的内角和"单元的学习历程设计示例

课时	驱动问题	锚基任务	诊断性评价
第1课时：平行四边形和梯形的认识	平行四边形和梯形有哪些共性和区别；对于平行四边形和梯形，你了解哪些知识	以小组为单位，从特性、共性、区别、从属关系等几方面开展研究	提问与追问：在研究过程中你有哪些收获 反馈：平行四边形和梯形都是四边形，其本质特征是对边平行；平行四边形和梯形的共性是对边平行；平行四边形有两组对边平行，梯形只有一组对边平行等
第2课时：三角形的认识	对于三角形，我们可以研究哪些内容	1. 经历从生活及图形中抽象出三角形的过程 2. 画一画，认识三角形各部分的名称 3. 摆一摆，认识三角形三边的关系	提问与追问：在研究过程中你有哪些收获 反馈：三角形任意两边的长度之和大于第三边
第3课时：三角形的内角和	三角形的内角和是多少；你是用什么方式探究的	利用动手操作，探究三角形的内角和	提问与追问：三角形的内角和是多少 反馈：利用折一折、量一量、撕一撕得到三角形的内角和为$180°$

四、关键课时教学实录

（一）旧知导入，激发探究兴趣，引出问题

师：三角形的内角和是多少？你们是通过什么方式探究出三角形的内角和是$180°$的？

生1：我用量角器探究出三角形的内角和为$180°$。

生2：我通过撕一撕探究出三角形的内角和为$180°$。

生3：我通过折一折探究出三角形的内角和为$180°$。

师：我们通过这些探究知道了三角形的内角和。除此之外，你们还有什么想要研究的？

生：想研究四边形、五边形、六边形的内角和。

（板书：多边形的内角和）

点评：教师从学生熟知的图形——三角形出发，激发学生的探究意识。

（二）探究四边形的内角和，引发数学猜想，获得数学结论，为推理能力的发展奠定基础

师：刚才我们回忆了三角形的内角和的探究过程，那么探究三角形的经验能不能帮助我们探究四边形呢？

教师使用学习单一（见表 8-15）组织学生参与活动一，让学生自主探究四边形的内角和。

表 8-15 学习单一

活动一：请你画一个四边形，想一想它的内角和是多少？为什么？

水平一：画出长方形、正方形，计算其内角和。

生 1：我画的是长方形。因为长方形的每个内角都是 90°，它有四个内角，所以其内角和为 360°。

生 2：我画的是正方形。因为正方形的每个内角都是 90°，它有四个内角，所以其内角和也为 360°。

水平二：画出特殊四边形——平行四边形、梯形，将其转化为两个三角形，从而得出其内角和。

生 1：我把平行四边形分成了两个三角形。因为每个三角形的内角和都是 180°，所以平行四边形的内角和是 360°。

生 2：我把梯形也分成了两个三角形，因为每个三角形的内角和都是 180°，所以梯形的内角和是 360°。

水平三：画出一般四边形，将其转化为两个三角形，从而得出其内角和。

生1：我画的是一般四边形，我把它分成了两个三角形。因为每个三角形的内角和都是180°，所以其内角和是360°。

生2：我发现四边形都能转化为两个三角形。因为每个三角形的内角和都是180°，所以四边形的内角和都是360°。

师：像长方形、正方形，我们可以通过计算度数得出内角和。像不方便计算度数的平行四边形、梯形、一般四边形等，同学们可以把四边形转化为两个三角形，问题就解决了。于是，我们得出了任意四边形的内角和是360°的结论。

点评：教师从学生熟悉的、已知的特例出发，建立起四边形和三角形之间的联系，为学生探究一般四边形的内角和做好铺垫，让学生初步感受从特殊到一般的推理过程。

（三）探究五边形的内角和，引导数学探究，获得数学结论

教师提供学习单二（见表8-16）以组织学生参与活动二，让学生自主探究五边形的内角和。

表8-16 学习单二

活动二：想一想下图五边形的内角和是多少，并简要记录你的思考过程。
思考过程： 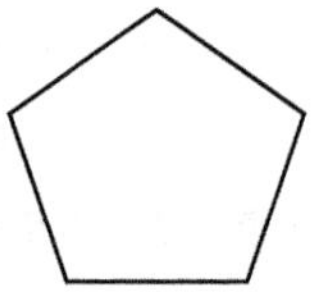

教师组织学生交流探究结果和方法。学生通过类比四边形的探究方法达成共识：五边形可以划分为三个三角形，每个三角形的内角和为180°，所以五边形的内角和为540°。

点评：这个环节在四边形的基础上着重渗透分割转化的思想方法，为探究多边形的内角和做准备。

（四）继续探究多边形的内角和，引导类比迁移，拓展数学结论

教师组织学生参加活动三，并出示活动要求：以4人为小组开展合作研究，结合刚才的经验在学习单三（见表 8-17）上尝试探究多边形的内角和，并写一写通过探究发现了什么。

表 8-17 学习单三

活动三：任选两个你喜欢的多边形，探究它的内角和是多少。			
图形名称	三角形的个数	内角和	图形
六边形			
七边形			
八边形			
结合三角形的内角和与四边形的内角和，你有什么发现？请写一写。			

师：试着用自己的语言表达你发现的规律。

生 1：三角形的个数＝多边形的边数－2。

生 2：用三角形的个数乘以 180° 可以得出该多边形的内角和。

师：现在知道怎样求出一个多边形的内角和了吗？

［板书：多边形的内角和＝（多边形的边数－2）×180°］

点评：学生通过类比迁移自主探究了多边形的内角和的计算公式。在这个过程中，学生经历了由特殊到一般的数学归纳过程，形成了思维能力。同时规律的表达是探索规律活动的重要环节。学生通过数学化表达对规律做进一步的抽象与概括，同时通过交流与别人分享发现的规律，提升合作交流能力。

（五）总结与巩固练习

教师出示以下练习题并总结归纳本节课的重难点。

①请你算一算十二边形的内角和是多少。

②一个多边形的内角和是1440°，你知道它是几边形吗？

③回顾探索和发现规律的过程，说说你有哪些收获或体会。

点评：通过学生回答两个结构性问题和一个开放性问题，教师可以检验学生对本节课知识的掌握情况，同时渗透演绎的思想。

五、教学反思

本节课的内容属于"图形的认识与测量"主题。本节课注重积累学生观察与思考的经验，助推学生逐步形成空间观念，发展学生的推理意识。在本节课中，教师注重关注图形与几何中所蕴含的核心素养，致力于让学生学会用数学的眼光去观察，发展学生的数学思维，促进学生形成和发展相应的核心素养。

通过教学尝试发现，学生在探究性数学活动中通过探索和交流分享，思维不断向深处漫溯，不仅发现了多边形的内角和的计算公式，还对知识的形成过程有了完整的了解，成为实验者、思考者、发现者。

本节课围绕教学目标及学生的认知特点进行启发式教学，倡导使用分组讨论、合作探究的教学方法，坚持以学生为主体、以教师为主导、以探究为主线的原则，让学生真正成为学习的主人，亲身体验知识形成的过程。在学法指导上，本节课努力营造平等、民主、和谐的教学氛围，引导学生独立观察、积极思考、合作交流。本节课还应用了化归思想。在求多边形的内角和的过程中，学生通过交流、探讨，把多边形转化为边数少的三角形，结合三角形的内角和为180°的知识点，归纳探究出求多边形的内角和的方法。

本节课基本完成了教学任务，也基本达成了教学目标，使学生明确了转化思想是数学基本的思想方法，知道研究一个新的问题要从已知入手，化未知为已知。这个探究的过程和经验有利于学生对图形的认识和今后的学习。在本单元中平行四边形、梯形、三角形的学习本身之间就存在转化的关系。在今后的教学中，平时的课堂应重视知识间的关系，帮助学生形成系统的认知结构，培养学生的思维能力和语言表达能力，让学生体验数学活动的探索性，增强学生学习数学的兴趣。

案例解读

总体来说，教师开展了多次探究平面图形的内角和的活动，通过直观感知、动手演示以及逐级分解问题的方式，将教学中的难点拆分成层次清晰的小问题，增强了学生的学习动机。教师组织学生开展从特殊四边形到一般四边形的交流讨论，达成共识：四边形可以划分为两个三角形，每个三角形的内角和为 180°，所以四边形的内角和为 360°。教师在多个自主探究、合作探究环节均体现了对学生的信任，给学生思考和探究的时间与空间，把发现的过程交给学生。

具体来说，在提出问题后，教师通过回顾三角形的内角和的探究过程，用老问题牵引新学习的方式激发学生探究多边形的内角和的兴趣，并提出多边形的内角和的相关问题。在探究四边形的内角和的过程中，学生初步体会转化思想，并通过由特殊四边形到一般四边形的实验探究和验证过程，获得任意四边形的内角和为 360°的结论，为推理能力的发展奠定基础。在探究多边形的内角和的过程中，得出结论的关键一步就是把多边形想办法分为若干个三角形，根据三角形的个数去确定多边形的内角和。在经历这一步时，教师选择让学生先自主探究，再小组合作探究，并且在探究过程中通过学习单三上的"三角形的个数"一栏给学生提示。这起到了脚手架的作用。最终学生通过分一分、算一算发现多边形的内角和与三角形的个数有关，知道划分出几个三角形，就可以用180°乘三角形的个数，顺利推算出六边形、七边形、八边形的内角和。学生经历了从特殊到一般的数学归纳过程。这既是概念本质的逐步抽象，也是学生认知上的飞跃、思维上的质变。教师在教学中如此发挥主导作用，使数学活动不再仅是单纯的动手活动，更是使思维向更深处漫溯的活动。

值得一提的是，在课堂最后，教师花了几分钟时间问学生有哪些收获或体会。寥寥数语看似是学生对知识形成过程的总结与回味，却充满了数学思考，升华了课堂学习的内涵。这时学生往往会谈到根据三角形的内角和计算公式推导出多边形的内角和计算公式这一收获，这一收获背后渗透的是归纳推理和演绎推理的思想。大概念教学强调具体—抽象的归纳，也强调抽象—具体的演绎。在小学阶段，教师主要培养学生的归纳推理能力，而培养学生的演绎推理能力有助于学生形成言必有据、一丝不苟的品质。教师在这节课中主要渗透的是以三段论为表现形式的演绎推理。比如，四边形的内角和是 360°，一个图形是四边形，则它的内角和为 360°。对于归纳推理，教师引导学生进行类比联想，用化归的归纳推理思想和从特殊到一般的思维方法研究五边形、六边形、七边形等图形的内角和。

教师在教学中不可能将内角和与多边形这个几何图形直接建立联系进行演绎，仍然要将内角和转化为相应的几何图形。教师采用"扶与放"相结合的策略，先带着学生进行分析推理，构建了一个基本的推理框架（将 180°用三角形替代），帮助学生完成了数与形之间的演绎。在思考问题的过程中，教师不仅要使学生知其然，还要使学生知其所以然；不仅要教给学生数学知识，还要让学生体会到探究过程中蕴含的数学思想方法。

第九章 "统计与概率"案例解读

本章概述

从信息时代到大数据时代，再到"互联网＋"时代，我们的学习、生活、工作中充满着庞杂纷乱的信息和数据。我们需要在这些信息和数据中筛选出自身需要的有效信息，并对其进行有依据的、可靠的判断。统计与概率与我们的日常生活和社会建设等都有着密切的联系，统计观念和随机思想也逐渐成为现代社会必备的思维方式。概率素养作为数学素养必不可少的一部分，它的发展与学生代数素养、几何素养等的发展密不可分。[①] 要理解统计与概率，学生需要在教师的教学指导下，将已有数学经验与数学知识进行相应的分析、综合，认识数学概念，发现生活中的数学现象，领悟数学知识的本质，找出数学知识发展的规律，丰富自己的认知结构网络，进而将数学知识转变成自己特定的数学能力。[②] 根据《义务教育数学课程标准（2022年版）》，要积极探索大单元教学，积极开展主题化、项目式学习等综合教学活动，促进学生举一反三、融会贯通，加强知识间的内在关联，促进知识结构化。

本章聚焦统计与概率领域，从课程标准的要求与核心知识出发，基于数学理解和学生的学习路径，探讨如何培养学生的数据分析观念，如何改变过于注重以课时为单位的教学设计，进行统计与概率领域的单元

[①] 何声清：《七～九年级学生概率内容学习进阶及其影响因素研究》，博士学位论文，北京师范大学，2018。

[②] 余瑶：《数学理解层级模型的构建及教学实践研究》，博士学位论文，北京师范大学，2019。

整体教学设计，在教学中体现数学知识之间的内在逻辑关系、渗透核心素养，希望能够为关注单元整体教学的教师提供帮助。

案例一：收集数据

案例导读

《义务教育数学课程标准（2022年版）》要求在第一学段学生能够进行基本的数据分类，即能够依据事物的特征，按照一定的标准对物体、图形或数据进行分类，初步了解分类与分类标准的关系，能发现事物的特征并制订分类标准，依据标准对事物进行分类；能用语言简单描述分类的过程；感知事物的共性和差异，形成初步的数据意识。

第一学段选择的案例"收集数据"是人教版数学教材二年级下册的相关内容。根据课程标准的要求，要让学生学会收集、整理具体实例中的数据，并用合适的方式描述数据，分析与表达数据中蕴含的信息，说明数据的现实意义。学生在一年级已经学习分类的相关知识，具备一定的知识基础。如何让处于第一学段的学生理解数据的意义、学习数据的分类整理、发掘数据的故事性？如何帮助学生将非正式的想法转变为日益复杂的数学概念？如何对接学与教，使学生能够通过对数据的合情推理解决问题，形成数据意识，并调动自己的经验来促进数学理解呢？

下面呈现的是一个很好的单元整体教学设计案例。

案例呈现

"收集数据"单元整体教学设计

设计者：北京市通州区第四中学　张欢

一、单元学习主题分析

（一）政策背景分析

"双减"政策的出台是教育教学的创新举措，更是教育的回归，同时对我们的教学工作提出了新要求和新挑战。其中，新挑战是教师如何提高课堂效率。这就要求我们做到精准了解学生的关键所需，为学而教，还学于生，以学定教，以教导学，学教互动，从而真正让学生走进高效课堂，提质减负。所以本单元设计灵活，利用创设合理的情境，让学生在解决实际问题中经历收集、整理数据的全过程，并对数据进行简单的描述和分析。

（二）核心概念分析

"收集数据"这一单元属于统计与概率领域第一学段的内容，也体现在第二学段"数据的收集、整理与表达"这个主题的内容中。统计与概率领域和数与代数、图形与几何、综合与实践领域构成了课程内容的四部分。数据的收集、整理与表达在日常生活、生产和科研中有广泛的应用。数据统计的过程包括收集、整理、描述和分析数据。本单元涉及的数学核心素养主要有数据意识和应用意识。《义务教育数学课程标准（2022年版）》提出，学生的学习应是一个主动的过程，认真听讲、独立思考、动手实践、自主探索、合作交流等是学习数学的重要方式。在真实情境中提出能引发学生思考的数学问题，引发学生的认知冲突，激发学生的学习动机，促进学生积极探究，让学生经历数学观察、数学思考、数学表达、归纳概括、迁移运用等学习过程；体会数学是认识、理解、表达真实世界的工具、方法、语言，增强认识真实世界、解决真实问题的能力。根据《义务教育数学课程标准（2022年版）》，学生要亲身经历数据分析全过程；通过实践感悟收集数据的意义与方法，用数学语言表达数据所蕴含的信息，形成初步的数据意识。

（三）教学内容分析

本单元是学生在一年级学习分类的基础上，第一次接触数据统计的知识。其主要内容是简单的数据收集和整理，是统计工作中基础、重要的一环，关键在于让学生主动经历数据分析的全过程，帮助学生积累数据分析的体验，潜移默化地培养学生的数据分析意识，为后面继续学习统计知识奠定坚实的基础。

对于学生而言，培养数据意识，主要依赖亲身经验。为有效培养学生的数据意识和应用意识，在本单元中，教师可以灵活运用教材，把教材中一些主题活动或练习换成学生身边熟悉的真实情境。

例如，新授课时，教师将"动物园"的主题换成更贴近学生、切实需要解决、即刻能应用在学生实际生活中的问题——选择数学作品展示栏的背景。学生乐于进行调查、收集数据，同时体会到收集、整理数据的必要性。在整个主题活动中，学生经历选择简单的调查方法，用不同的方式记录、整理和呈现数据，对要解决的问题提出建议等过程，初步发展数据意识。学生根据调查得到的数据回答简单的问题、提出建议或问题，体会数据包含的信息，并为今后学习统计知识打下基础。

学生学习收集、整理数据的方法，初步感知数据统计的意义后，对选择数学作品展示栏的背景、统计学校附近路口的交通情况和了解他人的近视情况等方面的数据进行收集、整理，并进行简单的描述、分析。这些精心设计的活动把学生真正调动起来，让学生真正参与进来，亲身经历统计的全过程，逐渐丰富数据统计的经验，逐步形成用数据分析问题、解决问题的思维习惯。

（四）学生情况分析

学生在一年级已经学习分类与整理的知识，为本单元的学习打下了一定的基础。本班学生整体基础较好，普遍好学，有较强的求知欲和探索能力，善于思考，有自己的想法，并愿意表达、分享。基于教学内容和本班学生的特点，教学时教师要让学生充分进入情境，真正参与进来，自己投票、唱票，用自己喜欢的方式整理数据；将自己整理数据的方式分享给同学，说一说优点和缺点，能看懂别人整理数据的方式；最后根据学习单的提示，进行数据的简单分析，并提出问题，进行讨论交流。

在课前，教师组织学生对布置数学作品展示栏的人选进行投票，又借助学校要重新装修阅览室的契机，组织学生对自己喜欢的图书进行投票，并以记录喜欢科技书的人数为例，对学生的记录方法进行前测。

前测结果显示，全班共 39 人，每个学生都能用自己喜欢的方法对数据进行记录。其中，直接用姓名（或姓名中的关键字）表示的学生有 6 人（15.4%）；用图形、对勾等符号表示的学生有 16 人（41.0%）；用数字表示的学生有 12 人（30.8%）；用"正"字表示的学生有 5 人（12.8%）。教师私下单独与用"正"字的 5 个学生聊天，发现有两人能较准确地表达出用"正"字的好处。

我们基于单元学习内容和学生的学习情况以及学习进阶的理论，对学生的关键能力进行水平层级的划分。表 9-1 为"收集数据"单元的学习进阶。

表 9-1 "收集数据"单元的学习进阶

等级	数据意识	应用意识
水平一	能用自己喜欢的方式收集、整理数据	能在具体情境中,按要求对数据进行简单描述或分析
水平二	能选择适当的方法收集数据,用简洁、准确的方法记录数据;能读懂不同的记录方法并简单描述其中的数据	在具体情境中,能结合数据进行合理的、有建设性的简单分析,并能联想到生活中用数据分析解决问题的情境
水平三	能合理选择最优方法对数据进行收集、整理和较准确的描述,并对其进行有效分析	能自主运用数据分析解决生活中简单的实际问题,并对其数据进行合理的、有建设性的简单分析

我们基于以上分析对"收集数据"单元教学内容进行整体建构,并调整了课时安排。图 9-1 为"收集数据"单元教学内容的整体建构。表 9-2 为"收集数据"单元的课时安排。

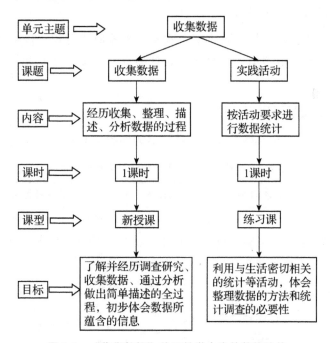

图 9-1 "收集数据"单元教学内容的整体建构

表 9-2   "收集数据"单元的课时安排

教学建议（2课时）	单元学习设计（2课时）
去动物园春游前调查同学们喜欢什么动物（1课时）	利用收集、整理数据选出数学作品展示栏的背景，并巩固练习（1课时）
课后 4 个练习活动（1课时）	将课后练习 3 改编成新授课活动，增加与学生密切相关的活动（1课时）

二、单元学习目标设计

第一，利用选择数学作品展示栏的背景、统计学校附近路口的交通情况和了解他人的近视情况等活动，体会整理数据的方法和统计调查的必要性，培养初步的数据意识。

第二，了解并经历调查研究、收集数据、通过分析做出简单描述的全过程，初步体会数据所蕴含的信息。

第三，结合调查、记录活动，通过观察能看懂他人整理调查的结果，了解记录调查数据的方法。

第四，体会数学与生活的密切联系，培养应用意识；借助交流和倾听，形成在活动中接纳、鉴赏他人意见的良好习惯以及互相尊重、合作的意识。

三、单元学习历程设计

"收集数据"单元的学习历程设计示例如表 9-3 所示。

表 9-3   "收集数据"单元的学习历程设计示例

课时	驱动问题	锚基任务	诊断性评价
第1课时	数学作品展示栏的背景选哪种颜色，同学们的说法不一，最后到底该选哪种颜色呢，怎么办	确定以投票的方法，将选择票数最多的颜色作为背景；全班进行投票、记录、整理、分析数据	1. 提问与追问：能描述一下自己的记录方式吗 反馈：展示自己的记录结果，并进行解释说明（可以让其他同学说说是否能看懂） 2. 提问与追问：为什么要用"正"字表示票数 反馈：一个"正"字有 5 画，数起来非常便捷

续表

课时	驱动问题	锚基任务	诊断性评价
第 2 课时	中小学生的近视问题日趋严重，你能统计一下我们学校每个年级近视人数的情况吗	分小组根据各活动要求对数据进行收集、整理，并进行相互交流、补充	提问与追问：你能对统计的数据进行简单分析吗 反馈：对所统计的数据进行简单分析，提出合理化建议

四、关键课时教学实录

（一）激趣导入

教师利用课件播放学生作品的照片，请认出是自己的作品的学生站起来认领。

点评：教师通过创设情境，建立数学与生活实际的联系，激发学生的学习兴趣，为学生学习新知做铺垫。

（二）主动探究，构建新知

1. 收集及记录数据

师：这一学期过了大半，想把这些优秀作品贴到我们班的墙上做展示，需要贴一张大彩纸做背景。可是老师不知道选哪种颜色好，谁能帮帮老师出个主意，说清自己的理由。

（学生说说自己喜欢的颜色，并说明理由）

师：大家说的理由都那么充分，老师就更不知道怎么办呢。

（学生开动脑筋，分享自己的好办法）

预设：会有学生提出投票的办法。

师：我们就投票解决，少数服从多数怎么样？

投票过程：

学生自愿报名，选两名监票员。

学生思考自己的记录方式。

学生认真填写选票，选出自己喜欢的颜色。

监票员先投票，然后负责收其他同学的选票，准备唱票。

点评：教师先让学生质疑，进而使学生产生主动探究的欲望，培养学生的口语表达能力。接着教师联系生活，引导学生解决实际问题，增强学生的学习兴趣；引导学生体会整理数据的方法和统计调查的必要性。最后投票过程体现了循序渐进的特点。

2. 整理并描述数据

师：记录的时候需要注意什么呢？

……

教师给学生一点时间独立思考应该如何记录。

（板书：先分类，有序）

教师在学生为记录数据做准备的同时，叮嘱监票员唱票的方法和注意事项。

（监票员确定收齐所有同学的选票后，打开票箱，开始唱票；其他同学用自己喜欢的方式在学习单上记录投票结果）

教师指导学生小组之间互相分享，说说自己是怎样记录的，帮他人看看有没有记错的地方。

教师指导学生制作学习单上的统计图。

（提示学生这个统计图可以看作四年级要学的条形统计图）

师：你认为哪种方法最简便？

……

教师总结学生记录的几种方法，重点说明"正"字统计法的优点，并引导学生将数据总结到统计表中。

点评：教师引导学生用自己喜欢的方式对数据进行整理记录，并能读懂不同的记录方法，进行描述；合作交流各种不同记录数据的方法，读懂别人的统计结果。

教师通过合作探究、交流、评价、倾听等活动，培养学生在活动中接纳、鉴赏他人意见的良好习惯以及互相尊重、合作的意识。

3. 简单分析数据

师：一共调查了多少个同学？

师：喜欢哪种颜色的人最多？有多少人？

师：根据统计出的数据，你还能提出什么问题？

……

学生根据整理数据的结果，进行简单的数据分析，完成学习单，提出问题并解答。

点评：教师引导学生体会数据中所蕴含的信息，进行简单分析，培养学生自主分析数据的能力，发挥学生的主体性。

（三）巩固训练

师：需要 4 个同学来布置，谁来布置呢？

……

师：那天一起投了票，老师把结果统计出来了，因为得票人数较多，所以选了前八名进行分析。

教师出示投票的完整结果及前八名的"正"字统计结果，进行分析。

师：谁的票数最多？应该选哪 4 个同学负责布置展示栏？根据统计出的数据，你还能提出什么问题？

……

学生认真观察前八名的"正"字统计结果，数清每人的票数，完成统计表，并进行简单分析及提问。

师：交通部门为了改善道路拥堵现状，合理优化道路使用，在西门路口统计了 5 分钟内各种车的通行数量。

师：从统计图中，你能获得哪些信息？5 分钟后开来的第一辆车最有可能是哪一辆车？

……

小结：收集数据进行统计分析在生活中应用非常广泛，我们还能收集哪些有意义的数据呢？

学生认真观察统计图，说一说如何从图中获得数据结果，并说一说自己获得的信息。

点评：教师引导学生及时巩固所学知识，特别是"正"字统计法和条形统计图的方法。教师在解决生活问题中，潜移默化地培养学生的数据意识；鼓励学生将课堂知识应用到生活中去。

五、教学反思

（一）以大单元视角提出关键问题

本单元以欣赏学生创作的数学作品为开端，激发学生的兴趣和自豪感，创设班内数学作品展示栏选背景的情境，制造选不定红、黄、蓝、紫、绿五种颜色中哪一种的矛盾，顺势提出选哪种颜色合适的问题。这便很自然地将学生置身于解决自己实际问题的真实情境中，吸引学生真正参与进来，自觉地进行观察、思考、交流，兴趣浓厚。

在交流中，大部分学生可能会选自己喜欢的颜色，且理由充分，从而在矛盾中产生解决问题的需要。此时教师抛出关键问题，引发学生主动思考、讨论有什么好办法能更公平合理地选出一种背景颜色，引出用统计解决问题的方法，并围绕此关键问题设计本单元的主要实践活动。这既体现了统计的必要性，又体现了统计的作用与价值，能培养学生初步的数据意识，并培养学生对统计知识的应用意识。学生开动脑筋，提出可以用投票的方法收集数据，选出大多数人喜欢的颜色作为展示栏的背景颜色。关键问题引领的课堂教学能有效将碎片化的知识串联起来，让教学内容实现结构化。

（二）创造生本课堂，引导学生亲身实践

在统计数据时，基于学生在第一学段中数据分类的良好基础，教师适当提出要求，大胆放手，给学生创设足够的时间和空间，引导学生自己当堂发票、投票、收票、唱票，并用自己的方式进行记录。接着，教师鼓励学生分享交流自己的不同记录方法，共同讨论每种记录方法的优缺点，突出"正"字统计法的便捷性和重要性，强调类统计图方法的重要性，为今后继续学习统计知识做铺垫。最后，学生根据学习单的提示，对收集的数据进行简单分析，并提出问题，进行交流、探究。如此，学生便亲身经历了收集、整理、描述、分析数据的简单统计的全过程，印象深刻，对统计知识有了更加全面的认识，学得更加扎实。学生在亲身实践中潜移默化地感悟着数据收集的意义，初步尝试用数学语言表达数据所蕴含的信息，形成初步的数据意识。

六、课后延伸材料

"正"字统计法的来源

清末民初，戏园是人们日常生活中重要的娱乐场所。每天戏园要迎来很多观众。可是那时候还没有门票，戏园就安排案目在戏园门口招揽看客。只要领满五位入座，司事就在大水牌上写出一个"正"字，并标明该案目的名字。座席前设有八仙桌，看客可边品茶边看戏。稍后由案

目负责计数、收费。

这个方法随着戏院实行门票制而被废弃了，但是作为一种简单、易懂、方便的计数法一直流行于民间。现在我们在统计选票、清点财物时也还保持着用"正"字计数的习惯。

七、反思评价

（一）确定以核心素养为导向的教学目标

本单元以学生已有的知识经验为生长点，关注学段特点，结合教学内容，确定了以核心素养为导向的教学目标。同时教学目标明确，层次清晰，有效地培养了学生的核心素养。教学内容设计也紧密围绕教学目标，处处关注教学目标的落实。比如，利用"投票"的统计实践活动，让学生经历较完整的数据统计过程，培养学生初步的数据意识和应用意识，有效达成教学目标。

（二）勇于改革，大胆创新

教师能以高瞻远瞩的大概念意识对本单元进行整体教学设计，跳出"教哪一课，就只关注这一课时知识"的窠臼，以发展的眼光尊重学生客观存在的已有经验，重视学生建构知识的过程，并关注后续学习中知识的再生长，使教学内容实现脉络化、结构化，有计划地持续培养学生的数据意识。

教师能灵活、创新地使用教材，恰当调整教学内容，并创设与学生息息相关的真实情境。比如，开展选择数学作品展示栏的背景、统计学校附近路口的交通情况和了解他人的近视情况等活动，在培养学生数据意识的同时，有效激发其对统计知识的应用意识。

在教学过程中，教师敢于将真实的、完整的数据统计实践活动搬进课堂，让学生在亲身经历中建构知识，革新以往以灌输式为主的枯燥课堂，并大胆地将整个活动交由学生组织、开展。教师只做适当引导，真正形成生本课堂，使学生的学习活动变得轻松、有趣。

案例解读

本案例紧扣数据收集，以单元为整体，以学生的已有知识经验为生长点，关注学段特点，结合教学内容，把握单元主题中"收集数据"这一核心概念，明确了该核心概念在小学阶段整体知识结构中的地位和作用。本案例将碎片化的知识整合成一连串有逻辑、有体系的知识体系，促进学生的知识迁移，使学生对学习内容能够深刻理解和掌握，潜移默化地形成和发展学生的数据分析观念、应用意识和创新意识。

本案例聚焦内容结构化、过程进阶化、评价伴随化，贯彻教、学、评的一致性。在教学活动中，教师紧扣教学设计中的核心问题、学习路径、学习支架和学习评价四大要素，设置投票、计票等活动，紧扣单元教学内容。基于教学内容和本班学生整体基础较好、有较强的求知欲和探索能力、勇于表达等特点，在充分了解学生的认知能力的基础上，教师将"动物园"的主题更改为"选择数学作品展示栏的背景"这一具体情境性问题，使其更加贴近学生的日常生活，让学生在数据的调查、尝试和使用不同的方法记录、整理和呈现数据的过程中，通过循序渐进的合情推理，解决"选择数学作品展示栏的背景"这一问题。

本案例注重学生的参与度和积极性，让学生参与学习，能动地、创造性地完成学习任务；在教学中解放学生，使他们在一定的自为性活动中获得主体性的发展。[①] 本案例以学生为主体，以问题为课堂主线，让学生全程参与数据的收集和简单分析过程。在教学活动中，学生的参与度得到了充分调动，学习积极性得到了充分激发。

在新授课中，教师以驱动性问题为核心，把任务分解为了解并经历调查研究、收集数据、通过分析做出简单描述的全过程，初步体会数据蕴含的信息，设置了一系列循序渐进的问题，将培养学生的数据意识融入具体的授课过程。根据学生的回答、师生对话，教师可以实时掌握学生的学习情况，了解学生对知识的理解程度，贯彻教、学、评的一致性。其中，利用分析做出简单描述这一步骤可以引导学生经历合情推理的过程，得出选择哪种颜色更合理的依据或结论，在具体的问题解决过程中发展学生的统计素养和数据意识，让学生体会到数据中蕴含的丰富信息，为今后统计知识的学习奠定了思维基础。

在第 1 课时教学的铺垫下，教师抛出更多与生活实际相联系的问题让学生参与实践，让学生将所学的内容运用到实际的情境中，尝试发掘

---

① 王升：《论学生主体参与教学》，载《教育研究》，2001（2）。

数据的故事性，寻求合情的数据依据支撑自己的判断结论，使学生的数据意识和统计素养在实践过程中得到进一步的发展。新授课和练习课相互呼应，形成连贯整体的单元教学设计，促进教学内容结构化，实现学科逻辑与学生心理逻辑的联系，加深学生对数据的理解。

在课后延伸部分，教师引入了"正"字统计法的相关资料，将数学文化融入课堂。教师在实际教学中使学生在学习数学的过程中真正受到文化熏陶，产生文化共鸣，并将数学文化渗入数学教学的全过程。[①] 本案例对"正"字统计法进行了历史性和文化性的拓展。有关"正"字统计法来源的趣味性历史故事不仅能够增长学生的见识，还能让学生意识到计数方法的历史形成过程，让学生从思维发展的角度对知识进行深刻的理解和加工。

案例二：条形统计图

案例导读

《义务教育数学课程标准（2022年版）》要求在第二学段学生能够进行数据的收集、整理与表达。第二学段选择的案例"条形统计图"是人教版数学教材四年级上册的相关内容。根据课程标准的要求，让学生理解条形统计图中横轴和纵轴的意义及二者之间的关联，知道条形统计图的主要功能是表达数量的多少，借助条形统计图可以直观比较不同类别事物的数量。

本单元在小学阶段统计与概率的学习中起着承上启下的关键作用，是小学统计学习的拐点，也是统计图学习的起点。单式条形统计图不仅承载着由表到图过渡的任务，也为后续学习折线统计图和扇形统计图提供学习经验和基础。学生在一、二、三年级已经学习数据分类、数据收集和统计、统计表等内容，具备统计的初级知识基础。那么如何让处于第二学段的学生感受现实生活数据的直观性，利用统计图表和统计量更加直观地呈现和刻画这些信息，帮助学生将非正式的想法转变为日益复杂的数学概

① 张奠宙、梁绍君、金家梁：《数学文化的一些新视角》，载《数学教育学报》，2003（1）。

念呢？如何在整体知识框架中合理地整合教学内容，优化条形统计图的学习过程？如何对接学与教，使学生能够运用统计图对数据进行收集、处理和分析，让数据"说话"，并调动自己的经验来获得数学理解呢？

下面呈现的是一个很好的单元整体教学设计案例。

案例呈现

"条形统计图"单元整体教学设计

设计者：北京市通州区民族小学　林朝雪

一、单元学习主题分析

（一）核心概念分析

"条形统计图"这一单元属于第二学段统计与概率领域中数据的收集、整理与表达部分的内容。依据《义务教育数学课程标准（2022年版）》，本单元让学生初步感受现实生活中存在大量数据，其中蕴含有价值的信息，利用统计图表和统计量可以呈现和刻画这些信息，形成初步的数据意识。所以，本单元涉及的数学核心素养就是数据意识与应用意识。数学认知方面表现为如下三个方面。一是学生具有数据的意识，即遇到问题时，学生能够想到用数据说话，用数据解决问题。二是学生能够体会到数据中蕴含的信息。这些信息是有用的，学生可以基于不同的问题背景和分析视角提取信息，让数据发挥作用。三是学生能够通过数据分析，体验数据的偶然性和规律性。生活中面临的数据越来越多，必须让学生树立数据意识，掌握分析数据的方法和模型。

（二）教学内容分析

人教版数学教材中条形统计图这一内容分别安排在四年级上册和四年级下册。在以往教学时，教师可能会将单式条形统计图和复式条形统计图的内容割裂开来，不能进行有效的衔接。特别是在教授复式条形统计图的内容时，教师要引导学生对单式条形统计图的知识进行复习和回顾。基于对学生的调研，教师跨越年级整合学习资源，对条形统计图进行大单元备课。这样既可以更好地把握学生学习时的经验、问题和困惑，深化条形统计图内容的学习，落实数学思想方法的整体性、一致性、连贯性和递进性，也为后续学习折线统计图、扇形统计图提供学习经验和支持。此外，学生掌握和形成的统计思想方法、应用意识和数据分析观念也会对学生今后的学习起到重要作用。

本单元的教学主要从两条路径开展。一条路径是数学理解，体现为本单元中知识性的探究活动。通过对比、分析，学生理解和掌握条形统计图的特点和作用，让学生经历收集、整理、描述、分析的全过程，积累学习经验，获得数学理解。另一条路径是问题解决。学生从真实数据中挖掘数据背后的信息，解释并进行推断，发展数据分析观念和应用意识，实现思维进阶。

1. 数学理解层面

本单元是在学生已经初步体验数据收集、整理、描述和分析过程的基础上，让学生了解条形统计图的特点和作用，能根据条形统计图提出问题并加以分析解决，初步经历用统计的方法解决问题的过程，了解统计在现实生活中的作用，初步建立统计意识。

根据解决实际问题的需要，为了加深对于条形统计图的理解，我们将人教版数学教材四年级上册的单式条形统计图和四年级下册的复式条形统计图的内容进行了调整整合，并增设了一节综合实践活动课，形成了一个条形统计图大单元，共计5课时。

此外，在对比其他版本数学教材后，我们发现几个版本数学教材的素材选取大致都源于实际生活。按照弗赖登塔尔的观点，教学的最佳途径是联系学生的数学现实和生活现实，在将要传授的知识和学生已经在现实世界中积累的或者已经学过的知识之间建立起紧密的联系。

2. 问题解决层面

数据意识是《义务教育数学课程标准（2022年版）》提出的核心素养之一。本单元紧紧围绕数据意识的建立，立足真实世界的真实问题——某市的空气质量如何，让学生在自主提出问题和解决问题的过程中，经历收集、整理、描述和分析数据的全过程。本单元利用条形统计图呈现信息，刻画数据的变化情况，让学生能做出合理有效的决策，体会条形统计图在数据处理中的价值。

（三）学生情况分析

学校调查了四年级学生喜欢的社团活动（见表 9-4）。

表 9-4　四年级学生喜欢的社团活动

街舞	魔方	戏剧	魔方	合唱	布艺	篮球	篮球	街舞	布艺
合唱	布艺	街舞	篮球	街舞	戏剧	街舞	篮球	魔方	街舞
布艺	魔方	魔方	书法	合唱	篮球	魔方	街舞	戏剧	街舞
魔方	街舞	合唱	街舞	布艺	篮球	合唱	戏剧	街舞	魔方

调研对象为学校四年级学生。调研形式为问卷调研和个别访谈。

1. 问卷调研

在本节课之前，学生经历了收集、整理数据的过程，了解了收集数据的简单方法，并学习了简单的数据整理方法。现在的学习起点在哪里呢？从表 9-5 中可以看出，学生现阶段已经具备一定的知识基础和生活经验。82.5％的学生已经掌握用统计表和象形图统计数据的方法；5.0％的学生对条形统计图已经有初步的认识，但是不能做到准确地表示数据的多少。

表 9-5　问卷调研结果

整理数据		描述数据	
数数	75.0％	文字	12.5％
画√	2.5％	统计表	77.5％
画正字	22.5％	象形图	5.0％
		条形统计图	5.0％

2. 个别访谈

访谈内容：

①喜欢魔方社团的有多少人？

②喜欢哪个社团的人数最多？

③你还能根据数据提出什么问题？

④对于现在开设的社团，你有什么想法和建议？

表 9-6 为个别访谈结果。

表 9-6　个别访谈结果

直接读取数据	93.3%
对比数据	86.7%
提出问题	53.3%
提出建议	36.7%

从表 9-6 中可以看出，93.3%的学生已经可以直接读取数据；86.7%的学生能够对比数据进行计算；53.3%的学生能够根据数据提出问题。这也显示出这个学段的学生不太会做出判断、决策、推测。

由此可见，绘制图和从图中直接读取数据信息，不是学生学习条形统计图的难点。其难点是如何让学生通过数据进行分析、推断、决策。

我们基于单元学习内容和学生的学习情况以及学习进阶的理论，对学生的关键能力进行水平层级的划分。表 9-7 为"条形统计图"单元的学习进阶。

表 9-7　"条形统计图"单元的学习进阶

等级	数据意识	应用意识
水平一	能收集有效数据绘制成条形统计图，并能进行简单分析	能运用条形统计图中的信息进行数据分析，做出简单的判断和推测
水平二	能收集数据绘制成条形统计图，并根据数据进行一定的分析与推断	能运用条形统计图中的信息进行数据辨析、对比，做出合理的推断与决策
水平三	能发现身边的问题，收集数据绘制成统计图，并进行分析推断与决策，用统计的方法去解决问题	能综合运用条形统计图中的信息进行数据辨析、对比，深入挖掘数据背后的信息，对数据分析的结论能从随机性的角度进行思考

基于以上分析，"条形统计图"单元教学内容的整体建构如图 9-2 所示。

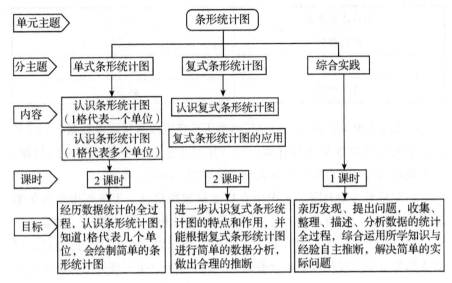

图 9-2 "条形统计图"单元教学内容的整体建构

二、单元学习目标设计

第一，认识条形统计图，理解和掌握单式条形统计图、复式条形统计图的特点和作用，会绘制条形统计图，能综合运用所学的知识与方法解决简单的实际问题。

第二，借助真实数据，通过对比、分析，经历收集、整理、描述、分析的统计全过程，深入挖掘数据背后的信息，积累活动经验，发展数据分析观念和应用意识，形成推断能力、评价能力与反思能力。

第三，体会条形统计图在生产、生活中的广泛作用，初步养成乐于思考、勇于质疑、言必有据的良好品质，形成实事求是的态度，促进理性思考，形成环保意识，提升社会责任感。

三、单元学习历程设计

"条形统计图"单元的学习历程设计示例如表 9-8 所示。

表9-8 "条形统计图"单元的学习历程设计示例

课时	驱动问题	锚基任务	诊断性评价
第1课时	某市空气质量如何，是否改善了，如何证明	收集、整理数据，尝试用图描述数据，在交流中认识条形统计图，在分析数据的过程中体会条形统计图的特征，并感受其价值	提问与追问：利用条形统计图不但能描述数据，还能知道哪些信息 反馈： (1) 哪种空气质量的天数最多，哪种最少 (2) 空气质量优比轻度污染少几天 (3) 某市空气质量是否改善了
第2课时	结合数据，对比分析条形统计图，说明是不是一到冬天空气质量就会变差	在对比、分析数据的过程中体会复式条形统计图的特征，探寻数据背后的原因	1. 提问与追问：什么原因导致冬天空气质量变差 反馈：对不同数据进行比较、分析，得到供暖、汽车尾气排放等造成冬天空气质量变差的结论 2. 提问与追问：怎么治理能使空气质量改善 反馈：管控机动车、推广新能源汽车、煤改清洁能源等
第3课时	1. 想要验证图中的结论，应该调查哪些内容 2. 仔细观察图片，推测为什么遵守交通规则的人到周五就减少了	利用对现实生活中问题的分析，切实感悟单式条形统计图、复式条形统计图各自的特点，体会基于数据的推断和决策的必要性	1. 提问与追问：推测为什么遵守交通规则的人到周五就减少了 反馈：着急回家；红绿灯时间太长，不想等；缺少规则意识等 2. 提问与追问：有什么解决办法吗 反馈：正面引导、宣传教育；加强管控；缩短等灯时间等

四、关键课时教学实录

(一)依据新闻内容，引发学生关注数据

师：(出示新闻)某市一直在通过各种方法治理空气污染问题，为什么2017年还要颁布停工令呢？

生1：空气污染比较严重了。

生2：治理的力度不够，没有控制住。

师：某市空气质量到底改善了吗？如何证明呢？

生：可以收集2017年9月或10月空气质量的数据，分析一下就知道了。

点评：教师创设贴近现实的真实情境，引发学生讨论，唤醒学生收集空气质量相关数据的需求；在交流过程中，让学生意识到数据的重要性；在激发学生探究兴趣的同时，引发学生关注环境问题。

（二）亲历过程，自主探究

1. 收集数据

师：这是从网上查到的 2017 年 10 月某市空气质量情况的原始数据（出示相关数据）。你们能看出什么信息？

2. 整理、描述数据

师：这么多数据怎样整理看起来更清楚呢？

出示活动要求：

①独立思考，根据表中数据进行分类整理。

②把整理的结果用自己喜欢的方式表示出来，记录在学习单上。

师：大家已经统计出每种空气质量的天数了，让我们听听同学们是怎样表示整理结果的吧。

生：用文字表述统计结果（见图 9-3）。

生：用统计表表述统计结果（见图 9-4）。

重度污染：1天
中度污染：2天
轻度污染：5天
良：12天
优：11天

等级	优	良	轻度污染	中度污染	重度污染
天数	11	12	5	2	1

图 9-3　用文字表述统计结果　　　图 9-4　用统计表表述统计结果

生：用象形图表述统计结果（见图 9-5）。

生 4：用条形统计图表述统计结果（见图 9-6）。

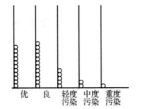 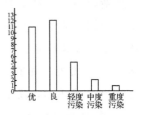

图 9-5　用象形图表述统计结果　　图 9-6　用条形统计图表述统计结果

师：对比以上四种呈现形式，有哪些相同之处？有哪些不同之处？

生1：四种呈现形式都表示了某市10月空气质量优的天数是11天，良的天数是12天，轻度污染的天数有5天，中度污染的天数有2天，重度污染的天数有1天。

生2：四种呈现形式虽然直观上有所不同，但是仔细比较可以看到图9-3和图9-4表示的其实差不多，都是写的文字。只不过图9-3中的文字写到了表格里，就变成了图9-4。

生3：从图9-4、图9-5和图9-6中能一下子看出空气质量情况。

生4：虽然从图9-4和图9-5中能一下子看出天数情况，但是图9-4只能表示天数的多少。图9-6不但能看出天数的多少，还能反映数据的大小。

师：看来图9-6更直观、更便于比较。

生5：我通过对比发现，图9-5和图9-6表示的差不多。只不过一个用画圆圈的方式表示，另一个用画的直条表示。

师：图9-5和图9-6虽然表示的差不多，但哪个表示得更清楚呢？

生1：图9-6表示得更清楚，从中能看出各种空气质量的天数和哪种空气质量的天数多，哪种空气质量的天数少。

生2：因为图9-6的左边有一列数字，能够显示直条表示的天数。这列数字很有必要写出来。

师：有了这些数字就知道每个直条表示多少了。图9-5和图9-6都可以被称为统计图。你们看图9-5中的圆圈如果变成直条，我们再在图中把统计的内容、项目和表示直条高矮的数字标上就形成了条形统计图。图9-7为调整后的统计图。

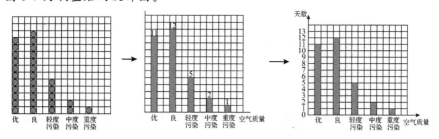

图9-7 调整后的统计图

师：仔细观察，条形统计图由哪几部分组成？

生1：在2017年10月某市空气质量情况统计中，优的天数是11天，良的天数是12天，轻度污染的天数有5天，中度污染的天数有2天，重度污染的天数有1天。这些是统计的项目。（教师明确：这是条形统计图的横轴。）

生2：左侧有一列数字，从0开始一个一个数到13，表示天数。一个小格代表1天。（教师明确：这是条形统计图的纵轴。）

生3：所以我们可以依据纵轴上的数字画出直条的高矮，纵轴还是挺重要的。

3. 分析数据

师：我们一起看看这幅条形统计图（见图9-8）。它不仅能用来描述数据，还能告诉我们很多信息。仔细看图，你知道了什么？

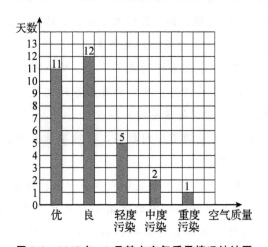

图9-8　2017年10月某市空气质量情况统计图

生1：知道了优的天数是11天，良的天数是12天，轻度污染的天数有5天，中度污染的天数有2天，重度污染的天数有1天。

生2：通过比较直条的高矮，知道了良的天数最多，重度污染的天数最少。

生3：知道了优和良的天数只差1天，轻度污染和中度污染的天数差3天。

生4：发现这些直条表示的总天数就是10月的总天数。

师：想要判断空气质量是否改善，仅仅知道2017年10月的情况就可以吗？

生：需要了解其他年份10月的情况，进行对比可能更有说服力。

师：你真会思考，下面我们看看2016年10月某市空气质量情况统计表（出示表9-9）。

表9-9　2016年10月某市空气质量情况统计表

空气质量	优	良	轻度污染	中度污染	重度污染
天数	5	12	4	5	3

师：请你读一读表9-9中的数据，在学习单上绘制条形统计图（见图9-9）。

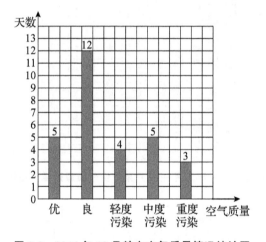

图9-9　2016年10月某市空气质量情况统计图

师：与2017年的统计图进行对比，你觉得某市空气质量有改善吗？

生1：对比两幅条形统计图，某市空气质量有很大改善。

生2：比较一个月的会不会不太准确，2016年其他月份好些吗？

生3：数据太少。可以收集更多的数据进行比较，会更有说服力。

师：下面是2016年和2017年1月—10月某市空气质量达标天数的统计表（见表9-10和表9-11）和统计图（见图9-10和图9-11），你发现了什么？（注：优和良的总天数为达标天数。）

表 9-10   2016 年 1 月—10 月某市空气质量达标天数统计表

月份	1	2	3	4	5	6	7	8	9	10
达标天数	22	23	16	14	22	17	15	24	21	17

表 9-11   2017 年 1 月—10 月某市空气质量达标天数统计表

月份	1	2	3	4	5	6	7	8	9	10
达标天数	17	16	19	23	20	20	20	27	18	23

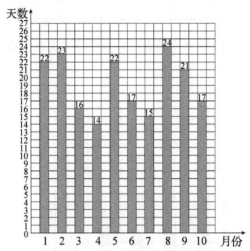

图 9-10   2016 年 1 月—10 月某市空气质量达标天数统计图

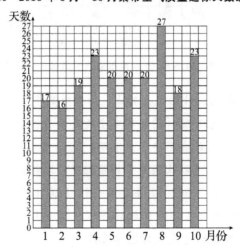

图 9-11   2017 年 1 月—10 月某市空气质量达标天数统计图

生1：2017年的3月、4月、6月、7月、8月、10月这6个月的达标天数都超过了2016年，说明空气质量正在慢慢改善。

生2：从直条的高矮可以看出，某市的整体治理是有效的。

师：看来治理空气的任务任重道远。现在再来看2017年的这条停工令，你觉得它的颁布有没有道理？作为小学生，我们可以做些什么？

生1：和家长一起绿色出行。

生2：不乱扔垃圾，保护环境。

……

五、教学反思

通过本节课的学习，学生经历了一个完整的数据统计过程，认识了条形统计图，理解和掌握了条形统计图的特点和作用，知道了制作条形统计图的一般步骤和方法，会绘制简单的条形统计图。学生学会了描述数据的方法，能根据条形统计图提出问题，初步体会了数据中蕴含的信息，形成了数据分析观念和应用意识。学生体会到了条形统计图在生活中的广泛应用，形成了环保意识和核心素养。

（一）抓住五次比较，推进理解

本节课借助问题驱动，进行了五次比较。第一次比较是文字、统计表、象形图、条形统计图四种数据呈现形式。教师问学生四种形式有哪些相同之处和不同之处。学生通过观察发现四种形式都能清楚地表示数据，但象形图和条形统计图更直观一些。第二次比较是引导学生将象形图与条形统计图做对比，并问学生哪种图表示得更清楚。学生发现条形统计图的纵轴上标有数据，不用数也能知道数据的大小，而象形图一般没有标注数据，所以条形统计图表示得更清楚。第三次比较是引导学生对比分析统计表与条形统计图各有什么特点。学生通过观察和交流发现统计表能清楚地表示数量的多少，条形统计图能更直观地反映数据的大小，更便于数据之间的比较。第四次比较是对2016年10月和2017年10月的数据进行比较，引发学生思考，让学生产生收集更多数据的需求。第五次比较是对2016年和2017年前10个月的数据进行比较，在帮助学生加深对条形统计图特点的认识的同时，渗透大数据意识，让学生能够根据丰富的数据做出合理解释。五次循序渐进的比较分析将条形统计图的特点与价值根植于学生的心中。

（二）把握思维堵点，深化理解

通常教师在进行教学设计时都是直接让学生观察对比条形统计图和统计表，使其得出条形统计图表示得更清楚、直观的结论。学生往往也很配合，从未产生过怀疑。但在一次试讲中，一个学生在座位上很小声地说了一句："我觉得统计表表示得更清楚、直观，画起来还很简单！"正是这句话引发了教师的深入思考：怪不得有些学生在做练习时会直接照着统计表答题，而统计图成为摆设。他们为什么不觉得统计图比统计表更直观呢？于是，教师又进行了深入思考，发现原来问题出在给学生提供什么样的数据上。为了使学生操作方便，无论书上的例题还是为学生创设的情境，教师通常都会使用小且少的数据。统计表在描述数据时也具有清晰的特点。四年级的学生已经有一定的数感，在看到统计表中数量不多且数值较小的数据时往往能够一眼看出，并快速在脑中进行比较。为了让学生真正地感悟到条形统计图的优点，教师把对比环节后移，在分析数据环节为学生提供了大数据下的统计表和条形统计图。教师先出示了统计表，让学生说出哪个月份的达标天数最多。这时只有两三名学生举手表示能看出哪个月份最多。接下来，教师出示条形统计图，并提出相同的问题。全班学生都在第一时间举起了手。学生说："统计表需要一个一个去看、去找，而统计图一眼就能看出谁最多。太直观了！"学生真正发现、认可了条形统计图的优点，亲身体会到了条形统计图能更加直观地表示数据的多少。

（三）顺应思维走向，活化理解

《义务教育数学课程标准（2022年版）》指出，小学统计教学的核心目标是发展学生的数据分析观念。统计知识不是一个知识点，也不是一种操作技能。不能把统计知识的教学当成知识点去传授，或者单纯把它当成技能来训练。统计教学强调的是形成统计的意识和数据分析的思想。教师要始终围绕这个目标有层次、有方法地组织教学，让学生在不断体会、应用中发展数据分析观念。在教学伊始，教师借助真实问题，使学生能够想到用数据说话，产生使用数据的需求。在条形统计图的学习中，学生经历完整的收集、整理、描述、分析的统计全过程，体会数据中蕴含的信息，学会用数据分析解决问题，感受数据的价值，发展数据的分析观念。在总结时，教师使学生再次明确要用数据说话，将数据分析观念应用到生活中。

六、反思评价

在教学中，教师放手让学生亲历收集、整理数据的过程，激活学生已有的知识经验，引导学生认识条形统计图。教师引导学生从不同层次读取图中信息，感受数据中蕴含的信息，逐步提高学生从统计图中获取数据信息和处理信息的能力，发展学生的数据分析观念；同时培养学生多角度辩证、全面思考问题的能力，提升学生的理性思维素养。特别是教师采用对比分析的方法，借助问题驱动，引导学生思考。一是通过2016年10月与2017年10月的对比，引发学生质疑，使学生产生收集更多数据的需求。二是通过图表的对比，分别呈现2016年和2017年的统计表和统计图，使学生进一步体悟条形统计图能够直观地反映数据的多少，加深对条形统计图特点的认识。三是通过统计数据多与少的比较，在1个月到10个月数据增加的冲击下，渗透大数据意识，强化体验和甄别，让学生做出合理解释，切实感悟到停工令颁布的必要性，也为今后进一步学习复式条形统计图做了铺垫。

案例解读

本案例紧扣条形统计图这一大概念，旨在让学生认识条形统计图，理解和掌握单式条形统计图、复式条形统计图的特点和作用，学会绘制条形统计图；让学生能综合运用所学的知识，通过数据的收集、整理、描述和分析，进而对数据进行合理推理并解决实际问题。

本案例基于学生学情调研和教学内容，跨年级整合学习资源，加强教学内容间的衔接与联系。这是本案例的一大亮点。在本案例中，教师将四年级上册的单式条形统计图和四年级下册的复式条形统计图的内容进行了调整整合，并增设了一节综合实践活动课，形成了一个条形统计图大单元，让统计知识结构体系之间的联系更加紧密。这一教学安排设计也落实了数学思想方法的整体性、一致性、连贯性和递进性，也为后续学习折线统计图、扇形统计图等提供了认知基础和学习经验。

在单式条形统计图的教学过程中，本案例围绕培养学生的统计意识和数据意识这一教学目标，基于某市空气质量如何这一问题，通过对2017年10月某市空气质量情况的真实数据进行分析，统计一个月内不同空气质量的天数，引导学生尝试使用不同呈现形式直观地表述数据，从文字表述到统计表再到统计图，有层次地让学生经历数据收集、分析和表达的全过程，理解条形统计图的意义和作用，积累数学活动经验，提升数据分析的自觉意识，将数据意识应用到日常生活中。在理解的基础上学习单式条形统计图后，教师继续围绕某市空气质量如何这一问题，引导学生选择更多适合的数据参与对比，如需要其他年份同月的空气质量情况数据；让学生复习单式条形统计图知识点的同时，引出比较两组数据的更便捷的统计工具——复式条形统计图，让两个知识点自然地过渡衔接。学生在探究的过程中能够同时体会两种统计图的优点和缺点，循着思维发展的路径形成数据分析意识，以解决问题的方式体会数据的直观性，让数据有理有据地"说话"。

本案例的另一大亮点是单元教学，主要从数学理解和问题解决两个层面并行出发。在数学理解层面，教师让学生通过对比分析，经历数据收集和分析的全过程，理解和掌握条形统计图的特点和作用，通过实际的活动促进学生的数学理解，让学生积累数学活动经验。在问题解决层面，教师利用驱动性问题——某市空气质量如何，进行了多次比较。这些序列性问题紧扣核心概念的学习，能引导学生挖掘实际数据中隐藏的信息，通过条形统计图等工具对信息进行呈现、解释和分析，做出合理、有依据的判断；发展学生的数据分析观念和应用意识，实现思维进阶。教师从这两个层面串起单元教学的全过程，在帮助学生加深对不同条形统计图特点的认识的同时，体现数据的直观性，渗透大数据意识和统计素养，培养学生的数据分析观念。

案例三：数据的表示和分析

案例导读

《义务教育数学课程标准（2022年版）》要求在第三学段学生能够进行数据的收集、整理与表达。第三学段选择的案例"数据的表示和分析"是人教版数学教材五年级下册的相关内容。根据课程标准的要求，要让学生学会根据问题的需要，从报纸、杂志、电视、互联网等媒体上获取数据，或者通过其他合适的方式获取数据，能够把数据整理成条形统计图、折线统计图，理解条形统计图、折线统计图和扇形统计图的功能，能够解释统计图表达的意义，能够根据结果做出简单的判断和预测；能在真实情境中理解百分数的统计意义，解决与百分数有关的简单问题；能在认识及应用统计图表和百分数的过程中形成数据意识，发展应用意识。

学生在之前已经初步形成数据意识，已掌握条形统计图的意义和数据分析方法，那么应该如何让处于第三学段的学生通过复式折线统计图等数学统计知识和真实的情境相融合的学习，形成数据分析观念，体会数据的力量，帮助学生将非正式的想法转变为日益复杂的数学概念？如何对接学与教，使学生能够积极探究统计图表达的意义，通过多角度分析数据、判断或提高数据的可靠性，结合实际生活做出更可靠的决策，并调动自己的经验来获得数学理解呢？

下面呈现的是一个很好的单元整体教学设计案例。

案例呈现

"数据的表示和分析"单元整体教学设计

设计者：北京市海淀区五一小学　田桂梅、李志芳

一、单元学习主题分析

（一）核心素养分析

本单元隶属于统计与概率领域，培养学生的数据意识是其核心目标。

在以信息和技术为基础的现代社会，人们面临着更多的机会和选择。有意识地收集、整理、描述、展示和解释数据，根据情报做出决定和预测，已成为公民日益重要的技能，是公民应该具备的基本素质。《义务教育数学课程标准（2022年版）》提出，在义务教育阶段，数学语言的主要表现之一为数据意识或数据观念。随着社会的发展，数据意识的重要性越来越凸显出来。遇到问题要做调查分析，不是凭主观判断；面对数据要深度挖掘其背后的丰富信息，为判断、决策提供必要的依据。

一节课要想培养学生的应用意识，一定要把培养应用意识作为目标，从始至终都要体现出来。统计正是通过对数据的收集、整理与表达，为人们更好地制定决策提供依据和建议。这给教师的教学带来了重要的启发：统计与概率领域的教学必须依托实际应用，引导学生发现生活中的真实问题，利用统计的观点和方法进行分析与解决；让学生不断感受统计在问题解决过程中发挥的重要作用，培养并不断发展学生的数据意识。教师应重视提升学生的数据意识，引导学生全面、辩证地认识数据，感受数据的客观性，认识到数据对判断乃至决策的重要参考价值。

（二）教学内容分析

本单元设计为3课时，都以真实生活问题的提出与解决为依托，利用统计的方法进行判断与决策，使学生感受到统计能够帮助解决生活中的一些问题或解释生活中的一些规则和现象，从而培养和发展学生的数据意识。

第1课时和第2课时的问题取材于学生真实的校园生活——年级的篮球比赛问题。第1课时围绕"比赛选择双手投球还是单手投球"这个问题，让学生自主引发统计活动，并借助复式条形统计图表达数据，做出分析和判断。第2课时围绕"投篮比赛派谁去"这个问题，让学生借助复式折线统计图表示候选选手的多次练习成绩，做出分析和预测，体会数据对决策的重要作用。第3课时的问题源于更广泛的真实生活，让学生思考"儿童乘车免票线标准""青歌赛的打分规则"等问题，在解决问题、解释现象的过程中对平均数形成不同维度的认识，加深其对平均数的理解。

（三）学生情况分析

兴趣是学习发生的催化剂，那么学生对什么样的统计活动感兴趣呢？教师分别以教材中的情境、校园中正在发生的事、社会热门话题、曾经参与过的事为素材，做了调研。

调研结果：学生对校园中正在发生的事，特别是涉及决策方面的话题更感兴趣。

接下来教师利用教材的主题图来了解学生读取复式折线统计图的情况。

调研结果：学生从图中读取的基本为描述性信息，这些信息从文字和表格中也可被读出。也许给想法、提建议甚至做决策的过程更能让学生感受到数据整理成图的重要性。

有了以上分析，教师在架构单元以及进行课时活动设计时，有了以下两点思考：一是让学生经历从收集数据到根据数据做决策的完整过程；二是让学生在真实的问题解决情境中感悟数据的作用。教师将有关复式折线统计图的教材情境换成了校园中正在发生的事——1分钟定点投篮比赛，并用这个情境贯穿整个单元的学习。这样的真实情境不仅能实现教材的基本要求、根据统计图获取信息、做出判断，还能让学生在做决策的过程中感悟数据和图表的支撑作用。

"数据的表示和分析"单元的学习进阶如表 9-12 所示。

表 9-12 "数据的表示和分析"单元的学习进阶

等级	评价目标	评价任务	评价标准	评价方法
水平一	1. 数据意识：遇到生活中的相关问题想到要做统计 2. 数据表示：能够正确利用复式条形统计图表达数据 3. 数据分析：依据数据做出分析和判断	观察生活，发现并提出真实问题；结合统计活动做出判断，并提出自己的观点或建议	1. 能够自主发现并提出应用统计解决的实际问题，主动收集、整理、表示数据并做出全面细致的分析，依据数据提出自己的观点 2. 能够根据应用统计解决的实际问题，收集、整理、表示数据并做出分析，依据数据提出自己的观点	学生作业

续表

等级	评价目标	评价任务	评价标准	评价方法
水平二	1. 数据意识：遇到生活中的相关问题想到要做统计 2. 数据表示：能够正确利用复式折线统计图表达数据 3. 数据分析：依据数据做出分析，做出决策	观察生活，发现并提出真实问题，结合统计活动做出判断，提出自己的观点或建议	1. 能够自主发现并提出应用统计解决的实际问题，主动收集、整理、表示数据并做出全面细致的分析，依据数据提出自己的观点 2. 能够根据应用统计解决的实际问题，收集、整理、表示数据并做出分析，依据数据提出自己的观点	完成小课题研究报告
水平三	1. 数据意识：遇到生活中的相关问题能够想到做统计 2. 数据分析：用统计量做出分析，做出决策	自主寻找生活中的真实问题，从平均数等统计量的角度进行分析，做出判断或提出建议	1. 能够自主发现并提出应用统计解决的实际问题，能够用不同的统计量对数据进行分析，依据数据做出判断 2. 能够根据应用统计解决的实际问题，利用平均数对数据进行分析，并依据数据做出判断	完成小课题研究报告

我们基于以上分析对"数据的表示和分析"单元教学内容进行整体建构，如图 9-12 所示。

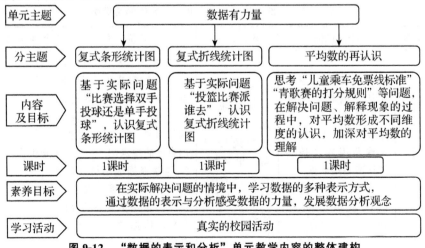

图 9-12　"数据的表示和分析"单元教学内容的整体建构

二、单元学习目标设计

第一，利用生活中真实问题的解决，经历调查研究，收集、整理、表达数据，分析及做出判断的全过程，认识平均数的统计意义，体会平均数的实际应用。

第二，在解决问题的过程中体会复式条形统计图的数据表示方式，加深对平均数这一统计量的认识，形成应用意识，形成初步的数据意识。

第三，在分析、判断、决策的过程中学会客观、辩证地看待数据，加深对统计的认识。

三、单元学习历程设计

"数据的表示和分析"单元的学习历程设计示例如表 9-13 所示。

表 9-13 "数据的表示和分析"单元的学习历程设计示例

课时	学习目标	学习内容	学习活动	学习资源
第 1 课时	1. 了解复式条形统计图的特点 2. 感受数据对于判断的决策作用，形成初步的数据意识	复式条形统计图	1. 提出问题"比赛选择双手投球还是单手投球"，引发统计需求 2. 呈现四个学生不同投球方式的数据，用复式条形统计图表示数据，并进行分析 3. 呈现四个学生不同投球方式的复式条形统计图，依据数据进行分析，做出判断	学生真实的投球数据
第 2 课时	1. 了解复式折线统计图的特点 2. 感受数据对于决策的作用，形成初步的数据意识	复式折线统计图	1. 提出问题"投篮比赛派谁去"，引发统计需求 2. 呈现四个学生的练习数据，利用复式折线统计图表示数据，进行分析，并做出决策 3. 交流反思，客观、辩证地认识数据	1. 学生真实的练习数据 2. 使用相关软件进行现场投票

四、关键课时教学实录

(一) 投篮比赛派谁去

师：我们年级的篮球比赛牵动着每一个同学的心，大家都想为班级争得荣誉。现在每个班都面临一个问题，参赛的只有两个人，派谁去呢？（出示四个学生的照片）

生1：得看看平时成绩。

生2：看看谁的实力强（水平）。

生3：看看他们的平时练习成绩。

点评：从学生感兴趣的校园真实活动引出问题，激发学生参与统计活动的需求；在判断四个人谁的实力强的过程中，引导学生主动要数据，形成初步的数据意识。

(二) 四位选手派谁去

教师出示4人6次的练习数据。

杨同学：第1次11个，第2次12个，第3次16个，第4次10个，第5次20个，第6次13个。

李同学：第1次11个，第2次13个，第3次11个，第4次13个，第5次15个，第6次17个。

王同学：第1次12个，第2次11个，第3次12个，第4次13个，第5次14个，第6次16个。

赵同学：第1次17个，第2次21个，第3次22个，第4次23个，第5次23个，第6次19个。

生：可以把数据整理一下，制成统计表，这样看起来更清晰。

师：看到这些数据，你有什么想法？（见表9-14）

表9-14　4人6次的练习数据

次数	第1次	第2次	第3次	第4次	第5次	第6次
杨同学	11	12	16	10	20	13
李同学	11	13	11	13	15	17
王同学	12	11	12	13	14	16
赵同学	17	21	22	23	23	19

生：赵同学可以直接胜出（结合数据讲道理）。

生：其他三个同学还不确定。

生：我想做个统计图。

师：你有想法了吗？（你想推荐谁）

生：统计图好用，能让数据更清楚、更直观！

师：看来就这样表示数据，有些情况还真不太明显，那你还想做什么？为什么要画图？你想做什么样的统计图？

……

教师出示学习单。

师：结合数据看看，你有什么发现？可以在导学单（见表 9-15）上写一写你的建议和依据。

表 9-15　导学单

```
┌─────────────────────────┐
│  我的建议：派_____去     │
│  _____    │
│  _____    │
│  _____    │
│  _____    │
│  _____    │
└─────────────────────────┘
```

生 1：我建议派杨同学去，理由是……

生 2：我建议派李同学去，理由是……

生 3：我建议派王同学去，理由是……

师：说说你的建议和依据。

生：再提供一些数据。

教师梳理分析维度（数值、极值、总数、平均数、条形或折线等）。

师：大家对这三个同学的水平还有争议，怎么办？

生：在 Excel 中把后 6 次数据补充完整，使条形统计图、折线统计图更完整。

教师补充成 12 次数据。

师：刚刚大家做了这么全面、深入的分析，太了不起了！这里面什么发挥了重要的作用?

生: 数据、统计图。

教师利用软件进行现场投票,直接生成统计结果并展示。

点评: 学生通过对四个同学的投篮情况进行分析,体会到复式折线统计图有利于进行对比分析,便于观察出变化趋势的特点。学生意识到更多的数据样本使判断更趋合理,但是依然不能确定判断是否准确。这充分体现数据对于决策的作用,有助于培养学生用数据说话的习惯。

基于操作经验和知识经验,学生利用平板电脑的表格功能直接生成统计图;现场扫码投票,摒弃人为因素的影响,保证数据是真实的,统计是有效的,将更多的精力放在数据分析上。

(三) 总结提升

师: 如果派王同学和赵同学去,你能保证他们比赛当天的成绩吗?

生: 不能确定成绩;有可能会好一些,也有可能差一些……

师: 我们收集这么多数据,还整理、全面深入地做分析,意义是什么?

生: 会让我们的建议更合理、更有依据。

师: 其实真正比赛的时候是不是真的派这两个同学,班主任还会综合考虑多种因素做出最后的决定。希望在以后的生活中,同学们主动用数学的眼光发现问题,用数学的本领解决问题,发挥数学的重要作用。这也是我们学习数学的价值所在。

点评: 在多角度分析数据的过程中,学生应学会理性、客观地看待数据,尊重并平和地面对不同的见解。

五、教学反思

复式折线统计图属于统计与概率领域的内容,其核心概念是数据意识。本单元重在引导学生经历完整的统计学习过程,鼓励学生根据不同的背景多角度分析数据,感受数据对判断和决策的作用,形成初步的数据意识。"派谁去"需要决策,这样就凸显了数据对于决策的支撑作用。学生在多次经历统计的过程中不断增强对数据的亲近感,遇到问题时更愿意去收集数据来解决问题,逐步养成用数据说话的意识。

在本单元中,有效的数学教学要基于教师对数学核心素养的正确理解与把握。就拿其中的统计话题来说，通过认真学习和团队研究发现，统计学对结果的判断标准是"好""坏"，而不是"对""错"。从这个意义上讲，统计学不仅是一门科学，还是一门艺术。经过长时间在统计领域的研究，我们更多的收获是自我认识的不断提升和完善。现在每当和他人交流问题时，我们都会问自己：有没有引用足够的真实数据作为支撑？以前我们看到过这几句话："在终极的分析中，一切知识都是历史；在抽象的意义下，一切科学都是数学；在理性的基础上，所有的判断都是统计学。"经历本单元的研究过程后，我们对"在理性的基础上，所有的判断都是统计学"有了更深刻的理解。

我们感受到，数学教师还要有对教育以及对学生的深刻认识，要关注学生核心素养的培养。我们努力通过统计领域的学习带给学生更丰富的收获。这远远不只是制图、看图，还是尊重、接纳，能够客观、理性、平和地面对不同的意见……上面这些对于学生来说也是一种重要的素养。在数学教育研究的道路上，我们与学生同行，与他们共同成长！

六、反思评价

真实是统计学习的前提。《义务教育数学课程标准（2022年版）》把核心素养的内涵用"三会"来解释，不管数学的眼光还是数学的思维和数学的语言都以现实世界为对象。在"数据的表示和分析"单元整体教学设计之前，教师就进行了学情调研，从学生感兴趣的统计活动出发来设计，体现了对课程标准理念的落实。因为数据是真实的，统计是有效的，所以学生才能实现真参与、真决策。

数据意识是统计与概率领域的核心素养。数据意识主要是指对数据的意义和随机性的感悟。在本单元的活动中，数据分析始终支撑着学生的决策，学生感受到了"数据会说话"。这正是数学本质的凸显。当本单元的问题成串出现时，学生需要不断做出决策。这时就需要数据的支撑，激发了学生的探究欲望。在探究中，学生感受到了数据有力量，初步形成了数据意识。

案例解读

本案例紧扣复式折线统计图这一大概念，基于"投篮比赛派谁去"

这一活动，让学生参与数据收集、整理和分析的全过程，体会数据的收集与分析、不同统计图的特点，理解折线统计图对数据变化趋势的表达，学会从多角度深入分析获得数据所需的信息并做出决策。

本案例提前设置学生感兴趣的情境问题调查问卷，其取材于学生真实的校园生活，以此激发学生的学习兴趣，提高学生的注意力、阅读理解能力、努力程度、知识加工水平等。① 经过学情的投票调查，教师根据学生的意愿将"投篮比赛派谁去"这一活动作为核心任务。这不仅能调动大部分学生的学习兴趣，而且能够提高学生在课堂学习中的参与度，增强学生的学习动机，同时让学生参与复习数据的简单收集和整理分析过程。由这种具体的、真实的情境引出的驱动性问题能够引导学生不断探究，学会用数据支撑自己的观点，并对所做的决策进行多角度的甄别。

在复习复式条形统计图的内容后，教师以"投篮比赛派谁去"为核心问题，展示原始数据，引导学生使用不同统计图直观地表示数据，并根据统计图做出合理的决策；加深学生对统计工具的理解和掌握程度，让学生根据具体的问题情境选择合适的统计工具来分析数据，得到初步的判断。随后教师通过梳理分析引导学生从中位数、总数、平均数、条形或折线趋势、折线平稳程度等角度分析数据进行判断，体会生活中的问题未必有"确定解"；根据具体的需要，经过细致、全面的考虑，总结出"较优解"；注重学习生成，进行创造性、个性化的学习。同时，教师通过折线统计图对数据变化趋势的体现，以及不同学生的投篮水平仍旧存在的争议，引导学生思考更多的数据会让结果更可信，在学会提高数据力量的同时初步形成概率意识，体会数据的不确定性，为统计知识的学习做好铺垫。

教师可以从多角度分析切入，选择合适的情境，将本单元学习扩展成项目式学习，与历史、政治等学科知识相结合，如设计唐朝运河线路等，让学生在更庞杂的数据信息中选择能够支撑自己判断的信息，通过合适的统计工具进行分析，得到合理决策。通过多角度的思考分析，数据从单一的数字变成可以排列重组的"会说话"的依据，学生的数据意

---

① 涂阳军、陈建文：《先前背景知识、兴趣与阅读理解之关系研究》，载《心理研究》，2009（3）。

识、统计与概率素养将在学习过程中得以发展。

  本案例通过设置一系列紧扣核心任务和大概念理解学习的问题串，促进师生对话、师生互动。教师能够根据学生的回答更好地把握教学节奏和教学进度，了解学生的理解程度，并根据课堂对话获得学情，及时调整教学方式或教学节奏；通过复式折线统计图等数学统计知识和真实的情境相融合的学习，培养学生的数据分析观念；通过多角度分析数据、提高数据的可靠性做出合理的决策，加深学生对大概念的理解，充分培养学生的数据分析观念、应用意识和创新意识。